KB153330

선영사

Sun Young Publishing Co.

선영사

Sun Young Publishing Co.

미국 상인의 성공하는
기질 81가지

미래경제연구회/김 정우 지음

 도서
출판 **선영사**

머 리 말

홍수처럼 쏟아져 나오는 매스 미디어 정보 속에서 미국을 모르는 독자는 거의 없을 것이다. 그러나 과연 미국이라는 강대국, 특히 그들의 기업 경영이나 상술에 대하여 무엇을 얼마나 아는가 하는 물음에 정확히 답할 수 있는 사람은 많지 않을 것이다.

수년 전, 일본을 비롯한 세계 여러 나라에서는 '미국의 몰락', '미국 경제의 대공황' 등의 제목으로 미국이 러시아와 마찬가지로 쇠퇴의 길로 접어들었다고 떠들어댔었다. 그 대부분이 약간의 걱정은 포함되었지만 통쾌하다는 투가 역력했었다.

그러나 지금의 현실은 어떤가? 세계 제일의 경제 대국의 자리를 미국으로부터 금방 빼앗을 것처럼 호언 장담하던 일본은 대량의 기업 도산과 실업 문제로 골머리를 앓고 있다. 과연 세계의 그 어느 나라치고 미국의 일거수 일투족에 웃었다 울었다 하는 경우를 벗어났다고 장담할 수 있을까?

'미국의 월가가 기침을 하면 유럽은 감기에 걸리고, 아시아는 폐렴에 걸린다'는 우스갯소리는 아직도 유효한 것이 현실이다.

지금 우리는 IMF시대에 살고 있다. 그야말로 심각한 경제 위기에 직면해 있다고 모두들 걱정이 태산이다.

'국민 소득 1만 달러'와 'OECD가입'의 허상 속에서 지나치게 일찍 터뜨린 샴페인과 무절제한 거품에 대한 매서운 질타와 참회의 정신 없이는 우리는 불황이라는 긴 터널을 쉽게 빠져나올 수 없을 것이다.

레이건이 대통령에 취임했을 때 기자단으로부터,

"좋아하는 텔레비전 프로는 무엇입니까?"

라는 질문을 받았다. 그러자 레이건은 빙그레 웃으며 대답했다.

"〈초원의 작은 집〉을 매주 즐겁게 보고 있습니다. 바빠서 보지 못하면 녹화해서라도 꼭 보지요."

이 TV드라마는 개척 시대 실존했던 잉걸스 일가를 모델로 해서 이야기가 만들어졌다. 그들은 보다 비옥한 토지를 찾아서 미국 동부를 떠돌다가 마침내 대초원인 글레이드 플레이스에서 기름진 토지를 발견하고 농장을 개척했다.

그 생활을 잉걸스의 둘째딸 로라가 어린 시절의 추억담으로 쓴 책이 베스트 셀러가 되어 드라마화한 것이다.

거기에 담겨 있는 것은 청교도 정신이고, 또한 불굴의 프런티어 (개척) 정신이다. 미국인들은 이 드라마를 보면서 자기 조부모·부모의 시대를 생각하며, 그 옛날 좋았던 시절의 미국 정신을 되살린다.

레이건 대통령도 그 중에 한 사람이었던 것이다. 이것은 대단히 중요한 일이다. 우리는 미국을 막연히 자본주의의 상징처럼 생각하고 있다.

그러나 그러한 이미지는 20세기의 대변동을 전후해서 유럽으로부터 박해를 피해 미국으로 흘러들어온 이주민들에 의해 만들어진 미국의 모습인 것이다.

그래서 이 책에서 다루어지는 이야기는 노력·용기·야망·성실·극기·자립, 그리고 무엇보다도 '포기하지 않는다'는 미국 정신을 반영하려고 노력했다.

공감한다면 이 책을 덮지 말고 계속 읽기를 바라 마지않는다.

1999년 2월
지은이 드림

미국 상인의 성공하는 기질 81가지

미국 상인의 성공하는 기질 81가지

제2부 미국을 이끈 신용 제일주의 정신

미국 상인의 성공하는 기질 81가지

제3부 미국을 이끈 실리와 검소의 정신

미국 상인의 성공하는 기질 81가지

미국 상인의 성공하는 기질 81가지

미국 상인의 성공하는 기질 81가지

제 1부
미국을 이끈 프런티어 정신

1
특권을 공유하라

19세기로 접어들 무렵, 영국에서 갓 독립한 미국에 프레드릭 튜 터라는 청년이 있었다.

그의 아버지는 육군 법무총감을 지낸 전형적인 상류 계급 출신으로 보스턴 태생이었다. 그토록 막강한 권력을 휘둘렀던 인물의 자식이 세일즈맨처럼 대중을 상대로 물건을 파는 장사꾼이 되리라고는 어느 누구도 생각지 못했다.

튜터는 1784년에 태어났다. 그의 어린 시절은 다른 사람들과 특별히 구별되는 점이 없었다. 그러나 그가 대학에 들어가면서부터 일은 벌어지기 시작했다. 그의 세 형들은 하버드대학에 진학했으나 그는 13세에 스스로 학교를 그만두고 말았다. 학교를 자퇴한 이유는 간단 명료했다.

'남보다 먼저 사회에 진출해야만 성공할 수 있다.'

라는 생각을 가지고 있었던 것이다.

주위의 만류에도 불구하고 어린 나이에 장사꾼이 된 튜터는 보스턴에 있는 큰 호수의 얼음을 잘라서 더운 지방에 판다는 기상 천외한 계획을 세웠다.

"저놈, 기어이 머리가 돌았군."

그는 주위 사람들의 조소에도 아랑곳하지 않았다. 이윽고 그는 130톤의 얼음을 배에 싣고 씩씩하게 서인도제도의 마르티니크 섬으로 떠났다.

그러나 얼음은 항구를 떠난 지 6주 만에 모두 녹아 버리고 말았다. 물론 마르티니크 섬에 도착하기 전이었지만, 얼음이 그만큼이나 견디어 낸 것조차도 기적이었다. 이렇게 해서 튜터의 첫번째 장사는 아무런 이익도 없이 실패하고 말았다. 그러나 그는 좌절하지 않았다. 오히려 실패를 하게 된 구체적인 원인을 분석하기에 골몰하였다.

오랜 궁리 끝에 단열재만 해결되면 이 문제는 쉽게 처리할 수 있다는 자신감을 얻었다. 그 때부터 그는 단열재를 찾기 위해 밀짚·솜·모포 등 모든 재료를 사용하여 실험을 시작했다. 거듭 시행 착오를 거치며 서서히 지쳐갈 즈음, 마침내 톱밥을 사용하여 성공을 거두었다.

그는 친구에게 얼음을 일정한 크기로 자를 수 있는 기계를 설계해 달라고 부탁했다. 그 친구는 톱니와 두 개의 철제 도르래가 평행하게 달린 커다란 칼을 만들어 주었다. 튜터는 이 기계를 이용하여 호수 위의 얼음을 균일하게 잘라내는 데 성공했다.

그 이후 그는 뉴 잉글랜드에 있는 모든 호수의 채빙권(採氷權)과하바나·뉴 올리언스·찰스턴에서 얼음창고 건설권을 15년 동안이나 독점했다. 그리고 자신의 화물선을 이용하여 수만 톤의 얼음을 서인도제도와 유럽으로 실어 날랐다.

40도를 훨씬 웃도는 무더운 날씨에 헉헉대던 사람들은 난생 처음 얼음을 손에 넣게 되자 매우 기뻐했다. 하지만 그것을 어떻게 이용하는지 알지 못했기 때문에 무척 당황하기도 했다. 이에 튜터는 기발한 방법을 생각해 냈다. 그의 이 방법은 오늘날의 세일즈 방법과 광고 선전을 훨씬 앞선 것이었다.

새로운 상품을 파는 비결은 그 때까지 전혀 생각조차 해 보지 않았던 물건을 갖고 싶도록 만드는 것이라고 그는 생각했다.

그리하여 튜터는 지구를 반 바퀴나 항해하면서 열대 지방에서는 한 번도 본 적이 없는 얼음에 대해 열변을 토했다. 어안이 벙벙해하는 고객을 상대로 판매를 시작한 것이다.

"얼음은 건강을 유지하는 데에 있어서 필수적인 약입니다. 만약 지금까지도 얼음을 갖춰 놓지 않은 병원이 있다면 그 곳은 전염병이 들끓게 될 것입니다. 또한 아이스크림을 곁들이지 않는 식사는 식인종의 식사와 같다고도 말할 수 있습니다."

튜터의 열성적인 판매 전략에 하나둘 고객이 늘어, 마침내 말라리아 환자의 이마에 얼음을 올려놓는 단계에까지 이르게 되었다. 그 이후 유행에 민감한 런던이나 카이로, 폼페이의 상류 가정의 식탁에도 후식으로 반드시 아이스크림이 올라왔다.

튜터가 성공을 거듭하자 여기저기에서 경쟁자들이 생겨났다. 투터는 지금까지보다 가격을 낮추고 훨씬 더 작게 조각을 만들어 싸게 팔았다.

그것은 경쟁자들을 따돌리는 한편으로 상류 계급을 상대하는 것만으로는 시장을 손에 넣었다고 할 수 없었기 때문이었다.

그래서 결국에는 얼음 1파운드를 1페니에 팔게 되었다. 그 덕택에 영국과 같이 기후가 온화한 나라에서조차도 얼음이 필수품이 되었다.

튜터는 전형적인 '아메리카식' 비즈니스와 광고의 모범적인 선구자가 되었다. 그는 컨베이어 시스템이 발명되기 1세기 전에 이미 그 시스템을 활용하고, 그것이 이루어 낼 결과를 예견하고 있었던 것이다.

즉, 소수의 상류 계급을 위주로 하는 것이 아니라 대중을 고객으로 선정하여 사치품을 필수품으로 인식하게 하고, 전에는 부자들만이 누렸던 특권을 모든 이들이 공유할 수 있다는 확신을 심어 주었던 것이다.

2
생각을 뛰어넘어라

1867년 봄, 캔자스 주에 있는 아빌린에서 간선 철도가 개통되었다. 그러나 아빌린을 종착지로 하는 이 대륙 횡단 철도는 모든 구간이 개통된 것이 아니라, 대평원에서는 아직도 공사가 한창이었다. 이즈음 마을에 요셉 맥코이라는 사람이 시카고에서 이주해 왔다. 그는 29세의 가축 상인이었다.

하루는 무심코 철도가 그려진 지도를 보다가 번뜩이는 하나의 아이디어가 떠올랐다.

'소를 이 철도의 종착지인 아빌린까지 몰고 온다면 한밑천 단단히 잡겠는걸…….'

아빌린에서 텍사스 남부까지 푸른 대초원이 펼쳐져 있다는 것을 알고 있던 맥코이는 회심의 미소를 지었다.

만약 자신의 생각대로 텍사스에서 아빌린까지 소떼를 끌고 올 수만 있다면 동부에 사는 사람들에게 쇠고기를 싼값에 공급할 수 있기 때문에 자신의 사업이 날로 번창하리라는 것을 확신했다.

맥코이는 매사를 꼼꼼하게 계획을 세워서 실천하는 성격이었으므로 우선 아빌린에 땅을 사기로 계획했다. 당시의 아빌린은 아주 작은 마을로 통나무집들이 몇 채 띄엄띄엄 있었고, 마을 중앙에 하나의 술집이 있을 뿐이었다.

맥코이는 일리노이 출신의 테임 하시에게 1에이커당 5달러라는 헐값을 주고 450에이커의 땅을 살 수 있었다. 그리고 5천 달러라는 거금을 들여 광고 전단을 만든 후에 마부들을 고용하여 텍사스 전역에 뿌리도록 했다. 그 전단에는 철도 종착지인 아빌린까지 소를 몰고 오는 카우보이에게는 적당한 가격을 지불하겠다고 씌어 있었다.

그 결과 오늘날까지도 유명한 티자무트 레일(가축의 길)이 생겨났던 것이다. 이 길의 출발점은 텍사스 남부로, 멕시코 만에 가까운 산 안토니오였다.

긴 뿔과 앙상한 뼈, 반 야생 상태로 방목되어 있던 이 소들의 선조는 콜럼버스가 2차 항해 때에 데리고 온 것인데, 남북 전쟁이 끝날 무렵에는 수백만 마리로 불어나 있었다.

이 소들은 먹을 풀과 물이 있는 한 그다지 멀리 움직이지 않는 습성을 가지고 있었다. 그 당시 소는 기름과 가죽을 얻기 위해 사육될 뿐이었으므로 서식지에서는 1마리당 겨우 4달러 정도에 팔리고 있었다.

텍사스에서 아빌린까지는 1천 마일 이상의 먼길이지만 소떼를 몰고 간다면 1마리당 40달러를 준다는 말에 텍사스의 모든 길은 소떼가 차지하여 산 안토니오로 향했다. 일단 산 안토니오에서 총집 결하여 광대한 미개지와 인디언 거주 지역을 거치면서 곧바로 북 상했다. 소떼는 한 번에 2, 3천 마리가 모여서 이동하게 되는데, 1시간에 1마일 정도의 속도로 캔자스를 향해 긴 여정을 시작했다. 아무 탈 없이 잘 이동하면 캔자스 중심에 있는 맥코이의 축사까지 는 3개월 후에 닿을 것이다.

하지만 여정은 결코 순조롭지가 않았다. 소떼가 지나가는 길 주위의 땅주인들이 거세게 저항했기 때문이다. 자신들의 땅이 소발굽에 밟혀 망가지는 것을 보고 가만히 있을 사람이 있겠는가!

그들은 카우보이의 통행을 강력히 금지시켰다. 그러나 그것이 잘 안 지켜지자 진드기를 소에게 뿌린다든지, 마른 풀에 불을 질러 위협하기도 했다.

길 안내를 맡은 인디언도 대우가 좋지 않으면 소떼를 사막으로 끌고 간 뒤에 줄행랑을 치기도 했다. 또한 호전적인 인디언 족은 통행세를 요구하며 화살을 겨누곤 했다.

거기다가 애로 사항은 또 있었다. 긴뿔소는 고양이처럼 신경질적인 데가 있었다. 천둥 소리가 나거나 늑대가 날카롭게 울부짖기만 해도 놀라서 날뛰었다. 그러면 무게가 10파운드나 줄어드는 경우도 있었다. 이뿐만 아니라 이동하는 도중에 달아난 소도 있어서 맥코이의 축사에 도착하면 1, 2만 달러의 손실이 나는 것은 보통이었다. 그러므로 카우보이의 구슬픈 자장가가 생긴 것은 결코 로맨틱한 것이 아니라 소들의 기분을 달래주기 위함이다.

맥코이가 소를 매입하겠다는 광고를 낸 지 100일 후 아빌린 마을 사람들은 마치 뇌성 벽력이 몰아치는 듯한 요란한 소리가 울려 퍼지는 것을 들었다. 이것이 바로 '카우보이 전설'의 시작이며, '가축 왕국의 제왕' 맥코이의 탄생을 알리는 것이었다.

맥코이는 그 광고에 10년 동안 20만 마리의 소를 공급할 수 있다고 공언했으나 그것은 엄청난 오산이었다. 광고 결과 4년 동안 자그마치 200만 마리의 소가 맥코이의 축사에서 송출되었던 것이다.

하여튼 세상에서는 그를 약속을 어기지 않는 사나이라는 뜻에서 '실속 있는 맥코이'라고 부르게 되었다.

3
미국의 농업을 혁명적으로 변화시킨 수확 기계

1831년 여름 어느 날, 수십 명의 농장주와 그들에게 고용된 노동자들, 그리고 흑인 노예들이 버지니아 주 록브리지에 있는 존 스틸의 농장에 모였다. 나무와 철로 만들어진 기계로 대평원에 펼쳐진 황금빛 농작물을 수확하는 광경을 보기 위해서였다. 이 행사를 주관한 사람은 22세의 사이러스 매코믹이었다.

1809년에 태어난 매코믹은 우연하게도 에이브러햄 링컨과 생일이 같았다. 그러나 링컨이 미국 흑인 노예들을 해방시켰듯이 매코믹도 링컨과는 다른 측면이지만 미국인을 해방시킨 것이 사실이다. 왜냐하면 그의 아버지가 발명한 수확 기계 덕분에 미국의 농민들은 힘들고 성가신 일에서 벗어날 수 있었던 것이다. 미국을 세계 최대의 생산력을 가진 국가로 만든 산업화 과정은 농업에 있어서 기계화가 이루어지지 않았다면 결코 성공할 수 없는 일이었다.

저명한 역사가 윌리엄 허친슨의 지적에서도 이를 알 수 있다.

'농업을 혁명적으로 변화시켰던 19세기 전반의 발명품 중 가장 중요한 것은 수확기일 것이다.'

사실 수확기를 고안한 사람은 매코믹만이 아니었다. 수많은 사람과 기업들이 매코믹이 만든 수확기와 비슷한 기계를 개발했다. 그러나 역사가 허버트 카슨은 이렇게 기술했다.

'사이러스 매코믹은 수확기를 만들어 미국뿐 아니라 외국의 농민들에게까지 판매했던 유일한 인물이다.'

사이러스 매코믹은 로버트 매코믹의 8남매 중 장남이었다. 로버트 매코믹은 아일랜드인 후손이었다. 부유한 농장주였던 그는 자신이 소유하고 있던 버지니아 주 월넛 그로브에 제분소와 제재소를 세웠다. 그는 정규 교육을 제대로 받지 않았으나 기계를 다루거나 만드는 솜씨만큼은 가히 천재적이었다.

그는 경사진 땅을 가는 쟁기를 만들었으며, 말이 끄는 밀 수확기를 개발했다. 사실 수확기는 '발명된 기계'라기보다 '제작된 기계'라는 것이 더 정확한 표현이다. 실제로 오하이오 출신의 발명가 오베드 허시는 1833년에 수확기의 특허를 내기까지 했다.

1834년, 25세의 청년 사이러스 매코믹은 30달러의 수수료를 내고 잭슨 대통령이 인정한 유효 기간 14년의 수확기 특허권을 획득했다. 매코믹은 무엇보다 각지에 있는 농민들에게 자신의 아버지가 발명한 수확기를 널리 알려야 했다.

매코믹은 그 기계의 탁월함을 보여 주기 위해서 사람들 앞에서 직접 작동해 보였다. 수확기는 엄청난 노동력을 절감하는 기계였지만 100달러에 달하는 비싼 가격 때문에 농민들이 선뜻 구매할 수가 없었다. 이러한 어려움 속에서도 매코믹은 수확기를 사용함으로써 얻을 수 있는 이득은 곧 수확기의 구매 비용을 훨씬 뛰어넘을 것이라고 농민들을 설득해 나갔다.

그러나 수확기 사업은 기대했던 것만큼 성장하지 못했다. 매코믹은 1840년에 집에서 만든 2대의 수확기를 1대당 110달러에 팔았으나 얼마 못 가 모두 망가졌다.

겨우 수확기의 결함을 고친 후 1841년에 7대의 수확기를 판매했다. 그의 아버지가 여러 제품에 손을 댔던 것과는 달리 사이러스는 한 가지 제품에만 집중하는 스타일이었다.

그의 이런 모습에 대해 한 이웃은 이렇게 말했다.

"사이러스의 영혼은 오직 수확기에만 사로잡혀 있었다."

수확기 사업은 점차 확대되어 1846년에는 연간 75대를 생산해서는 점차 증가하는 주문을 감당할 수가 없었다. 뉴욕에서부터 미시시피 강 유역에 이르기까지 거의 모든 지역에서 수확기를 원하는 농민들이 늘어나고 있었으므로 그의 사업은 더 이상 가내수공업 단계에 머물러 있을 수 없었다. 이에 따라 매코믹 가족은 소비자와 좀더 가까운 서부 지역으로 공장을 옮겨야 한다는 결론을 내렸다.

4
고객 중심의 서비스를 펼쳐라

사이러스가 다른 지방으로 출장을 가 있던 1846년, 그의 아버지 로버트가 세상을 떠났다. 아버지의 죽음은 고향인 버지니아를 떠나 새로운 서부 시장을 개척하는 계기가 되었다.

1847년, 사이러스 매코믹은 시카고를 새로운 사업 기지로 택했다. 그의 사업은 순식간에 성장하여 불과 2년 만에 연간 수확기 생산 대수가 1,500대에 123명의 종업원을 거느리는 대기업으로 변했다. 생산 규모가 급격히 증가하자 매코믹은 상품 판매망을 구축해 나 갔다. 더 많은 상품을 판매하기 위해 그가 착안해 낸 방안은 여러 가지 기발한 사업적 혁신으로 이어졌다.

그 중 하나는 회사가 판매 대행업자를 고용해 주 전체, 또는 일 부 지역을 완전히 책임지도록 하는 방법이었다. 이 같은 방식으로 매코믹은 대리점들에게 견본품을 제공하고 판매하도록 편리를 제 공한 다음 그 수수료를 받았다.

이 밖에도 매코믹은 농민들이 할부로 기계를 구입할 수 있도록 했다. 그것은 지금의 월부 판매의 효시로, 큰 호응을 얻었다. 나중에 그는 이렇게 말했다.

"수확기를 필요로 하는 농민이 그 기계를 살 수 있을 때까지 기다리는 것보다 돈은 나중에 받더라도 필요한 사람들에게 기계를 파는 것이 옳다고 생각했다."

그의 말대로 먼저 기계를 사용해 보게 한 뒤 나중에 돈을 받는 방법을 시도했다. 이러한 방식은 후에 '아메리카적'인 사업의 특징으로 고객 중심의 서비스의 시초가 되었다. 매코믹의 수확기는 효과적인 생산과 기발한 판매 방법이 조화를 이루어 마침내 '혁명적인 기계'라는 평가를 받게 되었다.

한 신문은 매코믹 수확기의 급속한 성장과 관련하여 다음과 같은 기사를 썼다.

'낫이 사용되던 시대는 지났다. 낫은 이제 과거의 유물로 남아 박물관에서나 구경하게 될 것이다.'

포드의 T형 자동차 모델이 20세기 초 미국의 대표적인 기술로 인정받았던 것처럼 매코믹의 수확기는 미국 농업의 현대화와 발전을 상징하게 되었다.

매코믹은 1851년, 세계 최초로 열린 런던 국제 박람회에서 자신의 기계를 선보였다. 이 곳에서 실시된 수확기 기능경진대회에서 매코믹의 수확기는 다른 경쟁자들을 물리치고 당당히 금메달을 획득했다.

〈런던 타임스〉는 매코믹의 수확기에 대해 극찬했다.

'그 기계는 박람회에 소요되는 총비용과 맞먹을 만큼의 가치가 있다.'

폭넓은 시장을 확보하게 된 수확기의 연간 생산 대수는 1851년에 1,004대에서 1859년에는 4,119대로 4배 이상 증가했다. 이처럼 생산 규모가 확대됨에 따라 재료를 경제적으로 사용할 수 있게 되자 기계 1대당 생산 비용도 1853년에 56.92달러에서 1859년에는 46.58달러로 감소했다.

세월이 흘러도 매코믹은 수확기의 가격을 그대로 유지할 수 있었기 때문에 이 기계를 사려는 고객들은 점점 늘어났다. 그 결과 1860년에는 서부 지역의 농민 중 약 70%가 이 기계를 이용해 밀을 수확할 수 있었다. 수확기의 도움으로 미국의 밀 생산량은 1849년 1억 부셸에서 1859년 1억 7천3백만 부셸로 급증했다.

또한 수확기의 영향으로 적은 인력으로도 많은 양의 곡식을 생산할 수 있게 되어 노동력 절감 효과도 가져왔다. 이로 인해 1830년 70%에 육박했던 미국의 농업 인구가 1860년에는 59%로 감소했다.

밀 시장의 호황으로 매코믹 회사는 미국에서 가장 주목받는 기업으로 부상했고, 1860년에 매코믹은 마침내 어린 시절의 꿈처럼 백만장자가 되었다.

5
신기술만이 발전을 이룬다

남북 전쟁 이후 매코믹의 회사는 매우 특이한 방식으로 신제품 개발에 접근했다. 거대한 공장과 세계적으로 알려진 브랜드, 그리고 독점적인 판매망을 보유한 매코믹은 더 이상 기술 개발에 직접 나설 필요가 없었다.

그 대신 중소기업이 개발한 신기술이 시장에서 어떤 반응을 얻는지 지켜본 후 그것을 활용하면 되었다. 즉, 신제품이 성공적으로 시장에 진입하면 그것을 개발한 기업이나 사람과 특허권 계약을 체결해 생산할 수 있는 권리를 따내곤 했다.

발명가 윌리엄 마시는 수확기 받침대에 있는 곡식을 자동으로 자루까지 옮겨 담는 기계를 개발했다. 농민들은 이 기계를 사용해 수확기에 앉아서도 곡식 자루를 묶을 수 있게 되었다. 그러므로 전보다 하루에 3, 4개의 자루를 더 묶을 수 있었다.

1873년에 매코믹은 마시의 특허권을 샀다. 매코믹의 수확기는 날

개 돈친 듯이 판매가 급증했다.

역사가인 허버트 카슨은 이를 다음과 같이 기록하고 있다.

'낫질과 갈퀴질, 그리고 곡식을 묶는 일 등 수확할 때 반드시 거쳐야 했던 열 가지 이상의 번거로운 작업이 모두 사라졌다. 농부는 이제 모든 일을 대신해 주는 기계를 운전하기만 하면 된다. 이 기계는 한 마디로 말해 인류에게 바쳐진 승리의 마차인 것이다.'

이 '승리의 마차'는 그 이후 미국 전역에 급속도로 퍼졌다. 또한 19세기에 대서양을 횡단하는 선박의 증가와 생산력의 발달로 매코믹은 가슴 속에 품고 있던 세계 시장으로의 진출을 실현할 수 있게 되었다.

1875년부터 1885년 사이에 매코믹사는 캐나다 · 호주 · 뉴질랜드 · 아르헨티나에서 시장을 확보했다. 1878년 7월 한 달 동안에는 무려 550대의 수확기를 뉴질랜드에 팔았다.

칠순의 나이를 눈앞에 두고도 매코믹은 판촉 여행을 게을리하지 않았다. 아직 텔레비전이 발명되기 훨씬 전이라 직접 기계를 보여 주는 것만이 고객들에게 확신을 줄 수 있는 유일한 방법이었기 때문이다.

미국의 곡물 생산이 총 4억 2천9백만 부셸에 달하던 해에 매코믹은 프랑스 여행길에 올랐다. 그 곳에서 그는 프랑스 정부로부터 명예 훈장을 받았다. 또한 프랑스 과학 아카데미에서는,

"세계의 농업 발전을 위해 그 어떤 사람보다 많은 일을 했다."

라는 찬사와 함께 명예 회원으로 추대되었다.

매코믹은 일흔이 넘어서도 건강을 과시하며,

"만일 내가 사업을 포기했더라면 이미 오래 전에 죽었을 것이다." 라고 말하며 정력적으로 일에 몰두했다. 실제로 그는 죽기 얼마 전, 병원에 입원할 때까지도 일에 매달려 있었다.

수확기가 미국 농민들에게 끼친 영향은 엄청났다. 매코믹이 대중 앞에 처음으로 수확기를 들고 나타났을 때에는 미국 인구의 4분의 3이 농장 일에 매달려야만 했다. 그러나 수십 년이 지난 후 수확기 가 사람의 노동력을 대신하면서 농민들은 도시로 이주했고, 급속히 성장하고 있던 공업 분야에 그들의 노동력이 투입되기 시작했다.

물론 매코믹이 세상을 떠난 1884년에 농업의 산업화가 완전히 이 루어진 것은 아니다. 1950년대에 들어서야 비로소 미국 농촌에서는 처음으로 트랙터의 수가 말의 수를 넘어서게 되었다. 하지만 19세 기 중반에 매코믹이 시작했던 농촌의 산업화는 미국의 경제 전체 를 변화시켰다. 매코믹의 시카고 공장이 너무 낡아 폐쇄된 1961년 에는 미국인 중 농업에 종사하는 사람은 불과 9%에도 미치지 못할 만큼 격감했다.

그럼에도 불구하고 농부들은 미국 전체에 소용되는 양식은 물론 기아로 허덕이고 있는 수많은 저개발 국가에게 무상으로 곡물을 나누어 줄 만큼 많은 양의 농산물을 생산하고 있었다. 물론 수확기 만이 농업의 현대화와 산업화를 주도했다고 단언할 수는 없다. 그 러나 매코믹과 그의 수확기를 빼놓고 미국 농업 발전의 역사를 논 한다는 것은 생각조차 할 수 없을 것이다.

6
끊임없는 변신이 살길이다

세계 최대의 유통 회사로 알려진 시어스로벅사의 중역 회의장에는 전통적으로 한 자리가 항상 비어 있다. 그리고 그 의자 앞에는 어김없이 '고객'이란 명패가 놓여 있다.

바로 이것이 '시어스 정신'이다. 늘 고객을 생각하는 회사, 고객을 위하는 회사 —— 시어스로벅사가 서비스 업계의 황제로 군림하게 된 비결은 바로 이 빈 의자에 있는 것이다.

'분명히 마음에 드실 것입니다. 그렇지 않으면 귀하의 돈을 되돌려 드리겠습니다.'

자신감이 넘치다 못해 오만하게까지 보이는 이 문구는 오늘날 세계 제일의 유통 재벌로 발돋움한 시어스로벅사가 즐겨 사용하는 판매 슬로건이다. 시어스로벅이 이처럼 자신 만만해하는 것은 결코 오기가 아니다. 시어스로벅사의 1년 매출액은 우리 나라 10대 재벌의 매출을 몽땅 합한 것의 거의 3배에 달한다. 매출액만 많은 것이 아니라 시어스 상표는 세계 어디에서나 품질 보증 마크로 통한다.

비록 저개발국가의 상품이라 하더라도 일단 시어스로벅사에 납품하면 최고급품으로 대우를 받는다. 유통 회사로서는 드물게 '품질 검사 센터'를 만들어 철저히 상품 관리를 해 온 덕분이다. 오늘날 시어스로벅의 화려한 명성은 결코 거저 얻어진 것이 아니다. 여기에는 창업주 시어스를 비롯한 수많은 시어스맨들의 땀이 어려 있는 것이다.

시어스의 창업 스토리는 미국 전역이 산업화의 열기에 후끈 달아오르기 시작한 1886년으로 거슬러 올라간다.

당시 미네소타 주의 노스 레드우드라는 작은 마을에서 철도 관리원으로 근무하던 23세의 시골 청년 리처드 시어스는 같은 또래의 친구들이 한참 즐기며 놀 때 자신만의 꿈을 키우고 있었다.

'시골에서 이대로 썩이기에는 내 인생이 너무도 아깝지 않은가? 언젠가는 돈을 벌어 넓은 세상으로 나가서 큰 일을 해야겠다.'

그러나 돈 없고 배경 없는 시골 청년의 꿈은 그리 쉽게 이루어지지 않았다. 무료하게 시간만 보내던 어느 날 시어스는 귀가 번쩍 뜨이는 소문을 들었다. 한 전당포 주인이 찾아가지 않는 금도금 시계 수십 개를 헐값으로 내놓았다는 것이었다.

시어스는 철도 관리원이라는 자신의 직업을 활용하여 산간 벽지를 돌며 판매에 전념하면 기대 이상의 수익금을 올릴 수 있다고 확신했다. 그의 예상은 어김없이 맞아떨어졌다. 1개당 2달러의 이익금을 붙인 시계는 삽시간에 동이나 버렸던 것이다. 남들이 상점에 하루 종일 앉아 안일하게 물건을 팔고 있을 때 시어스는 유통에 운송의 개념을 도입하여 짭짤한 재미를 보았다.

한마디로 아이디어의 승리였다. 오늘날의 유통 재벌 시어스로벅사는 이렇게 한 청년의 번뜩이는 아이디어로 시작되었던 것이다.

1년 후, 시어스는 알바 로벅이라는 시계 수리공을 동업자로 맞아들여 본격적인 시계 판매에 나섰다. 오늘날 회사명이 시어스로벅으로 불리는 것은 이 때문이다. 물론 두 사람의 사업이 탄탄 대로만을 걸어온 것은 아니다. 빈약한 자본으로 시작한 만큼 시련도 많았다. 특히 중소기업의 약진을 시기한 기존 업체들이 공동으로 죽이기 작전을 펼쳤을 때에는 도산 직전에까지 몰렸었다. 그러나 시어스로벅사는 이 위기를 견뎌냈다.

시어스로벅사는 한 곳에 오래 머무르는 적이 없었다. 시어스의 신념은 남들과 무척 달랐다.

"고인 물은 썩기 마련이다. 하물며 죽느냐 사느냐 하는 살벌한 생존 경쟁을 치러야 하는 기업으로서는 끊임없는 변신이 없이는 살아남기 힘들다."

최초의 기업 변신은 창업 2년 만인 1888년에 단행되었다. 당시 시어스와 로벅은 '카탈로그 세일즈'라는 독특한 판매 방식을 고안하여 공전의 히트를 쳤다.

이 방식은 물건을 갖고 다니며 판매할 때에 비해 경비나 고객 확보면에서 아주 경제적이었다. 시어스로벅사가 유통과 운송의 결합으로 그 터전을 닦았다면, 이제는 통신 개념까지 도입하여 그야말로 명실 상부한 유통 재벌의 기틀을 다진 것이다.

1894년에는 취급 업종을 대폭 늘렸다. 시계만으로는 영업이 어렵다고 판단한 시어스는 창업 8년 만에 수백 종류의 상품을 동시에 취급하는 대형 유통 회사로 탈바꿈했다. 당시 시어스로벅사가 배포한 507페이지에 달하는 카탈로그에는 자신 만만한 표어가 있어 사람들의 눈길을 끌었다.

'세계에서 가장 싸게 파는 만물상!'

'세계 어느 곳의 물건도 모두 갖다 파는 백화점!'

당시만 해도 미국의 촌사람들은 상품 구매에 큰 불편을 겪고 있었다. 가지 수가 얼마 안 되는 상품을, 그것도 비싼 가격으로 마을의 구멍가게에서 울며 겨자 먹기로 구입했던 것이다.

시어스는 이 같은 상황을 정확하게 판단하고 즉시 행동에 옮겼다. 이런 촌사람들에게 값싸고 편리한 판매망만 구축한다면 성공은 보나마나 틀림없었다. 그의 생각은 정확하게 들어맞았다. 전국에서 구매 요청이 쇄도했던 것이다.

1911년에 시어스로벅사는 유통업계로서는 사상 처음으로 외상 판매를 시작했다. 오늘날 크레디트 카드의 효시가 된 외상 판매 제도는 이 회사가 1억 5천만 명이라는 엄청난 고객을 확보하는 데 결정적인 기여를 했다고 볼 수 있다.

1914년, 창업주 시어스는 어렸을 때의 꿈을 이루었다는 행복한 마음을 안고 저 세상으로 떠났다. 하지만 시어스로벅사는 대를 이어 꾸준히 사업을 확장해 나갔다. 특히 3대 사장인 로버트 우드가 등장하면서 시어스로벅사는 제2의 중흥기를 맞이했다.

제1차 세계대전 때 미육군 군수사령관을 지내 대규모의 물자 유통에 관한 감각을 익힌 바 있는 우드는 1928년 취임한 이래 1954년 은퇴할 때까지 무려 26년간이나 사장으로 재직하면서 시어스로벅을 일약 미국의 10대 기업으로 성장시켰다.

우드는 특히 백화점 지점망 설립에 관심을 기울였다. 오늘날 시어스로벅사가 51개 주에 천여 개의 지점을 갖게 된 것은 모두 그의 공적이라 할 수 있다. 그리고 우드의 백화점 확장 전략은 불황기에 단행되었다는 점에서 더욱 큰 의의를 갖는다. 다른 회사들이 불황으로 신규 투자를 꺼리는 동안 시어스로벅사는 꾸준히 지점망을 확장시켰다. 원가 개념을 도입하여 각 백화점의 경영 내실화를 다진 것도 우드였다.

그는 또 기업 변신에도 남다른 관심을 보여 1931년에는 자동차 보험 회사를 설립했다. 유통 회사가 자동차 보험업계로 진출한다는 것은 당시 무모하기 짝이 없는 모험이라고 중역들조차 반대했으나 우드는 고집스럽게 그 계획을 밀고 나갔다.

결과적으로 이것은 회사가 다시 일어서는 견인차가 되었다. 자동차 시대가 다가온다는 것을 미리 꿰뚫은 우드의 선견지명이 결국 승리한 것이다.

현재 미국 손해 보험업계 2위를 차지하고 있는 올스테이트사는 두 차례의 석유 파동으로 유통업이 뿌리째 흔들리고 있을 때 시어스로벅 그룹을 지탱하는 데 1등 공신이 되었다.

7
고객 중심의 서비스를 개발하라

시어스로벅은 그 동안 순탄하게 성장 가도를 달려온 것처럼 보이지만 사실 말 못 할 고민거리로 끙끙 앓고 있었다. 오랜 타성에 젖은 일선 백화점에서는 본사의 지시를 무시한 채 제멋대로 상품을 구매하기가 다반사였다. 더구나 두 차례의 오일 파동은 탄탄하던 고객의 기반마저 송두리째 뒤흔들어 놓았다.

그리고 최대의 고객인 중산층이 불경기의 여파로 구매가 격감하는 바람에 1967년에 9.3%에 달했던 소매 시장 점유율이 1980년에는 8.2%로 감소했다. 따라서 순익도 감소하고 있었다.

새로 그룹의 총수가 된 에드워드 텔링 회장은 자칫하면 시어스로벅의 빛나는 전통이 자기 대에서 끝나지 않을까 해서 잠도 오지 않을 지경이었다. 아무리 빛나는 역사, 오랜 전통이라도 가만히 있으면 하루 아침에 와르르 무너진다는 것을 그는 누구보다도 잘 알고 있었다.

며칠 고민 끝에 텔링은 결심했다.

'앉아서 망하는 꼴을 보느니 무언가 새로운 변혁을 해야겠다.'

그래서 나온 것이 이른바 서비스 업체로의 변신 전략이었다.

1981년 5월, 텔링은 부동산 중개 회사인 콜드웰 뱅커를 시작으로 딘 워터 금융 회사 등 종합 서비스업체로의 변신에 도움이 되는 업체라면 계속 매입했다. 그러곤 일본의 종합 상사를 본떠 시어스 월드 무역 회사를 별도로 설립했다.

이제 시어스로벅은 단순한 유통 회사가 아니다. 전체 매출에서 백화점이 차지하는 비중은 60%를 오르내릴 뿐이다. 나머지는 올스테이트 보험 회사 등 금융 회사가 차지하고 있다. 그렇다고 이들 금융 회사가 따로 움직이는 것은 아니다. 모든 금융 업무는 백화점과 직접 연결되어 있다. 즉, 백화점 안에서 물건도 사고, 보험이나 주식도 거래할 수 있는 형태의 새로운 종합 서비스가 탄생한 것이다.

그리고 텔링의 이러한 방식을 가리켜 '원 스톱 쇼핑 센터(One Stop Shopping Center)'라고 부른다. 여기서는 예금·인출·보험 계약·불입·주식 및 채권 거래·주택 매매·레저 플랜 판매·크레디트 카드 거래 등 모든 금융 업무를 동시에 볼 수 있다.

시어스로벅의 금융업으로의 진출은 기존의 금융업계로서는 날벼락이라 할 수 있었다. 그래서 미국 최대의 은행인 시티코프는,

'이제 우리의 라이벌은 기존의 경쟁자인 타은행이 아니라 바로 시어스로벅이다.'

라고 핏대를 세운다. 금융업체들이 긴장하는 것도 무리가 아닐 것

이다. 1억 5천만 명을 웃도는 고객들이 시어스 백화점에서 금융 업무를 본다면 다른 은행들은 앉아서 파산당하게 될 테니까 말이다. 더구나 그 무렵 백화점은 휴일이 없는데, 주 5일제를 고수하는 일반 은행들로서는 게임이 안 되었다. 그러므로 일반 은행들도 살아남기 위하여 저마다 고객 중심의 서비스를 개발하기에 여념이 없게 되었다. 이것도 시어스로벅의 공이라면 공이라 할 수 있겠다.

텔링 회장의 변신 전략은 여기서 그치지 않았다. 그는 불황 탈출 작전의 일환으로 무려 17억 달러가 투입된 '미래 점포'라는 프로젝트를 선보였다. 백화점 디자인을 미래 감각에 맞게 개조한다는 이 전략은 이미 고객들의 큰 호응을 얻고 있었다.

이것은 스포츠 코너에선 일반적인 스포츠용 볼이나 기구부터 스포츠 신발·스포츠 의류, 그리고 전자 제품에 이르기까지 한 곳에 모아 고객들의 편의를 도모하는 것이다. 이 전략은 물론 현재 세계의 모든 백화점에서 일반화되어 있지만 그 첫걸음은 시어스 백화점인 것이다.

8
자기의 재능과 취미를 활용하라

길게 뻗은 흰 머리카락, 표백한 것처럼 새하얀 턱수염과 구레나룻, 흰색 린넨 정장, 흰색 셔츠, 검은색 타이, 그리고 검은 구두. 요즘 서울 시내에서 심심찮게 눈에 띄는 할아버지 인형이다. 그리고 이 마스코트가 서 있는 곳에는 늘 손님들로 북적거린다.

세계적으로 이름난 패스트 푸드의 원조격인 '켄터키 프라이드 치킨'의 체인점 문 앞에서 손님을 맞이하는 이 할아버지의 이름은 할랜드 샌더스로 이젠 전설 속의 이름으로 남아 있다.

샌더스는 인디애나 주 시골 출신으로 초등학교 중퇴의 학력으로 15세에 직장 생활을 시작한 후 25년 동안 농장 인부·자동차 페인트공·전차 차장·연락선 갑판원·보험 외무 사원·철로 설치공 등 안 해 본 일이 거의 없었다. 하지만 샌더스는 시간당 16센트를 받으면서 망치질을 하거나 하루에 빵 한 조각으로 끼니를 때우는 힘들었던 시절에도 근면함을 결코 버리지 않았다. 그는 항상 성공할 날이 꼭 있을 거라는 신념으로 똘똘 뭉친 사람이었다.

샌더스는 어려서부터 요리에 취미가 있었다. 수십 년 동안의 우여곡절을 겪으면서도 그의 요리 솜씨는 더욱 세련되어 갔고 종류도 다양해졌다. 그러나 이런 재능을 사업에 응용할 생각은 품지 않았다. 그가 요리로 성공하겠다는 생각을 가진 것은 39세였던 1929년, 켄터키 주 코빈이라는 마을에서 주유소를 개업한 직후였다.

어느 날 샌더스는 낯익은 세일즈맨이 기름을 차에 넣으면서 불평하는 소리를 들었다.

"이 곳에는 마음에 드는 식당이 없어서 얼른 떠나고만 싶어요."

그 세일즈맨의 말이 샌더스에게 어떤 영감을 주었다. 그는 새로운 출발을 그 순간에 결심했던 것이다.

당시에는 그 누구도, 심지어 샌더스조차도 이 자그마한 사건이 바로 미국 패스트 푸드의 혁명을 알리는 계기가 되리라고는 꿈에도 생각지 못했다. 나중에 샌더스는 그의 전기 작가인 존 에드 피어스에게 이렇게 말했다.

"나는 깊은 생각에 잠겼다오, 그 결과 요리야말로 내가 가장 잘할 수 있는 일이라는 결론에 이르렀지요. 사실 맛있는 요리를 만드는 일은 자신 있었거든요."

그래서 샌더스는 자신의 주유소 뒤에 있던 가로 3.6미터, 세로 4.5미터의 작은 창고를 개조해서 배고픈 여행자를 위한 식당을 개업했다. 하지만 그것은 어디까지나 부업이었다.

그의 특기는 모친에게서 배운 남부 지방의 토속적인 음식을 만드는 것이었다. 예를 들면 닭튀김, 순시골식 햄, 신선한 야채 무침,

직접 구운 고소한 비스킷 등이 주요리였다.

　이것이 대히트였다. 음식에 대한 평판은 삽시간에 사방으로 퍼져 나갔다.

　"샌더스의 식당에서 파는 음식은 정말 끝내준다고."

　"나도 먹어 보았는데 정말 입 안에서 살살 녹더군."

　얼마 안 가 가게는 밀려드는 손님들을 감당하지 못할 정도였다. 이에 용기를 얻은 샌더스는 주유소를 폐업하고 '샌더스 카페'라는 식당을 개업하여 본격적으로 요식업에 뛰어들었다. 그의 나이 42세 때였다.

　사업은 순조로워 좌석이 142석으로 늘어났다. 하지만 샌더스는 자기 집 같은 편안한 분위기는 그대로 유지했다. 식당의 특별 메뉴는 닭튀김이었다. 그러나 프라이팬에 튀기는 것은 시간이 너무 오래 걸렸고, 기름에 담가 튀긴 닭은 좀체로 샌더스의 기준에 맞지 않았다.

　1939년, 샌더스는 신개발품인 압력솥을 사용하여 이상적인 요리법을 드디어 발견했다. 압력솥은 불과 10분 만에 맛과 수분을 그대로 간직하고 있는 치킨을 튀겨 냈던 것이다. 튀김에 남은 기름의 양도 적당했고 딱딱하게 굳은 껍질이 생기는 부작용도 생겨나지 않았다.

　이에 만족하지 않고 샌더스는 자신의 요리를 더욱 개선하기 위해 쉬지 않고 노력했다. 향신료와 양념을 다양하게 혼합하며 완벽한 맛을 찾기 위해 실험을 계속했던 것이다. 사업은 날로 번창했으나 샌더스의 근면함에는 변함이 없었다. 그러나 그는 아직도 자신이 생각해 온 '성공'은 이루어지지 않았다고 생각했다.

1949년, 59세가 된 샌더스는 주지사로부터 '콜로넬'에 임명되었다. 콜로넬이란 켄터키 주정부가 모범 시민에게 수여하는 명예 직함으로 샌더스는 모범적인 식당 운영과 자선 활동의 공적을 인정받아 이 직함을 받게 되었던 것이다.

이 일은 그의 인생을 바꿔 놓는 대사건이었다. 이젠 사업가 할랜드 샌더스가 아니라 할랜드 샌더스 콜로넬이라는 사실을 부각시키려고 그는 현재 우리가 보는 그 인형 차림으로 모임에 참석하곤 했던 것이다.

9
살아 있는 아메리칸 드림의 심벌

1953년, 샌더스의 식당을 16만 4천 달러에 팔라는 제안이 들어왔다. 구미가 당겼지만 샌더스는 이를 정중히 거절했다. 식당 근처를 지나는 신도로가 완공되면 인터체인지가 생겨 식당이 한층 번창하리라고 예상했기 때문이다. 하지만 3년 후, 신도로가 다른 곳으로 옮겨진다는 충격적인 뉴스가 들려왔다.

여행 손님이 주고객인 샌더스의 식당은 하루 아침에 파리만 날리는 신세로 전락되고 말았다. 샌더스는 별수없이 경매로 7만 5천 달러에 식당을 처분할 수밖에 없게 되었는데, 이는 부채를 청산하기에도 모자라는 금액이었다. 그는 이제 은퇴해서 정부에서 주는 수당으로 최소한의 생계를 꾸려야만 할 신세로 전락하고 말았다. 하지만 샌더스는 결코 낙담하지 않았다.

나중에 켄터키 프라이드 치킨의 사장이 된 존 브라운은 이렇게 회상하고 있다.

"콜로넬의 장점은 절대로 포기하지 않는다는 데에 있지요. 그는 첫번째 수당으로 105달러를 수령하고 와서 이렇게 말하더군요. '지금도 내가 이 세상에서 가장 잘 하는 것이 있어. 그건 바로 닭을 튀기는 일이야. 그래, 다시 시작하는 거야.'"

1년 전에 샌더스는 유타 주의 한 식당 주인에게 일종의 체인점 형태로 요리 비법을 전수해 준 적이 있었다. 그런데 그 식당 주인은 이를 적절히 활용하여 대성공을 거두었다.

이 소문을 들은 다른 식당 주인 몇 명이 마리당 4센트의 로열티를 지불하고 샌더스의 비법을 사용하기 시작했다. 그래서 샌더스는 체인점에 가입할 식당 주인을 찾아나서기로 마음먹었다.

그는 자신의 색깔인 흰색 캐딜락의 트렁크에 압력솥과 자신만의 비법인 향신료와 양념을 싣고 여행길에 올랐다. 고령의 나이와 관절염의 고통으로 괴로움이 이만저만 아니었지만 샌더스는 성공을 위한 재도전을 다짐했다. 나중에 그는 이렇게 술회했다.

"솔직하게 말하면 당시에는 그 방법밖에 다른 묘책이 없었지요."

그는 식당을 찾아다니며 지배인과 요리사들에게 치킨 요리 설명회를 열었다. 그리고 식당측에서 호기심을 보이는 경우에는 며칠 동안 그 곳에서 머물며 고객들에게 직접 만든 요리를 제공했다.

손님들이 요리를 호평하는 경우, 마리당 4센트의 조건으로 체인점 계약을 맺는다는 것이 그의 전략이었다. 이 점에 대해 전기 작가 피어스는 이렇게 기록하고 있다.

'콜로넬 샌더스는 50여 년 동안 음식 장사를 했다. 하지만 그가 진정으로 판매하는 것은 음식이 아니라 자기 자신이었다. 그는 항

상 자신의 능력에 대한 믿음과 자신감으로 차 있었다.'

샌더스는 '켄터키 프라이드 치킨'의 가능성에 투자할 수 있는 식당 주인을 찾아 황량한 중서부 일대를 답사했다. 여관비를 아끼려고 자동차 뒷좌석에서 새우잠을 자는 적도 많았다. 주유소의 화장실에서 면도를 하면서 그는 거울 속의 자신을 향해 스스로 격려했다.

"이 늙은 친구야, 힘을 내라고!"

요리법을 바꾸라는 설득은 참으로 어려운 일이었다. 나중에 샌더스는 쓴웃음을 지으며 고백했다.

"어느 식당에 가서 그 곳의 치킨보다 더 맛있는 치킨이 있다고 말한다면 누구나 모욕감을 느낄 것입니다. 문전에서 쫓겨난 적도 한두 번이 아니었지요."

이런 난관에도 불구하고 그는 '음식 맛'으로 결국 성공을 거두었던 것이다.

샌더스가 70세가 되던 1960년, 미국과 캐나다에 있는 '켄터키 프라이드 치킨' 체인점은 2백 개가 넘었다. 이제 그는 여행을 통한 체인점 모집을 중단하고 사무실에서 문의를 처리할 수 있게 되었다. 장부 정리는 그가 직접 했고, 아내는 양념을 혼합해서 보내는 일을 맡았다.

1964년, 체인점의 수가 6백이 넘게 되자 샌더스는 도저히 넘쳐나는 일을 감당할 수가 없게 되어 당시 마케팅의 귀재라고 불리는 존 브라운에게 팔았다. 현금으로 2백만 달러, 자문과 홍보직 보장, 4만 달러(나중에 7만 5천 달러로 인상됨)의 월급을 평생 보장, 중역

회의에도 참여한다는 파격적인 조건이었다.

회사를 넘긴 지 7년이 지난 1971년, 체인점의 수는 3천5백 개로 늘었고, 1995년에는 전 세계의 체인점 수가 9천4백 개에 달했으며, 매출액은 70억 달러를 기록했다.

새로 주인이 된 브라운의 성공 전략 중 가장 심혈을 기울인 것은 콜로넬 샌더스의 이미지를 널리 홍보하는 것이었다. 가난을 딛고 부자가 된 샌더스야말로 최고의 상품이라는 점에 착안하여 미국에서 가장 유명한 인물 중 하나로 만드는 일을 시작했다.

체인점·텔레비전·행사장에서 남부인의 우직함과 정중함을 접한 수많은 사람들은 샌더스야말로 우상 그 자체였다. 그는 진정 살아 있는 아메리칸 드림의 심벌로 미국인의 마음 속에 자리잡았다.

1980년, 이 지칠 줄 모르는 거인 샌더스는 90세의 일기로 조용히 눈을 감았다.

10
미치지 않으면 꿈을 실현하기 어렵다

　대부분의 사람들은 시카고라는 이름을 들으면 알 카포네로 대표되는 1920년대 갱들의 전쟁을 머리에 떠올린다. 그만큼 영화나 텔레비전 극으로 널리 알려졌기 때문이다.

　시카고는 미대륙이 발견된 후 수세기에 걸쳐서 인디언 이외의 사람들에게는 알려져 있지 않았다. 대서양 연안에서 800마일이나 떨어진 내륙에 위치해 있어 쉽게 갈 수 있는 곳이 아니었던 것이다. 시카고가 사람들에게 알려진 것은 모피를 노린 프랑스 인 사냥꾼들의 교역소가 된 다음부터이다. 이곳은 미시간 호의 남서쪽 끝에 위치하고 있었는데, 이 호수는 영국의 거의 절반에 달한다고 하는 거대한 규모였다.

　이 호수는 퓨론·엘리·온타리오와 함께 4대호로 나중에 불리게 되는데, 이들은 운하로 북과 동으로 연결되어 있었다. 또한 대서양에서 미시간 호의 서안(西岸)까지의 1,500마일은 아무 장해물 없이 항해할 수 있었다.

하지만 바로 시카고에 이르러 항해는 문자 그대로 암초에 걸리는 것이었다. 시카고 강의 만곡부와 호수 사이에 넓은 모래땅이 가로 놓여 있었기 때문이다. 이 장해물이 개척되면서 시카고는 비로소 훌륭한 항구로 탈바꿈했다. 공사는 1833년에 시작되었으나 당시 그곳에는 겨우 200여 명의 이주자들이 엉성하게 꾸민 오두막집에서 살고 있을 뿐 아무런 시설도 없었다.

그러나 운하가 개통되자 어디나 그렇듯이 유민들이 흘러들어오게 되었다. 동부에서는 일자리를 잃은 공장의 노동자들이, 뉴 잉글랜드에서는 자갈투성이의 토양에 견디지 못해 뛰쳐나온 농민들이, 그리고 유럽에서 온 이민자들이 그들이다.

운하가 개통된 지 2년 후, 4대호를 연결하는 운하가 제법 활기를 띨 무렵 윌리엄 오그덴이라는 30세의 혈기 왕성한 인물이 뉴욕 주에서 이주해 왔다. 그는 일찍 양친을 잃었으나 형편은 그리 나쁜 편이 아니었다. 15세에 벌써 부동산업에 뛰어든 조숙한 사업가였던 것이다. 그는 자신 있게 포부를 밝혔다.

"나는 일단 내가 손댄 것은 어떤 일이건 성취할 수가 있고, 또한 불가능한 일은 이 세상에 없다고 믿습니다."

그는 뉴욕과 엘리트 사이에 철도를 부설한다는 공약을 내걸고 뉴욕 주의회에 진출했다. 그러나 한 토지 회사가 머지않아 미시간 호반에서 건설 붐이 일어날 것이라고 귀띔하자 즉시 시카고로 향했다.

하지만 막상 도착해서 본 땅은 미개척의 진수렁이었기 때문에 웬만한 일에는 낙담하지 않는 성격인 오그덴도 그만 한숨을 내쉬었다. 그러나 황량한 토지를 이리저리 돌아다닌 끝에 여기에 대도시를 건설하겠다는 꿈의 날개를 폈다.

나중에 그는 그 꿈을 실현하게 되지만 당시에는 미치광이의 망상이라고 조롱을 받아도 마땅할 엉뚱한 꿈이었다.

그러나 오그덴의 꿈은 결코 망상이 아니었다. 3년 후에 오그덴은 인구 4천 명의 도시로 변한 시카고의 시장으로 선출되었다. 그는 거액의 돈을 쏟아 부어 수백 개의 다리, 하수도와 상수도, 공원을 조성했다. 자금의 대부분은 그의 사재였다. 그만큼 그는 부를 쌓아 놓았던 것이다.

오그덴은 도시의 골격이 완성되자 세부적인 공사에 착수했다. 하지만 건설 노동자들이 많지 않았고 시간도 충분하지 않았다. 그 무렵 오그덴은 '바룬 프레임 구조'라는 새로운 주택 공법이 있다는 이야기를 들었다. 이것은 목재 특유의 휘는 현상이 생기지 않도록 두께 2인치, 폭 4인치의 나무틀을 못으로 박아 고정시키는 경골목 구조의 일종이었다.

그는 이 방법으로 수천 채의 집을 최단시일 안에 세웠다. 지금도 미국의 주택은 4분의 3 정도가 이 방식으로 건축되고 있다. 오그덴은 시카고의 발전에 자신의 인생을 걸고 있었다. 그야말로 '시카고의 사나이'였다. 그가 이 도시에 온 지 6년 뒤인 1841년에 대초원은 비로소 풍작을 이루고, 오그덴의 노력과 투자에 보답하게 되었다. 길게 줄지은 짐마차가 곡물과 가축을 시카고로 운반했다.

그리고 화물선이 운하를 통해 그것을 뉴욕으로 운반하고, 그 곳에서 다시 유럽으로 수출했다. 이렇게 하여 시카고는 불과 9년 사이에 200명의 유랑민이 사는 늪지대에서 세계 최대의 곡물 시장으로 성장하고 대초원의 곡물과 가축을 받아들이는 중심지가 된 것이다.

오늘날도 시카고는 미국 농민들에 있어서 주식 시장의 역할을 담당하고 있다. 매주 수요일마다 시카고 곡물 거래소는 열띤 고함 소리로 시끌벅적하다. 그리고 그 모습은 저녁때가 되면 수천의 라디오·텔레비전 방송국으로부터 '밀 1파운드 강세'. '옥수수 1파운드 약세' '콩 보합세' 등의 간결한 보도로 미국은 물론 전세계로 전달되고 있다.

11
축복받은 무지(無知)도 있다

1895년 어느 날 아침, 한 허름한 호텔 욕실에서 40세의 세일즈맨 킹 캠프 질레트는 평상시대로 면도를 하려고 거울 앞에 섰다. 그때까지 수천 수백만의 남자들에게도 마찬가지였겠지만 면도는 그리 즐거운 일이 아니었다. 면도를 하려면 우선 얼굴에 비누 거품을 바르고, 턱수염을 적셔 최대한으로 부드럽게 한 다음 3인치짜리 면도칼을 얼굴에 들이대고 조심스럽게 수염을 밀어야만 한다.

나중에 질레트는 당시를 이렇게 회상했다.

"면도를 하려고 하는데 문득 면도기 날이 무디어져 있다는 생각이 들었다. 그 면도칼은 가죽띠에 문질러 쉽게 날을 세울 수 있는 정도를 훨씬 넘어서 있었다. 그 면도기는 칼갈이나 면도사에게 맡겨 숫돌에 갈아야만 다시 쓸 수가 있었던 것이다. 면도칼을 손에 들고 서 있었는데, 내 눈이 둥지에 새가 내려앉듯 살며시 면도칼에 닿았다. 그 순간 '질레트 안전 면도기'가 세상에 태어나게 되었다.

나는 정말이지 그 순간에 모든 것을 보았다. 그와 동시에 추리의 느린 과정이 아니라 꿈의 속도로 소리 없는 질문을 던지고, 그리고 스스로 대답했던 것이다.”

수세기 동안에 면도칼, 특히 칼날에 대해서는 어떤 근본적인 개선이 전혀 이루어지지 않았다는 생각이 문득 들었다. 그는 여기서 골똘히 생각에 잠겼다.

‘만약 면도날이 조립될 수 있고, 가죽띠에 문질러 날을 세우거나 숫돌에 가는 일을 포기할 만큼 값싸게 만들 수 있다면 그 얼마나 편리할까? 그래서 사용자가 무뎌진 칼날을 숫돌에 갈지 않고 새것으로 교체한다면……?’

구식의 면도날을 가죽띠에 문질러야 할 필요성이 있었을 때, 질레트는 그 대신 두 판 사이에 끼워 손잡이를 조여 주는 양날을 세운 얇은 강철의 칼날을 생각했다. 얇고 가는 강철은 그것이 무뎌졌을 때 면도를 하는 소비자가 쉽게 버려도 아깝지 않을 정도의 가격으로 만들 수만 있으면 되었다.

질레트는 사무실·직원·공장도 없이 서류상의 안전 면도기 회사를 세울 때까지 6년의 세월을 그 아이디어 하나만을 계속 생각하고 연구했다. 당연히 그와 두 동업자는 생계를 해결하기 위해 다른 일자리를 가지고 있어야만 했다.

질레트사의 첫 상품은 참담하기 그지없는 실패작이었다. 이유는 아주 간단했다.

예전의 전통적인 관습에 따르면 이상적인 면도칼은 값 비싸고, 가죽에 문지르거나 숫돌에 갈아 수명을 연장할 수 있어야 했다. 그런데 46세의 나이에 아직도 세일즈맨으로 입에 풀칠을 해야만 하는 질레트는 칼날은 값싼 얇은 강철로 만들어져야 하고 두어 번 사용한 뒤에는 버려야 한다고 주장했던 것이다.

면도칼을 취급하는 상인이나 야금학자같이 이 방면에 정통한 사람들은 하나같이 그것은 불가능하다고 말했다. 질레트의 아이디어에 대한 가장 완곡하고 친절한 평가는,

"우스꽝스러운 짓거리는 그만두시오."

라는 냉담한 것이었다. 몇 년 뒤에 질레트는 이 때를 다음과 같이 회상했다.

"솔직히 말해 축복받은 무지(無知)가 그 어려운 시절을 이겨내도록 했다. 만약 내가 기술적인 학문에 조예가 깊었더라면 중도에 포기했거나 아예 시도하지도 않았을 것이다."

이 때 질레트는 1개의 면도기를 팔기도 전에 이미 수천 달러의 빚더미에 앉아 있는 처량한 신세였다.

"우리는 사격 명령을 기다리며 일렬로 늘어서 있는 채권자들에게 밀려 벽까지 몰려 서 있었다."

질레트는 당시를 멋진 비유로 표현하고 있다.

그러나 그는 자신의 아이디어가 빚쟁이들의 손에 죽게 내버려두지는 않았다. 그는 수년 전에 그의 운 나쁜 발명품을 후원해 주었던 존 조이스라는 사업가를 다시 찾아갔다. 그 때의 실패로 그는 조이스에게 아직도 2만 달러라는 거액을 빚지고 있었다.

그럼에도 불구하고 이 돈키호테적인 발명가는 쓰러져 가는 자신의 면도기 공장을 일으켜 세우게 해 달라고 그 백만장자에게 도움

을 청했다. 그리고 면도기 샘플 하나를 내놓았다.

조이스는 자수 성가하여 백만장자가 된 만큼 상품을 보는 안목이 탁월했다. 그는 두말하지 않고 질레트에게 필요한 자금을 대주었던 것이다.

1903년, 질레트가 48세가 되어서야 '질레트 안전 면도기'를 제품으로 팔기 시작했다. 하지만 첫해에 고작 51개의 면도기와 168개의 칼날을 팔았다. 그러나 중요한 것은 새로운 종류의 안전 면도기를 위해 기꺼이 5달러를 지불할 생각을 가진 사람들이 있다는 것, 그리고 얼마 안 되는 첫 판매가 위대한 성공의 전조라고 믿는 후원자가 있다는 사실이었다. 질레트는 자신의 회사를 대표하는 사장이었음에도 불구하고 아직은 1년에 5천 달러를 받는 세일즈맨으로 밥벌이를 하고 있었다.

그러나 1904년을 넘기면서 판매량은 면도기 9만, 면도날 1,240만 개로 껑충 뛰어올랐다. 세련된 광고, 그리고 판촉을 통해 폭발한 수요를 충당하기 위해 질레트사는 전 세계에 8개의 공장을 만들 때까지 지속적으로 사업이 확대되었다.

오늘날 질레트사는 670억 달러의 자산 가치를 지닌 거대 기업으로 커져 있다. 이 중년의 세일즈맨은 남성이 면도하는 방식을 영원히 바꾼 아이디어를 끝까지 공략하여 마침내 성공을 거두었다.

나중에 질레트는 감회어린 어조로 고백했다.

"나의 면도기는 일반인들의 생각에는 위대한 발명품으로는 절대 느껴지지 않을 것이다. 그러나 시스템을 바꾸고 시간을 절약한다는 점에서 내 면도기만한 발명품은 다시 태어나기 힘들 것이다."

12
매일매일 싸게 사서 싸게 팔아라

1986년, 미국의 유명한 경제지 〈파이낸셜 월드〉지는 68세의 샘 월튼을 '올해의 최고 경영자'로 꼽았다. 다음은 그 신문에 실린 내용이다.

심사위원들은 샘 월튼이 자신의 사업체와 사원, 그리고 무엇보다도 고객에게 쏟은 거의 강박 관념에 가까운 놀라운 열의에 크게 감명을 받았다. 월튼은 친근함과 거대 기업의 경영적 친밀함을 결합하는 것이 가능함을 생생하게 보여 주었다.

어떤 심사위원들은 월튼의 경영 능력을 설명하기 위해 '마술사', '과학자', '최면술사' 같은 단어를 동원하기도 했다.

훌륭한 최고 경영자들이 공통적인 특징을 가지고 있다는 것은 주지의 사실이다. 그들은 자신감이나 승자의 심성뿐만 아니라 주변 사람들의 마음 속에 신뢰와 믿음을 불러일으키는 신비한 능력을 지니고 있다.

심사위원들은 이런 점에서 샘 월튼이 올해의 가장 뛰어난 인물이라는 것에 만장 일치로 결론을 내렸다.

'매일매일 싸게 사서 싸게 팔아라.'

지방 소도시를 대상으로 대형 매점 '월 마트'를 개설하여 세계적인 명성을 얻은 샘 월튼의 성공 비결은 이 한마디로 압축되었다.

40세의 나이에 남부 지방에 소매점을 몇 개나 가지고 있던 월튼이 유유자적하며 현실에 안주했다면 오늘날 미국 최고의 거부 대열에 결코 합류하지 못했을 것이다.

한국에서는 지방의 소도시에 가면 조그만 사업체를 경영하거나, 빌딩 몇 채를 소유하고 그 곳의 유지랍시고 거들먹거리는 인물을 흔히 볼 수 있다. 물론 미국의 소도시에도 그런 인물이 있겠지만 우리와는 그 격이 사뭇 다르다.

월튼은 현실에 안주하는 스타일이 아니었다. 적극적인 사고로 끊임없이 도전하는 것이 그가 살아가는 방식이었다.

그에게는 늘 새로운 도전이 있었다. 그는 평생 동안 현재에 안주하지 않고 자기 혁신과 실험, 사업 확장과 학습에 몰두했다.

1918년생인 월튼은 아버지로부터 '항상 열심히 일해야 한다'는 교훈을 듣고 자란 탓에 미주리 대학을 나올 때까지 결석을 한 번도 안한 모범생이었다.

제2차 세계대전이 끝나 제대하여 고향으로 돌아온 월튼은 자금을 빌려 아칸소 주의 뉴포트에 '벤 플랭크린 잡화점'을 개점하여 홀로서기를 시도했다. 이 사업은 대단히 성공적이었다.

하지만 임대권을 잃은 그는 벤톤빌로 가서 동생과 함께 다시 잡화점을 차렸다. 그리고 체인점 형식으로 아칸소 주와 미주리 주에 15개나 되는 상점을 소유하기에 이르렀다.

그러나 월튼은 여기에 만족할 수가 없었다. 40세가 넘은 나이였지만 그는 정력적으로 미국 전역을 여행하기 시작했다. 좀더 효과적인 판매업을 전개하기 위하여 당시 대형 소매 체인점으로 유명한 코벳·켈더·K마트·제이어 등을 관찰해 보았다.

월튼은 대형 할인 매장들이 주로 대도시에 몰려 있다는 사실에 주목했다. 그 까닭은 소도시의 시장 규모로 봐서 대형 유통 업체들이 수지를 맞출 수 없다는 일반적인 생각 때문이었다.

그는 특히 K마트를 세심하게 관찰했다. 다른 할인점들이 주먹구구식으로 영업을 하고 있는데, K마트만은 세밀한 계획 아래 상품을 판매하고 있었기 때문이다.

집으로 돌아온 월튼은 K마트를 모방한 할인점을 세우기 위해 장소를 물색하기 시작했다. 할인점의 이름도 K마트와 비슷하게 '월마트'라고 지었다.

마침내 1962년 6월 2일, 인구 4,500명의 아칸소 주 로제스에 최초의 월 마트가 문을 열었다.

하지만 당시의 월 마트는 깨끗하고 효율적인 진열을 자랑하는 오늘날의 매장과는 거리가 멀었다. 당시의 할인점과 공급 업체와의 관계도 순탄치가 않았다.

일부 공급 업체들은 아예 월 마트와 같은 할인점들과는 거래를

하지 않았다. 그들은 '싼값에 대량으로 상품을 판매하는 점포'와의
연결은 이미지에 좋지 않다는 생각을 가지고 있었던 것이다.

월튼은 자기만의 독창적인 영업 방식을 개발하는 한편, 좀더 유
리한 조건으로 상품을 공급받기 위해 많은 노력을 기울였다. 그리
고 일이 있는 곳이면 어디든 찾아다녔다.

1964년, 월튼은 해리슨이라고 불리는 아칸소 주의 작은 마을에
두 번째 월 마트를 열었다. 그날은 남부에서도 보기 드물게 온도가
34도까지 올라갔다. 그러니 가게 앞에 쌓아 놓은 수박이 갈라져 아
이들이 무료로 탈 수 있도록 마련했던 조랑말의 좋은 별미식이 되
어 버렸다.

이 지역의 사업가였던 데이비드 글래스는 영업 첫날,

"이 할인점은 내가 본 점포 중 최악이다."

라고 혹평했다. 하지만 20년 후 월 마트의 사장으로 취임한 그는
사람들에게 이렇게 말했다.

"해리슨 점포에 대한 나의 발언은 내가 지금까지 한 발언 중 가
장 멍청했다. 나는 그 때 샘 월튼의 능력을 미처 알아보지 못했다."

1970년, 월 마트는 주식을 공개하고 이를 통해 조달한 약 500만
달러의 자금으로 6개 이상의 점포를 세우고 최초의 배급 센터를
개설했다. 이 자금과 주식 상장을 통해 모은 자금을 가지고 월튼은
자신의 계획을 달성해 나갔다.

개업 10년 동안 39개의 체인점을 개설한 월 마트는 1970년에 452
개, 1980년에는 1,237개로 점포수를 급속히 확장했다. '월 마트의
주식은 다른 종목과는 비교할 수 없을 정도로 그 가치가 상승했고,

투자자들은 엄청난 이익을 거두었다.

1970년 당시 100주에 1,650달러였던 주가는 1992년에는 그 가치가 무려 260만 달러에 육박했던 것이다.

그리고 월 마트에서 최소한 1년간 일했거나 주당 20시간 이상 근무한 사람들은 연봉의 50%를 보너스로 받았다. 이런 이익 배당은 종업원들이 회사를 떠날 때까지 적용되었다.

월 마트의 주가가 계속 상승하면서 경영에 참여한 이사들은 퇴직과 함께 백만장자가 되었다. 일반 종업원들도 백만장자는 못 되었지만 노후를 편안히 보낼 수 있는 두둑한 돈주머니를 차게 되었다.

13
고객의 불편을 최대한 해결하라

월 마트 1호점을 열기 3년 전, 샘 월튼은 벤톤 빌 교외에 20에이커의 땅을 구입해 저택을 지었다. 1951년 당시 그 저택의 가격은 10만 달러였다.

월튼은 그 집을 산 것 말고는 그렇게 많은 돈을 쓴 적이 없었다. 그는 인색하지는 않았지만 매우 검소하게 생활했다. 남아메리카에서 아프리카로 장시간 여행을 했을 때 평생에 단 한번 1등석을 이용한 적은 있었지만…….

그는 직원들과 사업상 여행을 할 때도 회사의 방침에 따라 호텔 방을 함께 사용했다. 그의 회사에는 리무진이 한 대도 없다는 것도 화젯거리였다.

홈 데포사의 버나드 마르쿠스 회장은 벤톤 빌에서 월튼과 점심을 먹기 위해 밖으로 나갈 때의 경험을 다음과 같이 회고했다.

"나는 샘의 빨간 트럭을 타자고 했다. 그런데 그 트럭은 냉방이 되지 않았고, 시트는 엎질러진 커피 자국으로 얼룩투성이였다. 나는 식당에 가는 동안 땀에 흠뻑 젖었다. 바로 이것이 잘난 체도 건방지지도 않은 샘 월튼의 참모습이었다."

사업상 월튼을 만났던 한 사람은 또 이렇게 말했다.

"내 구두값은 월튼이 오늘 입었던 모든 옷값을 합친 것보다 몇 배는 비쌀 것이다."

월튼은 리틀 록의 한 모임에서 사람들에게 정장 재킷의 상표를 보여주면서 웃으며 말했다.

"이것은 월 마트에서 50달러 주고 구입했습니다. 이 바지 역시 월 마트에서 16달러를 주고 산 것입니다."

하지만 다른 데는 씀씀이가 결코 인색하지 않았다. 그는 의학 센터와 장학 기금, 교회, 예술 활동에 거액의 기부금을 선뜻 내놓곤 하였다.

그는 월급만으로도 가정을 안락하게 꾸미고 살았다. 월튼 부부에게 돈을 쓰지 않는 이유를 물으면 간단한 대답이 돌아온다.

"사용할 필요가 없어서요."

체인점이 폭발적으로 증가했지만 월튼은 자가용 비행기를 타고 매주 몇 곳의 점포를 방문하는 일은 계속했다. 그리고 때때로 점포에 물건을 배달하느라 하루 종일 회사의 트럭을 몰기도 했다.

그는 몰래 월 마트 체인점에 들어가 잠시 돌아본 후 확성기로 고객과 직원에게 자신을 소개하곤 했다. 해서 직원들은 월튼이 언제 불쑥 나타날지 몰라 늘 긴장해 있어야만 했다.

월튼은 정리가 잘 되지 않은 점포를 발견하면 곧바로 문을 닫고 내부를 다시 손보도록 했다. 하지만 월튼이 방문하고 간 후에는 대부분 선거를 앞둔 정치인과 같은 이익을 얻었다.

회사의 창업주가 직접 점포를 찾아와 고객의 불평을 들어주니 그 누가 싫어하겠는가. 그는 남부인 특유의 친근감 있는 성격을 지녔으나 자료 조사할 때의 눈길은 무척 날카로웠다.

동기 부여자로서 월튼은 세 개의 의사 소통 라인을 가지고 있었다. 첫째로, 월튼은 체인점의 개점식에는 만사를 젖혀 놓고 꼭 참석했다. 유머 감각과 나름대로의 카리스마를 이용해 월튼은 개점식과 각종 모임을 월 마트의 기세를 올리는 기회로 바꿔놓곤 했다.

그는 뛰어난 영업 실적을 올린 동료들은 격려하면서도 항상 곁에서 더 잘하라는 독려를 잊지 않았다. 그리고 종종 행사를 시작하거나 끝마칠 때 테이블 위로 올라가 모든 사람들이 월 마트를 환호하게 하는 분위기를 조성하곤 했다.

"월 마트! 월 마트! 우리의 이름! 소비 사업은 우리의 게임, 최고의 자리는 우리의 차지, K마트 보아라! 우리가 여기 있다!"

월튼은 종업원들이 자신의 존재를 귀중하게 여기는 회사에 소속되고 싶어한다는 사실을 잘 알고 있었다. 회사가 자신들을 원하고 있다고 느낄 때 종업원들은 진정으로 회사에 소속된다.

이 때문에 종업원들이 월 마트를 환호하는 것은 결국 자신들을 위해 환호하는 것과 다름없었다.

둘째로, 월튼은 사보인 《월 마트 세계》에 매달 칼럼을 실었다. 1983년 그는 칼럼을 통해 80%의 이익을 올릴 수 있도록 도와달라고 직원들에게 호소했다.

그는 이 목표를 달성하면 월가에서 훌라춤을 추겠다고 약속했다. 직원들은 목표를 달성했고, 월튼이 양복 위에 풀잎 스커트를 입고 월가에서 춤을 추는 사진이 공개되었다. 물론 이 일로 월튼의 위신에 다소 손상이 간 것은 인정되지만, 월가의 모든 사람들에게 월마트가 빠르게 성장하고 있다는 사실을 알리는 계기가 되었다.

셋째로, 월튼은 직원들을 공개적으로 초청해 점포 문제 이외의 새로운 아이디어 등 개인적인 대화를 지속적으로 가졌다. 그리고 편지를 보낸 사람들에게는 꼭 답장을 해 주었다.

월튼은 정치가들에게도 많은 도움을 주었는데, 클린턴 대통령도 그 중의 한 사람으로, 아직도 고마움을 잊지 못하고 있다.

1984년, 아칸소 주지사였던 빌 클린턴은 외국 업체와의 경쟁으로 문을 닫게 된 의류 공장을 도와달라고 월튼에게 요청했다. 월튼은 회사 임원들과 이 문제를 논의한 후,

"그 공장이 앞으로 재건될 수 있는지 검토해 보겠다."

라는 답변을 클린턴에게 보냈다. 얼마 후, 월 마트는 극동 지역의 공장에 맡겼던 의류의 상당량을 그 공장에 넘기기 위한 작업에 착수했다. 당시 미국 업체들은 정확한 패턴으로 제품을 생산하지 못했기 때문에 소매업자들은 거의 모든 의류를 해외에서 수입하고 있었다. 월 마트의 이런 움직임을 아칸소 주에 있는 업체가 다시 의류 수주를 받을 수 있도록 하는 데 많은 도움이 되었다.

1991년, 월 마트는 월튼에게 전혀 기대하지 않았던 선물을 안겨 주었다. 월 마트가 미국 최대의 소매업체인 시어즈를 누르고 명실

공히 최고의 기업으로 자리잡은 것이다. 10년 전에 월 마트가 26억 달러의 매출을 올렸을 때 시어스의 매출액은 200억 달러에 육박하고 있었다. 그러나 1991년 월 마트는 326억 달러의 매출을 기록하면서 320억 달러의 매출을 올린 시어스를 앞질렀다.

하지만 회사가 이런 급성장을 이루고 있을 때 월튼은 건강이 악화되어 쓰러졌다. 1992년, 건강이 약간 회복되어 휠체어에 앉아 휴식 중인 월튼을 부시 대통령이 방문하여 '자유의 메달'을 수여했다. 대통령은 월튼을 '사업에서뿐만 아니라 인생에서도 성공한 유통업의 대부'라며 찬사를 아끼지 않았다. 월튼은 월 마트 사장인 글래스에게 '오늘이 나의 삶에서 최고의 날'이 될 것이라고 말했다. 하지만 월튼은 며칠 후에 이 말을 번복했다.

"사실 내게 최고의 날은 점포에 나가 동료들과 고객들을 만나고 있을 때였지."

얼마 후에 샘 월튼은 암을 이기지 못하고 세상을 떠났다. 이 소식은 위성을 통해 1,960개의 체인점으로 전해졌다. 월 마트의 통신망을 통해 사망 소식을 접한 점원들은 큰 소리로 울음을 터뜨렸다.

〈뉴욕 타임스〉는 월튼이 남긴 재산이 280억 달러에 달한다고 전했다. 하지만 같은 기사의 몇 단락 뒤에 언급되어 있는 내용과 비교할 때 월튼에게 이것은 그다지 중요한 사항이 아니었다.

거기에는 월 마트에서 24년간 일한 한 점원이 무려 26만 2천 달러의 퇴직금을 받았다는 내용이 실려 있었다.

14
불황을 역이용하라

불황이 닥치면 기업 활동은 위축되기 마련이다. 그래서 살아남기 위해서 과감한 투자보다는 내실화에 충실하는 것이 일반적인 기업의 경영 방침이다.

그러나 미국 제지 산업의 대명사로 불리는 스코트사는 불황을 오히려 재도약의 계기로 삼는 탁월한 경영 전략을 구사해 재계의 관심을 집중시켰다.

사실 1970년대 말까지만 해도 스코트사는 대표적인 부실 기업이었다. 당시 미국 전역을 강타한 불황의 회오리바람에 휘말려 스코트사는 공장문을 닫아야 할 정도의 심각한 위기에 봉착했던 것이다.

소비자는 그 성격상 시장 경기에 민감한 반응을 나타낸다. 스코트사가 주력 생산하고 있는 티슈·종이 타올·냅킨 등은 판매고가 급격히 줄어들었다.

최대의 인기 상품으로 자랑해 오던 펄프는 재고가 기하 급수적으로 늘어만 갔다. 창업 이래 50여 년 동안 단 한 차례의 위기도 없이 순항만을 계속해 왔던 스코트사로서는 그만큼 불황에 대처하는 지혜가 부족해 우왕좌왕할 뿐이었다.

스코트사의 디키 회장은 무엇인가 승부수를 던질 시점에 와 있음을 직감했다. 그는 앉아서 망하는 꼴을 지켜볼 바에야 모험을 해서라도 한판 승부를 걸어보겠다고 결심했다.

그래서 나온 것이 이른바 '불황 탈출 작전'이다. 디키 회장이 구성한 것은 경쟁 조직의 현대화와 설비 현대화로 요약된다.

디키 회장은 이를 위해 리핀코트를 신임 사장 겸 최고 경영 책임자로 내정했다. 스코트사에서 잔뼈가 굵은 리핀코트는 회사의 문제점을 그 누구보다도 잘 알고 있었다.

리핀코트는 사장으로 취임하자마자 당시로서는 너무나 충격적이었던 '성과급 제도'를 발표했다. 능력 있는 사람들에게 그만한 보상을 해 줌으로써 성취 동기를 부여하자는 것이 성과급 제도의 본래 취지였다. 그러나 리핀코트가 구상하는 성과급 제도는 성취 동기의 차원을 뛰어넘는 것이었다. 그는 회사가 오랫동안 안주해 있다 보니 적당주의가 판을 치게 되었다고 생각하고 있었다.

하루하루를 대충 꾸려만 가면 된다는 식의 적당주의가 회사의 발전을 가로막는 최대의 암적 요인이라고 그는 주장했다.

이 같은 적당주의를 타파하기 위해 리핀코트가 마련한 성과급 제도는 한마디로 '일하지 않는 사람은 먹지도 말라'는 협박조의 내용이 담겨져 있음을 누구나 느낄 수 있었다. 모든 직원들의 업무 실적을 과학적으로 분석하여 회사 이윤에 대한 공헌도에 따라 연봉을 차등 지급하겠다는 것이 그의 기본 취지였다.

회사를 위해 아무런 기여도 하지 못한 직원은 감원을 시키지 않는 대신 일체의 보수를 지급하지 않겠다고 으름장을 놓았던 것이다. 그야말로 '무노동 무임금'의 발상이었다.

그 동안 무사 안일에 빠져 '복지 부동'에 익숙한 직원들로서는 아닌 밤중에 홍두깨가 따로 없는 선언이었다. 자칫 잘못하다가는 봉급날에 빈 봉투를 들고 귀가해야 할지도 모른다는 공포감이 직원들을 얼어붙게 했다.

성과급 제도가 발표되자마자 직원들은 발걸음부터 달라졌다. 어슬렁거리는 직원은 찾아보려야 찾아볼 수 없었다.

개인주의가 고도로 발달된 미국 사회에서는 어쩌면 이 같은 제도가 오히려 효과적일 수도 있다. 능력 있는 사원들은 사장의 혁신적인 경영 방침에 박수 갈채를 보냈다.

물론 천성적으로 게으르거나 능력이 부족한 사원들은 내심 불만스러웠으나, 불황기에 쫓겨나지 않는 것만으로도 감지덕지해야 할 판국이었다.

만약 이 같은 제도가 평상시에 채택되었더라면 난리가 났을 것이다. 회원의 이익을 보호하는 데 악착 같은 노조가 어찌 가만히 있겠는가. 하지만 회사의 운명이 오늘 내일하는 판이라 어느 누구도 이의를 제기하지 못했다.

스코트사의 불황 타개 전략이 빛을 발하는 이유도 여기에 있다. 불황이라는 조건을 최대한 활용하여 오히려 경영 혁신의 계기로 승화시켰기 때문이다.

리핀코트는 대대적인 직제 개편에도 착수했다. 회사에 대한 기여도가 적은 부서는 과감히 정리해 버렸다. '티슈 사업부'의 경우 간부급의 20%가 쫓겨났다.

계급 서열 제도도 일대 혁신을 가하여 기존의 11개 직급을 7개 직급으로 단순화시키는 한편, 승진 원칙도 철저히 능력 본위로 바꾸었다. 또한 직원의 적재 적소 배치에도 남다른 관심을 보였다.

경력은 많아도 능력이 처지는 직원은 과감히 강등시켰다. 또한 전사원에 대한 적성 평가를 실시하여 각자가 자신의 취향과 능력에 맞는 부서에서 근무할 수 있도록 대대적인 인사 개편을 단행했다.

또한 성취 동기의 자극을 위해서 정책 결정도 일선 실무자들의 재량으로 처리하도록 하였다. 회사의 중대한 결정은 일선 실무자들이 직접 행한다는 것은 스코트사와 같은 보수적인 회사로서는 엄청난 변화가 아닐 수 없다.

그러나 사원 각자가 마치 자신의 사업을 꾸려가듯 애착을 갖고 업무를 추진할 때 그 효과는 놀랍도록 높아질 수도 있다. 물론 이 과정에서 발생하는 과실은 당사자가 전적으로 책임져야 한다.

스코트사는 이처럼 내부 개혁에 착수하는 한편 대대적인 시설 현대화 작업에 착수했다. 일하려는 의욕이 아무리 넘쳐 흘러도 그것을 뒷받침하는 설비가 부족하다면 아무 소용이 없다.

리핀코트의 시설 현대화 전략은 하드웨어와 소프트웨어는 동시에 발전시켜야 한다는 논리에서부터 시작되었다. 그것은 또 장기적으로 볼 때 원가 절감의 효과를 낳는다.

하지만 대다수의 기업들은 좀처럼 시설 현대화에 뛰어들지 못하는 게 현실이며, 특히 제지업의 경우에는 한 번 시설을 바꾸는 데 제2의 창업과 맞먹는 엄청난 비용을 투입해야 한다.

그러나 스코트사는 불황의 늪에 빠져 모든 기업들이 움츠리고 있을 때 과감히 시설 현대화 개혁을 들고 나왔다.

시설 현대화도 동종 업체들끼리 경쟁이 붙으면 돈만 날리는 경우가 드물지 않다.

리핀코트는 이 같은 불황기에는 시설 현대화에 나선 돈키호테적인 인물은 자기밖에 없을 것이라고 단언하고 오히려 빨리 서둘러야 한다고 역설했다.

그리하여 무려 16억 달러라는 거액을 시설 현대화에 과감히 투자했다. 스코트사는 이 자금으로 대부분의 생산 라인을 신형으로 대체했다.

마침내 스코트사의 경영 실적은 1983년을 고비로 호전의 기미를 보였다. 이듬해에는 이익금이 사상 최대 규모인 1억 8천7백만 달러에 이르렀다. 이것은 전해에 비해 무려 51% 늘어난 수치였다.

매출액은 1년 사이에 5% 증가되었다. 매출액에 비해서 이익금이 이처럼 큰 폭으로 늘어난 것은 시설 현대화 덕분이었음은 새삼 말한 필요가 없겠다.

15
뉴스가 곧 돈이다

퇴임한 전 미국 대통령 부시는 이렇게 고백한 바 있었다.

"나는 CIA보다 CNN방송을 통해 훨씬 빨리 정보를 얻은 적이 한두 번이 아니었습니다."

미국 정부만이 CNN을 이용한 것이 아니었다. 특히 미국을 적대시하는 국가는 공식 외교 통로를 이용하는 대신 CNN지국을 찾아가 비난 성명을 낭독하는 것이 유행이다 싶을 정도로 빈번했다.

그러나 뭐니 뭐니 해도 CNN방송이 전세계적으로 널리 알려진 것은 1991년 1월 16일' 걸프전 때 미국의 미사일이 꼬리에 불꽃을 내뿜으며 발사되는 장면 때문일 것이다. 어둠을 가르며 콧수염의 독재자가 있는 바그다드를 폭격하는 미사일이 화면 가득히 펼쳐지는 것을 본 시청자들은 입만 쩍 벌린 채 눈길을 다른 데로 돌릴 생각조차 하지 못했다.

당시 세계 각국의 모든 TV방송사는 시시각각 전개되는 전쟁 상황을 CNN뉴스를 복사해 내보내고 있었던 것이다.

이처럼 국경 없는 지구촌을 실현한 CNN왕국의 제왕은 오하이오 주 신시내티 시에서 태어난 테드 터너이다.

터너가 사업을 시작한 것은 25세 때부터였다. 사업에 실패한 부친이 권총 자살을 하자 졸지에 파산 직전의 광고 회사를 떠맡게 된 것이다.

부친의 자살은 그에게 큰 충격이었다. 하지만 그 충격이 채 가시기도 전에 빚더미에 눌러 앉은 광고 회사를 살려내기 위해 정신 없이 뛰어야만 했다.

터너는 나중에 회고하기를,

"내 인생에 있어서 그 때처럼 고독했던 적은 없었다."

라고 할 정도로 주위에는 도움을 줄 사람이 아무도 없었다.

워낙 한심한 상황에서 떠맡은 회사였기 때문에 터너에게는 사업 초반부터 마치 살얼음 위를 걷는 듯한 위기의 연속이었다. 그러다가 마침내 회사가 채권자에게 넘어갔다. 그러나 터너는 수중에 돈 한푼 없었으나 광고 회사의 재건에 성공한다.

그는 광고 회사를 다시 사들일 결심을 하고 회사를 매수한 백만 장자를 찾아갔다.

"20만 달러만 내면 팔겠네."

백만장자는 풋내기 사업가 터너를 가소롭다는 듯이 바라보면서 말했다.

"당신이 이 회사를 되팔게 될 경우 소득의 90%는 세금으로 내야 합니다. 내가 회사를 크게 키우겠으니 주식을 그대로 갖고 있으면 이득이 될 것입니다."

터너의 끈질긴 설득에 백만장자는 그만 굴복했다. 결국 터너는 부친이 진 빚을 땡전 한푼 갚지 않고 광고 회사를 그대로 운영할 수 있게 된 것이다.

이렇게 해서 터너는 인생에 있어서 가장 큰 위기를 넘겼다.

"내가 남보다 뛰어나기 때문에 그렇게 된 것은 결코 아니다. 그 당시 가지고 있는 돈이 없었으니 남의 것을 이용할 수밖에……."

광고 회사는 순조롭게 풀려 큰 이익을 남겼다. 3년 후, 터너는 이 익금을 모두 채권자의 주식을 되사는 데 써 버렸다.

터너는 여기에서 그치지 않고 적자에 허덕이던 지방 유선 방송사를 인수했다. 그는 만족을 모르는 야심가였다.

그는 미국의 '3빅'이라고 불리는 CBS·NBC·ABC에 버금가는 방송사를 소유하려고 마음먹었던 것이다.

"내가 여지껏 TV뉴스를 본 시간을 모두 합쳐도 100시간이 채 안 될 것이다. 하지만 이제 뉴스가 얼마나 중요한가를 알게 되었다. 나는 24시간 뉴스만 하는 방송사를 만들 것이다."

'80년 당시 40대 초반이었던 터너는 어느 누구도 생각하지 못했던 계획을 내놓아 사람들을 어리둥절하게 만들었다. 사람들은 그의 그런 꿈 같은 발상은 실현 불가능한 몽상일 뿐이라고 비웃었다.

하지만 터너는 자신의 고집을 꺾지 않았다.

"현대인은 시시각각으로 변하는 뉴스에 목말라하는 사람들이다. 3대 방송사가 프라임 타임에 내보내는 30분간의 뉴스로는 시청자들의 욕구를 결코 만족시키지 못한다. 그 30분도 광고 시간을 빼고

나면 겨우 22분 정도가 아닌가? 나는 24시간을 뉴스만으로 편성하는 방송사를 반드시 설립할 것이다."

그리고 자신을 비웃는 사람들의 좁은 안목을 터너는 도리어 비웃어 주었다.

"비행기가 발명되기 전에 날아다니는 물체에 돈을 내고 탈 멍청이가 있겠느냐고 묻는 것은 참으로 어리석은 일이다. 새로운 발명의 경우는 일반 생활용품처럼 수요에 따라 공급을 하는 것이 아니라 오히려 공급이 수요를 창출하는 것이다."

터너다운 호언 장담이었다. 그리고 그것은 그의 경영 철학이기도 했다.

하지만 제아무리 방송이 좋아도 자금이 없으면 추진할 수 없는 것이 사업이다. 더구나 방송사는 막대한 자금이 투자되지 않으면 성공하기 힘든 사업이었다.

당시 터너에게는 그만한 자금이 없었다. 따라서 언론이나 남의 말을 하기 좋아하는 사람들은 터너를 허풍쟁이로 몰아붙였다.

그러나 터너는 여유 있게 웃고 있었다. 그는 이미 계획을 세워놓고 있었던 것이다.

터너는 자신의 유선 방송사에서 통신 위성을 통해 당시 미국 전역에 우후죽순처럼 생겨나고 있는 지방 유선 방송사로 뉴스 전파를 보내는 방법을 착안했다.

이 방법으로 값비싼 장비를 동원하지 않고도 위성 중계료만 내면 뉴스를 쉽게 보낼 수 있었던 것이다. 물론 꼭 필요한 장비가 있었는데, 기자들이 보내오는 화면을 편집할 편집기 24대와 인공 위성과 송수신할 7개의 안테나만 있으면 되었다.

터너는 프로그램을 만들 때 정치·경제·스포츠·주요 인물 뉴스를 각각 30분씩 방영하고, 2시간 간격으로 새로운 뉴스를 내보내는 방식을 기본 편성으로 채택하였다. 그러다가 돌발 사태가 발생하면 기존의 방송을 즉시 중단하고 생생한 뉴스 속보를 내보낸다는 방침을 세웠다.

그리고 긴급 뉴스를 내보낼 때는 아예 광고 방송도 중단하는 과감성을 보였다. 광고비보다 시청자 서비스가 더 중요하다는 것이 터너의 경영 철학이었다.

CNN방송은 세계 어느 곳이건 대형 사건이 터질 때 그 위력을 유감없이 발휘했다. '80년 출범 당시 CNN을 빗대어 '싸구려 방송사'라고 비웃던 전세계의 방송사들이 대형 사건이 터질 때면 너도 나도 CNN의 전파를 공급받기 위해 돈보따리를 들고와 사정하게끔 되었다. 방송사 설립 초기에 170만 명에 불과했던 가입자도 걸프전 이후 전세계 95개국 7,500만 가구로 늘어나 CNN은 그야말로 '지구촌 방송사'로 우뚝 섰다.

터너야말로 진정 뉴스의 개념을 '과거에 일어난 것'을 '지금 일어나고 있는 것'으로 바꿔 놓은 인물이라 하겠다.

16
그대로 있는 월계수는 빨리 시든다

1954년, 52세의 멀티 믹서기 세일즈맨 레이 크록은 캘리포니아 주 산 버나르드디노라는 마을에 있는 한 햄버거 가게를 보고 새로운 사업을 구상하게 되었다. 바로 패스트 푸드 산업이다.

맥도널드사가 한창 번창하던 시절, 이 회사의 창립자인 레이크록은 헨리 포드에 버금가는 당대 산업계의 선구자로 인정을 받았다. 그는 햄버거와 프렌치 프라이, 밀크 쉐이크와 같은 상품을 조직적으로 생산하고 유통시킴으로써 미국 식음료 산업에 일대 혁명을 일으켰다.

그는 정교한 영업 방식과 유통망을 개발해 고객이 시골이나 뉴욕과 같은 대도시를 불문하고 똑같은 프렌치 프라이를 구입할 수 있는 체제를 갖추었다. 이같은 일관된 사업 전략으로 맥도널드는 미국의 패스트 푸드 산업을 대표하는 브랜드명으로 부상하게 되었다.

그러나 1960년대에 접어들자 맥도널드는 늘어나는 경쟁 회사들의 도전을 방어하는 데 힘써야 했다. 경쟁사가 늘어난 것은 맥도널드의 성공을 보고 돈을 벌려는 사업가들이 패스트 푸드 사업으로 너도나도 몰려들었기 때문이다.

1965년에는 이미 2천 개의 켄터키 프라이드 치킨과 325개의 버거쳅스, 그리고 1백 개의 버거킹 체인점이 영업을 하고 있었다. 이때 사람들이 패스트 푸드 산업은 사람들이 식음료로 지불하는 총 비용이 18%에 해당하는 62억 달러 규모의 시장으로 성장하게 되었다. 이렇게 급변하는 시장 경제 속에서 제자리에 머물러 있는 것은 퇴보나 다름없었다. 아닌게 아니라 크록은 '그대로 있는 월계수는 빨리 시든다'는 격언을 매우 좋아했다. 해서 맥도널드는 신규 체인점을 지속적으로 설립하면서 계속 새로운 기획안을 내놓았다. 바로 미국 전역을 대상으로 한 광고가 그 첫번째였다.

크록은 시스템 표준화 작업을 추진하고, 기업 이미지를 통일하기 위해 막대한 자금을 투자했다. 그리하여 1967년 맥도널드는 전국적인 광고에다 판매액의 약 1%인 230만 달러를 쏟아부었다.

이것은 패스트 푸드 체인점이 생긴 이래 전무 후무한 액수였다. 이에 대해 크록은,

"만약 전국으로 방영되는 '사운드 오브 뮤직'과 같은 방송을 협찬함으로써 자신의 회사를 알릴 수 있다면, 어떤 사업가가 총수익의 1%를 기꺼이 포기하지 않겠는가?"

라고 반문했다.

워싱턴 체인점들이 만들어낸 로날드 맥도널드의 광고가 널리 알려지자 본사에서는 햄버글러·그림마스 등 아이들에게 친숙한 인

물들이 프렌치 프라이나 셰이크를 먹고 싶어하는 광고를 잇달아 내보냈다.

"우리는 햄버거 사업이 쇼 비즈니스를 하고 있는 것입니다."

크록은 이렇게 자신 있게 말하곤 했다.

급속한 성장과 광고를 통해 1970년대 초엽, 맥도널드는 미국에서 가장 큰 패스트 푸드사로 부상했고, 미국의 식음료 문화를 주도하는 하나의 현상으로 자리잡았다.

맥도널드 왕국의 최고 통치자인 레이 크록은 이미 미국에서 가장 유명한 인물 중의 하나가 되었다. 1972년, 맥도널드는 2,200개의 체인점과 10억 달러의 판매액을 확보하고 있었다.

크록은 이따금 말하기를,

"나의 보헤미안 조상들은 소작 농민의 뼈를 가지고 있다."

라고 할 정도로 소박한 마음씨의 소유자였다. 갑자기 벼락 부자가 된 다른 사업가들과는 달리 그는 예술이나 사회적인 사건에는 취미가 없었다. 대신 그는 햄버거에서 아름다움을 찾으려 했다.

"햄버거에서 아름다움을 보려면 특별한 마음가짐이 필요하다. 좋아하는 낚싯대에 깃털을 다는 취미와, 부드럽게 저며진 빵의 그림자와 모양에서 우아함을 찾는 것이 뭐가 다르단 말인가?"

그는 자기를 이상하게 보는 사람들에게 이렇게 반문하곤 했다.

많은 전문가들은 맥도널드의 성장이 이제 한계점에 이르렀다고 진단했다. 하지만 크록에게는 이미 복안이 있었다.

"나는 시장이 한계에 이르렀다는 것을 믿지 않는다. 이제는 세계를 염두에 두어야 할 때다."

이렇게 선언한 후 그는 각 대륙에 1만 2천 개의 체인점을 세우겠다는 목표를 세웠다.

1972년, 미국에서는 9만 명 당 1개 꼴로 맥도널드 체인점이 있었다. 그러나 전세계적으로 햄버거를 한 번도 맛보지 못한 사람이 30억이나 되었다.

1971년, 맥도널드는 일본과 독일에 상륙했다. 그리고 1977년에는 샌드위치의 본고장인 영국에 체인점을 열었다.

얼마 후 맥도널드는 런던에 3천 번째 체인점을 개점하기에 이르렀다. 이에 대해 〈포보스〉지는,

"고향에 돌아온 순례자의 열정으로 맥도널드는 유럽에서 미국 햄버거 맛의 즐거움을 전파하기 시작했다."

라고 평했다.

유럽의 주요 도시에 교두보를 마련한 것은 시작에 불과했다. 맥도널드는 10여 년간 해외에 수천 개의 체인점을 개점하여 연평균 27% 높은 성장률을 기록했다.

맥도널드의 상징인 금빛 아치는 남미·유럽·아시아 등 거의 모든 대륙으로 확산되어 마침내 전형적인 미국 기업의 상징으로 자리잡았다. 1979년에는 엘살바도르의 반정부 게릴라들이 맥도널드 체인점을 폭파한 후,

"제국주의 미국에 치명적인 공격을 가했다."

라는 성명서를 발표하기도 했다.

미국 기업들이 해외 시장으로 진출할 경우 엘살바도르에서처럼 적대적인 세력이나 신뢰하기 어려운 현지 공급 업자들로 인해 심

각한 어려움에 부딪치기도 한다. 그래서 네덜란드에서 브루나이에 이르기까지 각국의 맥도널드 체인점들은 현지인의 입맛에 맞추면서 맥도널드만의 특성을 판매해야 하는 까다로운 곡예를 감행해야 했다.

이렇듯 맥도널드는 엄격한 운영 체제를 기본으로 하되, 경우에 따라서는 특성을 발휘하는 데 소홀하지 않았다. 예를 들어 일본인들이 좀더 쉽게 발음할 수 있도록 체인점의 이름을 '마쿠도나르드'로 바꾸고, 마스코트도 일본인들의 취향에 맞게 변형한 것을 들 수 있다.

맥도널드는 또한 현지 관리자들에 의한 독특한 홍보 캠페인을 허용하고 있다. 더블린의 한 점포는,

'우리는 미국 브랜드를 가지고 있지만, 아일랜드 인을 위한 햄버거를 만들고 있습니다.'

라는 광고를 대대적으로 펼치기도 했다. 오늘날 해외에 있는 맥도널드 체인점의 메뉴 중에는 미국에 없는 것이 다수 있다. 햄버거·프렌치 프라이·밀크 셰이크 등은 물론, 미국이 원조이지만 각국 사람들의 요구에 따라 개발된 메뉴들도 많다.

예컨대 1970년대 초 독일에서 영업을 시작한 맥도널드점은 독일인의 주음료인 맥주를 팔고 있다. 필라핀에서는 맥스파게티 국수를 선보였고, 노르웨이 체인점은 연어 샌드위치인 '맥락'을 개발하기도 했다.

물론 한국도 예외는 아니다. 이미 '김치 햄버거'가 개발되었으니까 말이다.

17
상식을 깨라

헨리 가이저에게는 아주 괴상한 별명이 따라다니고 있었는데, '머리가 벗겨진 식용 개구리'가 바로 그것이다. 그는 남들이 자신 없어 하는 일에 도전하는 것을 그 무엇보다도 좋아하는 인물이었다.

가이저는 애리조나와 네바다의 주 경계선에 있는 후버드 댐의 건설에 조력한 일이 있었다. 그 곳은 산터가 철강처럼 단단했으므로 시멘트의 배수구에서 한꺼번에 물을 내뿜어도 산의 경사면에 별다른 압력을 주지 않고 일을 끝낼 수 있었다.

그러나 가이저가 태평양 연안 북서부에 있는 댐의 설계도를 받아들었을 때, 배수구를 사용할 수 있게 하기 전에 부드러운 산의 사면이 무너져 콜롬비아 강의 폭포처럼 흘러 골짜기의 마을을 쓸어낼지도 모른다고 육군 기술병으로부터 경고를 받았다.

가이저는 보고서를 받아들고 '어떻게 하면 그러한 사태에 이르지 않고 해결할 수 있을까' 하고 깊이 연구했다. 그런 다음 차근차근

일에 착수했다. 그는 초고층 빌딩과 같은 높은 냉동관을 만들고, 그것을 몇 줄로 늘어놓아 산을 얼게 하고 배수구에서 물이 흐르게 한 후에 그것을 제거했다. 그 결과 콜롬비아 강은 가이저가 설계한 수로를 따라 아무 탈 없이 흘러내렸다.

제2차 세계대전이 터지자 미국 정부는 아주 비좁은 장소에서도 용이하게 선회할 수 있는 추격용 배의 청사진을 가이저에게 보여 주며 그대로 만들어 줄 것을 요청했다.

가이저는 그 때까지 배를 건조한 일이 한 번도 없었으나 재주껏 건조했다. 그 배는 '리버티선'이라고 이름지었는데, 완성되고 보니 비상용 발전기도, 화재 탐지기도 없었다.

게다가 강철이 부족해서 덫에 달린 쇠사슬도 짧아졌다. 리버티선의 승무원은 배 안에 여기저기 설치된 선실에 들어가는 대신, 배의 중앙부에 있는 단 하나의 선실에 기거하게 되었다.

그리고 엔진은 교환할 수 있게 되어 있었고, 선체는 몇 개의 용접된 부분으로 이루어져 있었다. 오직 실용 위주의 리버티선은 뛰어난 조선 기술을 자랑하기 위해 건조된 것은 아니었다.

가이저의 경쟁 상대인 뉴 올리언스나 샌프란시스코의 조선 업자들은 이 배를 보고 깜짝 놀랐다. 배는 크고 넓은 공간을 보유하고 있었으나, 해상을 전진하는 모습은 느릿느릿한 것이 임시 변통의 원양어선 같은 모습이었기 때문이다.

사실 리버티선은 처음 얼마 동안은 선체가 힘없이 깨져 물고기밥이 되기 일쑤였다. 하지만 조선 기술이 향상된 후에는 웬만한 포탄에도 끄떡없었다.

리버티선의 작업장은 야구장만한 크기로 크레인이 여기저기를 이동하여 알파벳과 번호순으로 표시된 각 구역에 부품이나 엔진, 기둥 위를 규칙적으로 왔다갔다 한다. 그리고 경적이 울리면 갑판실 전체가 상하 거꾸로 되어 이동한다.

그것을 일으켜 세우면 용접공이 마치 딱따구리 떼처럼 그 갑판실로 내려온다. 거기에 뱃머리와 배의 골격이 나타나고 A - 1의 철판은 A - 2에, S - 13은 S - 14에 하는 식으로 용접되어 갔다.

기술자들은 대부분 조선 기술에 대한 지식이 없는 점에 있어서는 책임자인 가이저와 마찬가지였다. 가이저는 뱃머리나 선미와 같은 용어들은 배의 프런트(front)라든가 백(back)이라고 부를 정도였다.

하지만 루스벨트 대통령은 개의치 않았다.

"가이저가 뱃머리나 선미를 어떻게 부르든 상관 없다. 기일에 맞추어 배를 인도해 주면 그것으로 족하다."

가이저는 그것을 실행했다. 동해안에서 진수한 배는 부품의 조립에서 진수까지 평균 245일이 걸렸다. 그러나 가이저의 캘리포니아 공장에서는 이 건조 일수를 불과 4일로 단축시켰던 것이다.

리버티선의 최대 장점은 단시일 내에 많은 배를 건조할 수 있다는 데 있었다. 초기에 건조된 배는 영국의 불안해지기만 했던 식량 저장을 보급하는 일에 큰 공헌을 했다.

후기의 리버티선도 태평양에서 수송선으로서의 역할을 맡았고, 또한 최초로 영국 해협을 넘어서 유럽 대륙으로 물자 지급 루트를 계속적으로 확보했다. 그것이 연합국의 승리에 큰 힘이 되었음은 물론이다.

18
발상의 전환이 기적을 낳는다

청바지는 영어로 '블루진'이라고 한다. 영어로 블루진이라고 부르는 데는 까닭이 있다.

진을 최초로 널리 쓰기 시작한 것은 미국인들이었다. 1850년경이었는데, 당시에는 진이라고 부르지 않고 '던그리'라고 불렀다. 던그리란 인도에 있는 어떤 지방의 이름인데, 바로 그 곳에서 진의 천을 생산했기 때문이다.

그러다가 진의 원산지가 이탈리아로 바뀌고나서부터 진이라고 부르게 되었다. 이탈리아의 제노바가 원산지였는데, 제노바를 영어식으로 읽어 진으로 바뀌었던 것이다.

그렇다면 어찌하여 '블루진'이라고 불리게 되었을까?

바로 제노바에서 수입한 진에 푸른색으로 물을 들였기 때문이다. 이 푸른색은 뱀을 쫓기 위한 약초를 짜서 만든 것이었다. 다시 말해 뱀을 쫓기 위해 염색을 했던 것이다. 또한 옷감이 귀했던 당시에는 쉽게 더러워지지 않는 것도 중요했기 때문에 푸른색으로 물을 들였다. 이 때부터 사람들은 이 옷을 블루진이라고 부르게 되었다.

오늘날과 같은 청바지가 유행하기 시작한 것은 1948년부터 시작된 미국의 골드 러시 때였다. 골드 러시란 미국 서부땅에 묻혀 있는 황금을 찾아 사람들이 몰려들었던 때를 말한다.

미국은 1946년 5월부터 텍사스 국경을 둘러싸고 멕시코와 전쟁을 벌였다. 이 때 일리노이 주에서 선출된 37세의 하원의원 링컨은 이 멕시코 전쟁은 정의롭지 못한 전쟁이라고 반대했다.

그러나 남부나 서부인들의 열렬한 지지 속에 전쟁은 계속되었고, 마침내 미국의 승리로 끝났다. 1848년 2월 2일, 평화 조약이 체결되어 리오 그란데가 텍사스와 멕시코 사이의 국경이 되고, 캘리포니아와 뉴 멕시코가 1,500만 달러로 미국에 양도되었다.

미국의 영토는 드디어 태평양 연안에까지 확대되었다. 캘리포니아의 몬테레에 미군 주둔병이 온 것은 이러한 사정 때문이었는데, 때마침 일어난 골드 러시로 병사들까지 병영을 탈출해 참가했다.

이렇게 해서 캘리포니아에서는 6월 초에 2천 명 이상이 금을 캐고 있었다. 그 무렵에는 동부에도 소문이 퍼져 사람들을 들뜨게 하여 이듬해인 1949년은 너도나도 서부로 몰려들었다.

1949년에만 약 10만 명이 일확 천금을 꿈꾸며 목청껏 노래까지 불러대며 서부로 마차를 몰았다.

눈이여 바위여

이제 우리가 머문다
우리는 더 이상
마을에 살지 않으니까.

이 노래의 가사처럼 정든 마을을 뒤로 하고 떠난 사람들은 미국사에서는 '포티나이너스(49년의 패거리)'라고 부른다.

그건 그렇고 캘리포니아의 금광에서 금을 캐던 광부들은 날마다 심한 노동에 시달려야 했기 때문에 바지가 성할 날이 없었다. 광부들의 바지는 하나같이 누덕누덕 기워진 땜질투성이었다.

그런데 광부들의 이런 고민을 듣고 데이비스라는 사람이 그림을 그리는 캔버스 천으로 바지를 만들었다.

하지만 보기 좋게 실패했다. 그리 질기지 못했던 것이다.

발상의 전환이 기적을 낳는다고 한다. 데이비스는 캔버스 천으로 만든 바지에 리벳(천조각을 단단히 고정시키는 쇠판)을 달아 마침내 아주 질긴 바지를 만들어냈다. 그가 만든 바지는 오늘날 '리바이스'라는 이름을 달고 전세계에 팔리고 있다. 그는 바지의 판매권을 리바이스 스트라우스사에 팔았던 것이다.

데이비스가 만든 청바지는 즉시 광부들의 인기를 독차지했다. 그가 떼돈을 벌었음은 물론이다.

'블루진' 역사에서 빼놓을 수 없는 사람이 또 한 명 있다. 바로 리바이스 스트라우스사를 설립한 인물이다. 그는 서부로 몰려든 사람들을 보고 처음에는 텐트 장사를 시작했다. 텐트의 수요는 급증했고, 그는 큰 돈을 벌었다.

돈이 돈을 부른다더니 군대와 텐트의 납품 계약까지 맺었다. 그는 빚까지 내어 많은 노동자를 고용하여 대량으로 텐트를 만들어 냈다.

그런데 호사 다마라고 할까, 갑자기 납품길이 막혀 버렸다. 하지만 빚쟁이에게 닦달을 받던 그에게 다시 행운이 찾아왔다. 행운의 주인공은 데이비스였다. 그는 가까스로 돈을 마련하여 데이비스로부터 리벳이 박힌 바지를 판매할 수 있는 판매권을 획득했다.

또 다른 행운은 창고에 가득 쌓여 있는 텐트로 바지를 만들 수 있다는 점이었다. 이렇게 해서 튼튼한 텐트 천으로 바지를 만들고, 거기에 리벳을 박아 그야말로 백 년을 입어도 끄떡없을 것 같은 청바지가 탄생했던 것이다.

19
거듭되는 실패에도 굴하지 않는다

16세기 초엽, 콜럼버스를 비롯한 여러 탐험가들은 남미의 인디언들이 어떤 나무에서 배어나온 라텍스라는 식물성 액체로 공을 만들어 놀이를 하는 광경을 자주 보았다. 그것은 액체라기보다는 우윳빛의 끈끈한 반고체 상태의 물질이었다.

인디언들이 라텍스를 주로 채취한 나무는 '히비아 고무나무'라는 것이었다. 스페인의 탐험가들은 호기심으로 몇 그루의 이 고무나무를 가지고 귀향했다.

그러나 나중에 '고무나무'라고 불리어지는 이 물질은 산소의 발견자인 조셉 프리스트리가 연필로 쓴 것을 이것으로 문지르면 지울 수 있다는 것을 발견할 때까지는 적당한 사용처를 몰랐다.

현재 사용되는 고무(rubber)는 문지르다(rub)에서 유래한 것이며, 대수롭지 않지만 아직도 매우 유용하게 쓰이고 있다.

고무는 온도가 높아지면 부드러워지면서 끈적끈적해지고, 온도가

낮아지면 굳어지거나 잘 부서졌기 때문에 유럽에서는 2세기가 지나도록 중요한 사용처를 발견하지 못했다. 인도 고무의 이용 방법 중 하나로 스코틀랜드 인 찰스 매킨토시가 알아낸 것은 두 장의 천에 고무를 칠하고 이것을 맞붙이는 방법이 있다.

매킨토시는 이와 같은 방법으로 방수가 되는 이중의 천으로 레인코트를 만들었다. 이렇게 해서 만들어진 레인코트는 고안자의 이름을 따서 '매킨토시'라는 이름으로 아직도 영국에서는 불려지고 있다.

고무나 고무 피복으로 만들어진 장화나 단화는 처음에 영국에서 생산하여 미국으로 수출했다. 그러나 1830년대 이후에는 고무나무가 있는 남미와 가까운 미국이 자연스럽게 생산국의 위치를 차지하게 되었다.

하지만 겨울에는 딱딱해지고, 여름에는 흐물거리면서 망가지는 구두에 생산업자는 그만 손을 들고 말았다. 그런 구두가 잘 팔릴 리가 없었기 때문이다. 이 때 찰스 굿이어가 등장하게 된다.

굿이어는 1800년에 코네티컷 주 뉴헤이번에서 별로 성공하지 못한 상인겸 발명가의 아들로 태어났다. 굿이어는 젊은 시절부터 고무를 온도 변화에 둔감하게 하면 많은 용도에 유용하게 사용될 것이라는 가능성에 큰 흥미를 갖고 있었다.

이 꿈에 사로잡힌 탓으로 그의 가족이 소유했던 많지 않은 재산도 1830년부터 1939년 사이에 완전히 고갈되었다. 그 동안에 그는 빚을 갚지 못해서 몇 번인가 투옥되기도 했다.

그러나 그는 의식주를 친척에게 의지하면서도 자신의 꿈을 꺾지 않았다. 실패할수록 그는 더욱 악착같이 고무에 달라붙었다.

굿이어의 대실패 중에는 고무를 주입시켜서 만든 방수용 우편 가방을 정부에 납품한다는 거액의 계약을 했는데, 우편 가방이 공장에서 출고되기도 전에 열로 인해 녹아 버려 모양이 망가지는 사건도 있었다.

그는 비과학적인 방법까지 포함해서 온갖 방법으로 고무를 처리해 보았으나 역시 잘 되지 않았다. 그러다가 우연히 고무와 유황의 혼합물을 뜨거운 난로에 가까이 대본 적이 있었다.

그러자 놀랍게도 그 고무는 녹지 않고 마치 짐승 가죽처럼 조금 탔을 뿐이다. 그는 이 중대한 발견에 신경이 곤두섰다. 굿이어의 딸이 나중에 다음과 같이 기록하고 있다.

'나는 방 안을 들락거리다가 아버지가 고무 한 조각을 불 가까이 대고 있는 것을 얼핏 보았다. 그 순간 나는 아버지가 무엇인가를 발견해서 무척 생기가 넘쳐나는 것을 느낄 수가 있었다. 아버지는 고무 조각을 아주 추운 부엌문 바깥에 못을 박아 붙였다. 다음날 아침, 그 고무 조각을 집 안으로 가지고 들어온 아버지는 아주 흐뭇한 표정으로 그것을 한참 동안 이리저리 만져보는 것이었다. 내가 보기에도 그것은 전날 밤 부엌문 밖에 내걸기 전의 상태와 똑같은 유연성이 있었다.'

굿이어는 실험을 거듭하여 고무를 안정화시키는 데에 필요한 최적 온도와 가열 시간을 결정했다. 그는 이 방법의 특허를 신청하여

1844년에 인정을 받았다. 이 방법의 명칭은 로마 신화에 나오는 '불의 신 발칸'에 연유시켜 발카니제이션(Valcanization : 한국어로는 가황)이라고 명명했다.

하지만 가황법을 발견한 후에도 굿이어의 인생은 행복했다고 말할 수는 없다. 그는 자기의 특허를 지키기 위한 분쟁에 말려들어 다니엘 웹스터가 특허 침해 사건에서 그의 변호에 승소했음에도 불구하고 1890년에 사망할 때까지 거액의 부채를 짊어진 신세에서 벗어나지 못했던 것이다. 다만 그의 이름은 회사명으로 정해져 세계적인 기업으로 커졌으니 지하에서나마 웃을 수 있으리라.

굿이어의 가황법은 공업적으로 대성공을 거두어 고무의 사용량은 기하 급수적으로 늘어났다. 1858년까지 제조된 고무 제품의 액수는 거의 500만 달러에 달했다. 이것은 당시로서는 어마어마한 금액이었다. 더구나 이것은 타이어로서 오늘날 고무 사용량의 대부분을 차지하는 자동차·자전거·비행기·오토바이 등이 나타나기 이전의 일이었으니 더욱 놀랄 수밖에.

20
요점을 정리하여 팔아라

데이비드 월레스는 제1차 세계대전에 참전했다가 부상을 당하여 본국으로 송환되어 입원 치료 중이었다. 날마다 침대에 누워 무료한 나날을 보내고 있던 월레스는 아까운 시간을 그냥 보낼 수가 없어 손 닿는 대로 책을 읽었다.

"이 부분은 아주 재미있는데……."

그는 책을 읽으면서 요점을 노트에 정리하기 시작했다. 그러다가 문득 한 가지 생각이 머리에 떠올랐다.

'시간에 쫓기며 생활하는 사람들에게 어쩌면 나의 이 정리한 내용이 유용할지도 모르겠다. 두꺼운 책을 모두 읽으라는 법은 없지 않은가?'

얼마 뒤에 퇴원한 월레스는 부인 라일라와 함께 사무실을 차렸다. 그리고 《리더스 다이제스트》 창간호를 발간했다.

1929년에 창간된 이 잡지는 초판으로 4천 부를 발행했다. 그것이

8년 뒤에는 발행 부수가 10만으로 늘어났다.

　요즘은 백만 단위를 따지는 시대라 10만 부가 별 것 아닌 것처럼 보일 것이다. 하지만 잡지라는 사실을 감안하면 70년 전인 1930년대의 10만 부수란 그야말로 경이적인 베스트 셀러였다.

　지금 《리더스 다이제스트》는 각국별로 발행되고 있으며, 그 발행 부수는 그야말로 천문학적인 숫자에 이른다.

　요점을 정리하여 판다 —— 이것은 요즘에도 통하는 상술이다.

　컴퓨터 시대에 접어든 오늘날에는 집에 앉아서 세계 각국의 대학이나 도서관의 정보를 순식간에 알 수 있다. 그리고 신문이나 잡지사는 물론 웬만한 회사에서는 요점을 정리하여 알려주는 서비스를 하고 있다. 그러니 자신이 필요로 하는 정보를 그때 그때 손쉽게 접할 수 있어 대단히 편리하다.

　미국에서는 이 요점을 정리하여 파는 사업이 광범위한 분야에 퍼져 있다. 특히 전자 계통이나 화학·의학 계통에서는 하루가 지나면 새로운 이론이나 제조법이 나오는 판이라 컴퓨터를 검색하는 작업도 시간이 아깝다. 그래서 이것을 정리하여 재빨리 서비스하는 사업이 번창하는 것이다.

　하지만 이것에 너무 의존하는 것을 피하는 것이 좋다. 서점에 가면 한 권으로 간추린 세계 명작·역사책을 많이 볼 수 있는데, 무작정 권할 것은 못된다. 《전쟁과 평화》나 《로마사》 같은 불후의 명작을 1, 2쪽으로 읽고 독후감을 써낸다면 그야말로 넌센스가 따로 없을 것이니까.

21
경험은 결국 열매로 이어진다

1961년, 38세의 진 니데치는 키가 170Cm, 몸무게는 97Kg이었다. 슈퍼마켓에서 그녀와 우연히 만난 어떤 이웃집 여자가,

"어머, 축하해요. 예정일이 언제예요?"

라고 물었을 때 그녀는 큰 충격을 받았다. 진은 임신 중이 아니었던 것이다. 충격을 받은 진은 즉시 뉴욕 시 보건소의 비만 치료 과정에 들어갔다. 그녀는 규정 식단을 받고 그것에 따르도록 교육을 받았다.

그녀는 목표치인 65Kg에 도달하기 위해서는 주당 1Kg 이상의 몸무게를 줄여야 한다는 지시를 받았다. 그녀는 10주 동안 그 비만 치료법을 믿고 따랐다.

하지만 그녀는 자신의 나약함을 가족이나 다이어트 치료사에게 털어놓기가 싫어서 다른 누구에게 자신의 이야기를 하리라 마음먹었다.

"혼자서는 다이어트를 할 수 없다는 것을 알게 되었어요. 그래서 나는 비만 증세가 있는 몇몇 친구들에게 전화를 해서 이야기를 하러 오라고 했어요."

이윽고 진은 비만인 6명의 친구들에게 자유롭게 자신의 다이어트 위반 사실을 털어놓을 수 있었다. 마찬가지로 그녀의 친구들도 실패 경험을 공유했다.

두 번째 모임 후에 그녀는 모임을 통해서 더 많은 것을 이룰 수 있다고 생각했기 때문에 비만 크리닉에 나가는 것을 중단했다. 그녀의 친구들도 그녀와 다이어트를 계속하기로 했다.

그런데 신기한 일이 일었났다. 그 모임에 참석하는 사람들이 점점 더 늘어나는 것이었다.

2달에 40명의 여자들이 진의 집에서 모임을 갖게 되었다. 친구들의 지원와 격려 덕분에 그녀는 39번째 생일 직전에 55Kg이라는 목표치에 도달할 수 있었다.

그러는 동안 보다 많은 비만인들이 그녀의 집에서 모임을 가졌다. 그 모임에 참가하는 사람들의 숫자가 도저히 통제할 수 없을 정도로 늘어나자 아파트 지하실로 장소를 옮겼다.

결국 그녀는 다른 사람들에게 도움도 주고 게다가 돈벌이도 되는 엄청난 사업의 기회가 왔다는 사실을 깨달았다.

"모든 경험을 각자의 삶에서 적당한 의미를 갖지요. 저의 경험은 결국 열매를 맺었어요. 비만인 여자로 지냈던 경험이 저로 하여금 이제 다른 사람들을 돕도록 했어요."

1963년 40세가 되었을 때, 진은 '웨이트 워처스'라는 작은 회사의 대표가 되었다. 그녀의 사업은 금세 성공했다.

그녀는 활동적인 친구들의 도움으로 '웨이트 워처스' 프렌차이즈 사업을 벌였다. 마침내 매주 수십만의 사람들이 진처럼 이전에 비만이었던 사람들이 운영하는 모임에 참석해 다이어트에 대한 대화를 나누게 되었다.

회사를 차린 후 진 니데치는 수많은 라디오와 TV쇼 등에 출연하고, 책도 여러 권 출간했다. 1995년 웨이트 워처스 인터내셔널과 웨이트 워처스 식품 회사는 7억 3천만 달러의 매출을 올렸다. 그녀는 나중에 이렇게 회상하고 있다.

"아주 사소한 모임이 회사가 되었지요. 물론 처음부터 회사를 만들려고 생각한 적은 없었어요. 그것은 내 자신과 비만증에 고민하는 친구들을 위한 모임에 불과했었지요."

하지만 진 이외의 다른 뚱뚱보 가정 주부들은 다른 사람들을 도와줄 기회를 만들지 못했다.

22
창의력만이 중흥의 원동력이다

1998년 11월 11일 〈동아일보〉에는 다음과 같은 기사가 실려 있다.

　미국에서 날아온 한 외신 사진은 정치를 술수로 보아 온 일반인
에게 신선한 충격을 던지기에 충분하다. 편한 옷차림에 가정용 쓰
레기 봉투를 들고 서 있는 전 미국 하원의원 뉴트 강리치의 모습
이 그것이다. 헐렁한 바지와 잠바 차림의 시민이 된 그는 여유 있
고 자유로워 보인다. 그는 선거에 패배한 정당 지도자의 인책을 실
현해 '독선 못지 않은 논리'라는 자신의 이미지를 확인시켜 주었다.
강리치는 '78년 하원의원으로 워싱턴 정가에 입성한 지 20년 만에
정치인의 옷을 벗었다. 그 동안 11번 연속 당선되었고, '94년 중간
선거에서는 공화당이 40년 만에 처음 다수 의석을 차지하는 데 견
인차 역할을 했다.
　그 공으로 하원의장에 오른 그는 클린턴 행정부를 견제하는 데

막강한 영향력을 행사했다. '95년 예산 동결로 며칠 동안이나 연방 정부 업무를 정지켰고, 최근에는 클린턴 성추문 공격을 지휘했다.

그를 미국 보수층의 대변자로 올려놓은 것은 '미국과의 계약'이 라는 캐치 프레이즈였다. 개인과 기업 활동에 정부 개입을 최소화 하고, 민간의 자발적 인센티브를 끌어내는 것이 삶의 질을 높이는 길이라는 정책 노선이다.

중도 좌파 노선인 '제3의 길'이 비판하는 신자유주의에 해당한다. 그러나 '포스트 잇(접착식 메모지)'을 발명한 미국인의 창의력이 국 가 위상 중흥에 원동력이라는 그의 열변은 큰 갈채를 받았다.

1974년 어느 일요일, 3M사의 제품 개발부에 근무하는 아트 프라 이는 미네소타 주 성 바울 교회의 성가대에서 찬송가를 부르고 있 었다. 성찬식에서 그는 원하는 시간에 재빨리 다음에 부를 찬송가 의 페이지를 찾기 위해 지금까지 해 오던 요령대로 종이쪽지를 목 적하는 페이지 사이에 끼워넣고 있었다. 그러나 종종 그 종이쪽지 는 자기도 모르는 사이에 떨어져 프라이는 성찬식 때에 다급하게 성가집을 뒤져야만 했다. 나중에 프라이는 다음과 같이 말했다.

"설교가 지루했는지, 아니면 영감을 떠오르게 했는지 잘 모르겠 습니다만, 문득 3M사의 다른 연구원 스펜서 실버에 의해 수년 전 에 만들어진 접착제가 생각났습니다."

영속적인 접착제로 사용하기에는 접착력의 강도가 부족했기 때문 에 스펜서가 그것을 폐기해 버렸던 것을 프라이는 기억하고 있었 다. '그 접착제라면 종이쪽지가 영구히 붙어 있지 않을 것이며, 성

가집의 원하는 페이지에 일시적으로 붙여놓는 데 사용할 수 있을
것이다.' 프라이는 문득 이런 착상을 했던 것이다. 월요일에 출근한
프라이가 자신의 책갈피에 넣을 서표를 만들기 시작하면서 여러
가지 용도로 생각했다. 용지를 붙였다 떼었다 할 수 있으면서 그
곳에 메모를 할 수 있도록 만들고자 했다.

그러나 이 아이디어는 그리 쉽게 이루어지지는 않았다. 접착제를
개량하여 일시적인 용도로 충분히 사용할 수 있으면서도 또한 충
분히 내구성이 있도록 하지 않으면 안 되었다. 그래서 이 일에는
많은 실험이 필요했다. 거의 1년쯤 지나서 프라이는 메모 용지의
결점을 충분히 제거했다고 판단하여 마케팅 담당자들에게 보였다.

처음에 그들은 그리 탐탁하게 여기지 않았다. 보통 메모 용지에
비해 고가로 판매해야 하기 때문에 소비자가 접착 메모지를 필요
로 할 것이지 어떤지 확신을 갖지 못했던 것이다.

1977년, 미국의 4개 도시에서 새로운 상품의 시험 판매가 실시되
었다. 그 중 2개 도시에서의 결과는 실망적이었으나 다른 2개 도시
에서는 대호평이었다.

이 상반된 반응을 조사해 본즉 열광적으로 받아들여지는 도시에
서는 판매점에서 견본품을 무료로 나누어 주었던 것이다. 즉 상품
을 먼저 소비자들의 손에 쥐어주게 한 것이 호평을 받은 이유였다.

그 후는 설명할 필요도 없다. '포스트 잇'이라고 이름 붙여진 이
발명품은 미국에서 널리 사용되었으며, 이어 유럽은 물론 전세계로
급속히 확산되었다.

23
면 왕국을 이루게 한 발명품

1792년 가을, 예일대학을 갓 졸업한 한 청년이 조지아 주 사반나에 있는 나다니엘 그린 장군의 미망인이 경영하는 농장을 향해 여객선을 타고 강을 거슬러 올라갔다. 그 농장은 독립 전쟁에서 혁혁한 전공을 세운 공로로 그린 장군에게 주어진 것이었다.

그는 매사추세츠 주의 소농가에서 태어난 이라이 호이트니라는 청년이었다. 교사가 되기 위해 그는 난생 처음으로 남부를 여행 중이었다.

고향인 뉴 잉글랜드의 농가에서 눈에 파묻혀 꼼짝도 할 수 없는 겨울밖에 알지 못했던 그에게 있어서 처음으로 보는 남부의 경치는 그야말로 한 폭의 그림이었다. 처음 보는 나무와 꽃, 새들의 지저귐, 광활한 농장에 펼쳐진 소박한 생활 모습에 그는 강한 인상을 받고 있었다.

호이트니는 호기심이 강하고 차분한 성격의 소유자였다. 흔히 말하는 '사교성이 없는 꽁생원'으로 끈질기게 기계나 목공일에 몰두하는 것을 기쁨으로 여기는 타입이었던 것이다.

소년 시절에는 며칠이고 목공소에 틀어박혀서 수레바퀴라든가, 날카롭게 간 칼, 시계나 바이올린까지 만들어 가족들을 깜짝 놀라게 한 적이 한두 번이 아니었다. 대학 시절에는 망원경이 고장 났을 때, 멀리 런던까지 수리하러 보낼 필요가 없다고 대학 당국을 설득하고 직접 고친 일도 있었다.

예일대학의 총장은 이사회에서 자랑스럽게 말했다.

"우리 학교 학생 가운데 뛰어난 기술자가 있어서 우리는 15파운드의 거금을 절약할 수 있었습니다."

그는 대학에서 남부 출신의 교수와 친했던 관계로 그린 농장의 손님으로 수주일간 머물게 되었다.

그러던 어느 날 밤, 농장주들이 식탁에 모여 앉아 면화에서 씨를 제거하는 작업이 무척 까다롭고 인건비가 너무 들어 타산이 맞지 않는다며 푸념하는 소리를 우연히 듣게 되었다. 씨를 제거한 면화 20파운드를 모으려면 20명의 노예가 꼬박 하루를 일해야 한다는 것이었다. 사실 이 문제는 이전부터 농장주들의 큰 골칫거리였다. 면화에 박혀 있는 씨를 제거하지 않으면 실을 뽑을 수가 없었으며 손으로 일일이 제거하는 방법밖에 없었다.

그들은 북부에서 실용화된 수입 면화용 방적기를 부러운 듯이 화제로 삼고 있었다. 이집트 면화를 짜는 그 기계는 단 하나의 물레방아로 70개의 방추가 작동하고, 또한 아이도 기계를 조작할 수 있을 정도로 쉽다는 것이었다. 그런데 그 기계는 남부에서 수확하는 면화에는 사용할 수가 없었다. 섬유의 질이 다르기 때문이었다.

놀랍게도 호이트니는 여지껏 면화를 구경해 본 적이 없었다. 이튿날 그는 농장으로 나가 몇 송이의 면화를 따서 그린가의 작업장에 틀어박혔다.

그는 미친 사람처럼 작업에 매달렸다. 그린가의 사람들은 난처하기 그지없었다. 손님으로 온 청년이 직공처럼 기름투성이가 되어 밤낮없이 작업실에 틀어박혀 있기 때문이었다.

호이트니는 여러 가지 모양의 실린더에 이것 저것 테스트를 했다. 그러나 그리 쉽지가 않았다. 해결책을 찾아내기까지 그가 얼마나 많은 시행 착오를 되풀이했는지는 알 수가 없다. 하지만 그가 친구에게 보낸 편지에 의하면 그는 농장에 머무르는 동안 우연히 한 마리의 고양이가 양계장의 울타리 곁에 웅크리고 있는 것을 보았다고 한다.

그 고양이는 한쪽 발을 울타리 안에 밀어넣고 마치 쇠스랑처럼 발톱을 세운 채 꼼짝도 하지 않고 닭이 다가오기를 기다리고 있었다. 고양이가 앞발을 번개처럼 뻗자 닭은 깜짝 놀라 헐레벌떡 도망가고 말았다. 하지만 고양이의 앞발에는 한 움큼 닭의 깃털이 남아 있었다.

이것을 본 호이트니는 마찰과 분리의 법칙을 깨닫게 되었다. 그리고 그 원리를 응용하여 실험을 되풀이하였다.

마침내 그는 간단한 상자 모양의 면화씨 제거 기계를 만들어 내었다. 그 상자 안에는 크랭크로 회전시키는 목재 실린더가 부착되고, 그 실린더에는 일정한 간격으로 금속 스파이크가 붙어 있었다.

기계에 올린 원면이 그 스파이크에 걸리면 씨는 실린더의 뒤로 떨어지고, 앞쪽으로는 순수한 솜이 거품처럼 나오게 하는 장치였다.

호이트니의 계산에 의하면 이 수동 기계로 흑인 노예 10명분에 해당하는 작업을 할 수 있었고, 물레방아를 이용하면 50명분의 일을 할 수 있었다.

기본적인 발견이란 너무나도 단순하여 이제까지 아무도 그런 생각을 하지 않았다는 것이 이상할 정도의 것이 대부분이다. 호이트니의 발명품도 예외는 아니었다. 한번 실물을 보고 나면 아무리 서투른 목수라도 만들 수 있는 것이었다. 실제로 그의 기계를 모방한 상품들이 사방에서 속출했다.

천재의 비극이라고나 할까. 하여튼 호이트니는 불운했다. 그의 발명으로 특허권을 얻으려는 것은 구두끈의 특허를 획득하려 하는 것과 다를 바 없었다. 하지만 그는 특허를 획득했다. 그렇지만 똑같은 물건이 우후 죽순처럼 쏟아져 나와 그의 특허권은 아무런 의미도 없게 되었다.

세월이 흘러 테네시에서 사용권료가 지불된 것은 호이트니가 중년이 된 후의 일이었다 그것도 하찮은 소액이었다고 한다.

제 2 부
미국을 이끈 신용 제일주의 정신

24
고객의 욕구를 파악하라

1981년, 영국의 찰스 황태자와 다이애나는 세기의 결혼식을 올려 전세계를 떠들썩하게 만들었다. 10억 파운드짜리 초호화판 결혼 소식이 전해지자 영국은 물론 세계의 수많은 기업과 장사꾼들이 저마다 떼돈을 벌어 볼 욕심에 온갖 아이디어를 짜내기에 혈안이 되었다.

그 중 한 캔디 회사는 포장 상자에 황태자와 황태자비의 사진을 넣어 히트를 쳤고, 그 밖에도 수많은 회사들이 결혼 기념 도안을 만드느라 야단법석이었다. 하여튼 호화스러운 결혼식은 장사꾼들에게 큰 돈을 벌 수 있는 기회를 주었다.

그러나 정작 가장 많은 돈을 번 장본인은 뜻밖에도 잠망경을 만들던 미국의 작은 회사였다.

결혼식 날, 버킹검 궁전에서 성 바오로 성당에 이르는 길은 수백만 인파로 발 디딜 틈 없이 가득 찼다. 그러므로 뒤편에 서 있는 사람들은 도로를 지나는 결혼 행렬을 보지 못해 발을 동동 구르며 안타까워했다.

이 때 사람들의 등뒤에서 고함 소리가 들려왔다.

"자, 잠망경으로 결혼식을 보십시오! 잠망경 한 개에 단돈 1파운드!"

마분지에 유리 거울을 붙인 이 장난감 잠망경이 순식간에 동이 났음은 말할 것도 없다.

백만 군중의 요구 사항은 실로 다양하기 짝이 없었을 것이다. 예쁜 기념품을 사고 싶어하는 사람, 아이스크림을 먹으려는 사람, 빵을 먹는 사람, 황태자와 황태자비의 사진이 박혀 있는 캔디를 사는 사람, 기념 우편 엽서를 사는 사람……

하지만 그들이 그 장소에 모인 이유, 즉 가장 중요한 순간에 황태자와 황태자비의 모습을 제대로 볼 수 없다면 거리에 나와 있을 필요가 없지 않겠는가? 가까운 곳에 있으면서도 세기의 결혼식 장면을 못 본다면 어쩌면 평생 안타까움으로 남을지도 모를 일이다.

미국의 그 잠망경 회사가 성공할 수 있었던 것은 구경꾼들이 근본적으로 필요로 하는 것을 제대로 파악했기 때문이었다. 즉, 금세기 최대의 결혼식 광경을 꼭 봐야겠다는 사람들의 심리를 정확히 꿰뚫어 본 것이다.

25
자신의 허물을 밖으로 들러내라

이 제목처럼 실제로 자신의 허물을 밖으로 드러내는 사람은 극히 드물 것이다. 더구나 회사를 경영하거나 상품을 파는 사람의 경우는 더욱 그럴 것이다.

'자기 참외 달지 않다는 참외 장수 없다'는 속담도 있듯이, 일반적으로 자기 상품에 대해서는 '품질과 성능이 최고'라느니, '세계적으로 유명한 상품'이라면서 떠벌리기 일쑤다. 그러나 그런 과장이 계속되면 고객들은 식상하게 되고 마침내 그 상품 자체를 의심하게 된다.

그러나 자신의 허물을 밖으로 드러내는 방식을 사용하면 이와 반대되는 효과를 가져다 준다. 그것은 소비자의 입장에서 고객을 생각하는 상술이다. 즉, 자기 상품의 문제점을 스스로 알림으로써 그 상품에 대한 호기심을 유발하고 시장 점유율을 점차로 확대하는 것이다. 물론 이것을 실천하는 데는 상당한 용기가 필요하다.

미국의 '헨리 식품 회사'의 대표 헨리 호킨스는 자사 연구원들이 제출한 화학 실험 보고서를 읽고, 제품의 신선도를 유지하기 위해 첨가하는 방부제에 유해 성분이 들어 있음을 알았다. 그것은 많은 양은 아니었지만 장기간 섭취하면 인체에 해로운 성분이었다.

그러나 이 첨가제를 넣지 않으면 식품의 신선도에 영향을 미칠 것이다. 또한 이 사실을 대중에게 공개하면 같은 업종의 경영자들로부터 강력한 반발을 사게 될 판이었다. 하지만 깊이 생각한 끝에 그는 사실을 발표하기로 결심했다.

"방부제에 유해 성분이 있어 인체에 해를 끼칠 수도 있습니다."

그러자 예상대로 식품업자들이 벌떼처럼 들고 일어나 호킨스의 발표를 반박했다.

"호킨스는 다른 회사에 타격을 가하고 자기만 살아 남기 위해 비열한 수법을 쓰고 있다."

이 때부터 외로운 싸움이 시작되었다. 이 논쟁은 무려 4년을 끌었고, 헨리 식품 회사는 거의 파산 지경에까지 이르렀다. 그러나 이 덕분에 헨리 회사의 이름을 모르는 사람이 거의 없었다.

이 지루한 싸움에 드디어 정부가 나섰다. 정부가 헨리 회사를 지지하자 상황은 반전되었다. 헨리 회사의 상품이 안심하고 먹을 수 있는 것으로 평가되자 사람들은 그 상품만을 찾았다. 그리하여 단숨에 회사의 규모는 두 배나 커졌고, 헨리 호킨스는 미국 식품업계의 대부가 되었다.

여기 또 다른 예가 있다.

상점에 파리만 날리는 뉴욕의 한 시계점이 있었다. 생각다 못한 시계점 주인이 하루는 다음과 같은 광고를 붙였다.

'저희 상점의 일부 시계들은 하루에 +0.1초가 늦습니다. 그러니 정확히 확인한 후에 고르시기 바랍니다.'

이 광고가 나붙자 시계점은 고객들로 북적거렸고, 창고에 쌓아두었던 재고품까지 동이 났다.

자기가 취급하는 상품에 대해 허물을 드러내는 전략은 경영자의 솔직함과 역량, 그리고 '고객은 왕'이라는 경영 사상을 동시에 나타내는 것이다.

이러한 방법은 고객의 신임을 얻고 다른 사람들에게도 쉽게 받아들이도록 영향력을 미침으로써 상품과 기업에 대한 불신을 해소시킨다. 또 나아가서는 기업과 고객이라는 단순한 관계를 초월하여 기업과 상품에 대한 고객의 신뢰도를 한층 높여 준다.

상품의 '허물'을 드러내는 것은 경영자의 진심과 성실성을 드러내는 것이다. 물론 일시적으로는 생산에 차질이 생기고 판매율도 떨어지겠지만, 시간을 두고 기다리면 더욱 큰 폭의 효율과 이득을 볼 수 있을 것이다.

26
향기 나는 지렁이가 물고기를 낚는다

경영에 있어서의 경쟁은 물론 총칼이 난무하는 전쟁과는 그 성질이 다르다. 하지만 '이익'이란 면을 놓고 볼 때에는 경영이나 전쟁이나 비슷한 점이 너무도 많다. 어느 쪽도 손해 보는 거래를 원하지 않기 때문이다.

현명한 경영자는 단지 이익 때문에 일을 도모하지 않는다. 그리고 모든 권리를 혼자 독점하지도 않는다. 고객에게도 어느 정도의 이익을 돌려줘야만 그 고객을 더욱 확고히 확보하고 시장을 넓혀갈 수 있기 때문이다.

판매는 경영에 있어서 매우 중대한 부분을 차지한다. 판매 분야에서 시장을 장악하지 못하면 경영의 앞날은 보나마나 뻔하다. 또한 판매 분야를 장악하면 물건은 곧 돈으로 변화시킬 수 있을 뿐아니라, 그 동안의 손해를 이익으로 바꿀 수도 있다.

미국인들은 유능한 판매원을 '덕 있는 사람'이라고 부른다. 고객

의 이익을 내 일처럼 소중히 생각함으로써 그들에게 만족을 주기
때문이다.

미국의 한 자동차 판매 회사에서 최고의 세일즈맨으로 뽑힌 스미
스는 50세가 넘었지만 고객들에게 최상의 서비스를 제공하는 데
남다른 능력을 과시하고 있다. 미국에서는 자동차 한 대를 판다 해
도 몇 백 달러의 이윤밖에 남지 않는다. 더구나 고객들은 외제 자
동차를 더 선호하기 때문에 미국산 자동차의 판매는 훨씬 저조한
것이 현실이다.

그러나 스미스는 1986년 한 해 동안 17만 5천 달러의 돈을 세일
즈를 통한 커미션으로 벌었는데, 그가 판 차는 전부 미국산이었다.
그의 세일즈 방법은 고객들을 모두 단골로 만드는 전략이었다.

스미스에게서 자동차를 산 사람들은 다시 그를 찾아오거나, 다른
사람을 소개시켜 자동차를 팔아주곤 했다. 그의 세일즈 방법에서
특기할 만한 점이라면 물건을 팔기 전에 고객을 위해 거의 완벽하
게 서비스를 제공할 뿐만 아니라, 판매한 후에도 고객을 잊지 않고
정성껏 돕는다는 데 있다.

언젠가 이런 일이 있었다고 한다.

어느 날 한 단골로부터 전화가 왔다. 그 단골은 자동차 서비스업
을 하는 사람이었는데, 환자를 병원에 호송하려는 순간 공교롭게도
자동차 카뷰레터(가솔린 엔진 안의 장치)가 고장이 났다는 것이다.

그런데 근처에서는 부품을 구할 수가 없다고 했다. 전화를 받은

스미스는 당장에 진열장에 있던 부품을 들고 고객에게 달려갔다.

이 사건이 있은 지 얼마 후, 그 고객은 스미스로부터 무려 63대의 버스를 사들였다.

미끼도 없이 낚싯대를 드리우는 안일한 방식은 현대의 경영 시장에서는 절대 통하지 않는다. 향기롭고 맛있는 지렁이라야만 큰 고기를 낚을 수 있다는 것은 만고의 진리이다.

27
금을 버리고 옥을 얻는다

경영에는 판매를 늘릴 수 있는 계기나 기회가 절실히 필요하다. 그러나 그 기회의 징조가 뚜렷하게 나타나면 나타날수록 그것을 쫓는 사람도 많아진다.

기회를 이용하여 크게 한몫 잡으려는 마음이 클수록 그것을 쫓는 방향과 목표가 가중될 수밖에 없고, 그에 따라 갑자기 많은 기업이 한꺼번에 달려드는 현상이 나타나기도 한다. 바로 이 점 때문에 기업은 성공을 눈앞에 두고도 그것을 쉽게 이룰 수 없는 것이다.

따라서 냉정하고 약삭빠른 기업가는 누구나 노리고 있는 제1 목표에서 눈을 돌려 오히려 사람들이 소홀히 하는 제2 목표를 포착한다. 이 제2 목표는 뚜렷하고도 커다란 이득을 가져다 주는 제1 목표에 수반되어 나타나는 경우가 대부분이다.

이처럼 제1 목표를 과감히 버리고 제2 목표를 추구하여 확실한 이득을 얻는 것이 바로 '금을 버리고 옥을 얻는다'는 상술이다. 이것은 경영 전략의 방향 전환이라는 점에 그 핵심이 있다.

경영에 있어서의 결정권자는 계획을 세울 때 기존의 관념이나 현재 유행하는 현상에서 벗어나 새로운 시장의 잠재력을 발굴·포착해야 한다.

19세기 중엽, 캘리포니아에는 황금 열풍이 거세게 불어닥쳤다. 이것은 목표가 분명한 기회였으므로 당연히 제1 목표가 되었다.

17세의 농부 아모르도 이 행운을 잡기 위해 다른 사람들처럼 캘리포니아로 향했다. 그는 너무도 가난해서 포장 마차도 타지 못하고 먼지 나는 길을 터벅터벅 걸어야만 했다.

이윽고 캘리포니아에 도착한 아모르는 금을 캐지 못하면 도저히 돈을 벌 가망이 없다는 것을 깨닫고 목표를 완전히 수정해 버렸다. 캘리포니아는 기후가 건조하고 물이 부족했다. 그렇기 때문에 금을 캐려고 몰려든 사람들을 괴롭히는 것은 바로 마실 물이 없다는 것이었다. 이 점을 포착한 아모르는 시원한 물을 팔아 돈을 벌기로 작정한 것이다. 물론 이것은 제1 목표, 즉 금을 캘 목표를 쫓다가 그것에서 부차적으로 얻어진 것이었다.

금을 캐려는 사람들은 따갑게 내리쬐는 햇빛을 손바닥으로 가리면서 한숨을 내쉬곤 했다.

"시원한 물 한 컵만 마실 수 있다면 금화 한 닢과 바꾸어도 전혀 아깝지 않겠는걸……."

"물을 실컷 마시게만 해 준다면 지금까지 캔 금을 몽땅 줘도 아깝지 않아!"

이런 푸념들이 아모르에게 어떤 계시를 내려주는 것 같았다. 그는 귓가를 스치는 이 말들을 종합해 보면서 차분히 생각에 잠겼다.

'만약 금을 캐는 사람들에게 물을 판다면 금을 찾아 헤매는 것보다도 더 실속 있게 많이, 빨리 돈을 벌 수 있지 않을까?'

아모르는 생각 끝에 금광을 찾는 제1 목표를 미련 없이 버리고 우물을 파기 시작했다. 인디언의 도움을 받아 마침내 우물을 판 아모르는 시원한 물을 항아리에 담아 사람들에게 팔기 시작했다.

사람들은 금광을 찾아 캘리포니아까지 와서는 금은 거들떠보지도 않은 채 오히려 물을 팔고 있는 그를 손가락질했다.

"저 녀석, 머리가 돌아 버렸군! 여기까지 와서 기껏 물장사를 하다니……!"

"더위 때문에 돌아 버린 놈이 어디 한둘이야? 저놈 신세도 안되었군!"

그러나 아모르는 조금도 개의치 않고 계속 물을 팔았다. 그는 짧은 시간 내에 6천 달러를 벌었는데, 이 액수는 그 당시 엄청난 것이었다. 보통의 마을에서는 첫손에 꼽을 수 있는 부자였다.

많은 사람들이 금광을 찾지 못해 빈털터리로 방황하고 있을 때, 아모르는 알부자가 되어 행복을 만끽하고 있었다.

28
금단의 문을 열어라

유명한 시사 주간지 《뉴스 위크》지는 1986년에 다음과 같은 기사를 실은 적이 있다.

'포르노 잡지에 대해서 언급하는 것을 수치로 여기는 사람들이 많다. 그러나 《플레이보이》지는 경영적인 측면에서 연구 가치가 매우 높다. 가장 빠른 속도로 성장해서 가장 빠른 속도로 몰락하는 회사를 연구하지 않고서야 어떻게 올바른 경영학이라고 할 수 있겠는가?'

플레이보이사가 비록 외설물을 취급하는 저급한 기업이라 해도 경영학적인 측면에서는 충분한 연구 가치가 있다는 것이다.

미국 최고의 권위를 자랑하는 하버드대학의 비즈니스 스쿨에서 플레이사를 정식 연구 테마로 포함시킨 것은 《뉴스 위크》지의 기사가 나온 지 얼마 지난 후였다.

그러면 도대체 플레이보이사는 어떤 비결로 그토록 빠른 시일 내에 세계 제일의 유흥 재벌로 부상했는가? 또한 몰락의 위기를 맞게 된 이유는 무엇인가?

이 문제에 대한 해답을 구하기 위해서는 창업 스토리에서부터 실마리를 풀어가야 할 것이다.

플레이보이사는 1953년 일리노이대학을 졸업한 27세의 휴 테프너라는 한 수재 청년에 의해 창립되었다. IQ가 150이 넘는 테프너는 음악·미술·문학 등 예술 분야에 탁월한 재능을 갖추고 있었다.

그는 이 같은 성질을 십분 발휘하여 당시 인기 절정이었던 《에스콰이어》지의 기자로 취직했다. 언론을 통해 인간의 행복을 모색하자는 것이 그의 포부였다.

테프너를 도덕적으로 타락한 사람으로 보는 사람이 많지만, 적어도 청년 시절의 그는 나름대로 철학을 가진 소신파였다. 그의 능력은 금방 눈에 띄었다.

테프너가 작성한 기사는 으레 세간의 화젯거리가 되었는데, 그 이유는 남들이 감히 생각하지 못했던 새로운 아이템을 개발하여 독자들의 마음을 사로잡았기 때문이었다.

《에스콰이어》지의 발행 부수가 크게 늘어난 것은 당연한 귀결이다.

테프너는 회사에 크게 기여했다고 생각하고 봉급 인상을 요구했다. 그러나 회사의 중역진은 그의 요구를 차갑게 거절했다. 능력은 인정하지만 보수를 인상할 경우 다른 직원들에게 악영향을 미친다는 것이 그 이유였다.

테프너는 자신의 요구가 거절된 것에 수치심을 느껴 당장 사표를 던지고 에스콰이어를 떠났다. 그는 자신의 능력을 믿었다.

"아예 새 회사를 차려 에스콰이어의 콧대를 납짝하게 만들어 줘야지."

이런 결심을 한 테프너는 1953년, 그의 첫번째 부인 밀드레드로부터 받은 결혼 패물까지 팔아 6백 달러를 손에 넣었다. 그것이 《플레이보이》지의 창사 자금 전부였다.

창간호가 발간되자 미국 사회는 발칵 뒤집혔다. 그 동안 금기로 여겨온 여자의 나체를 잡지에 싣는다는 것은 당시로서는 경천 동지할 엄청난 충격이었던 것이다.

물론 이전에도 외설물이 존재했지만, 이처럼 노골적인 외설은 처음이었다. 테프너는 외설 시비가 일어나지 않도록 나름대로 명분을 내세웠다. 그는 화가들이 누드화를 그리듯이 가장 원초적인 여성의 미를 그리겠다고 선언했다.

"하루하루를 즐거운 나날이라고 생각하라. 인생은 결코 눈물의 골짜기가 아니다."

테프너의 이 같은 선언은 사실 외설물에 대한 사회의 비난을 사전에 막기 위한 명분이었으리라.

그는 또 사랑의 행위가 인간의 본능인 이상 더 이상 숨길 이유가 없다고 했다. 뿐만 아니라 섹스를 개방함으로써 심화되는 성범죄와 사회악을 능동적으로 예방할 수 있다고 주장했다.

하버드대학의 비즈니스 스쿨에서 나온 한 보고서는 그의 주장이 '도덕적으로 문제의 여지가 많지만 사업가로서는 대단히 훌륭한 발상'이었다고 높이 평가했다. 당시로서는 아무튼 감히 생각하지 못했던 새로운 영역을 개척했다는 것이다.

《플레이보이》지는 놀라운 속도로 뻗어나갔다. 창간 2년 만에 40만부를 돌파했고, 10년 후에는 미국 최대의 잡지로 뛰어올랐다. 마침내 70년대 초반에는 미국 역사상 처음으로 발행 부수 700만 부를 돌파했다.

테프너는 《플레이보이》지 외에도 그의 유흥 문화를 확산시킬 수 있는 것이라면 무엇이든 가리지 않고 덤벼들었다. 여권 운동가들이 '음란 사교장'이라고 규탄하는 플레이보이 클럽도 히트를 쳤다. 회원이 무려 100만 명이 넘었으니까.

한때는 런던을 비롯한 세계 도처에 도박장을 개설하여 짭짤한 재미를 보았다. 그런가 하면 의류업계에도 진출하여 개방적이고 활달한 패션 의류를 대량으로 내놓았다.

토끼 마크가 그려진 플레이보이 의류는 오늘날에도 전세계에서 가장 인기 있는 상품의 하나로 통한다. 또한 일반 '게임즈', 'OUT' 등 인간에게 즐거움을 가져다 준다는 명목 아래 많은 오락 잡지를 잇달아 창간했다.

29
시야를 폭넓게 가져라

《플레이보이》지는 가히 쾌락 왕국을 연상케 한다. 먹고 마시고 즐기는 쾌락을 총망라했으니까.

그러나 테프너에게도 어김없이 시련이 찾아왔다. 그것도 아이러니컬하게도 그 자신이 쾌락 문화에 완전히 빠진 것이다.

테프너는 70년대 초반부터 그 자신이 완전히 플레이보이로 전락했다. 아내와도 이혼하고 《플레이보이》지의 모델과 공공연히 놀아났다. 한때는 DC-9기를 개조하여 날아다니는 섹스 궁전으로 활용한 적도 있었다.

테프너가 쾌락에 빠져들면서 플레이보이사는 급격히 위축되어 갔다. 《플레이보이》지를 비롯하여 모든 잡지의 발행 부수는 반으로 뚝 떨어졌고, 유흥 클럽도 22개 가운데 14개가 폐쇄되는 운명에 처해졌다.

더구나 수익률이 80%를 상회하던 카지노도 법규 위반으로 영업 허가 정지를 당했다. 날아다니는 섹스 왕국 DC - 9기도 이미 처분되었고, 주식 가격은 1주당 30달러에서 7달러로 곤두박질쳤다.

'이제 쾌락 파티는 끝났다. 깃발을 드높이 휘날리던 플레이보이 왕국은 역사의 유물로 사라졌다.'

1986년 여름 《뉴스 위크》지는 플레이보이사의 몰락을 커버 스토리로 다루면서 이같이 결론지었다. 플레이보이사가 몰락의 길을 접어든 것은 창업주 테프너의 방탕한 생활 때문만은 아니었다.

하버드대학 비즈니스 스쿨의 연구 보고서는 플레이보이사의 몰락 요인을 세 가지로 분석하고 있다.

그 첫째는 꾸준한 자기 변신에 실패한 점을 들 수 있다.

《플레이보이》지는 70년대 말까지는 엄청난 호황을 누렸다. 이는 그 동안 폐쇄되었던 섹스를 일반에 공개함으로써 성적 요구에 목말라 있던 미국인들을 사로잡은 것이다.

그러나 이제 잡지의 시대는 지나갔다. 음란 비디오가 판을 치는 마당에 나체 사진만 가지고는 더 이상 뻗어나갈 수 없다는 것이다. 플레이보이사가 계속 유흥 산업의 선두 주자로 살아남기 위해서는 단순한 성적 흥분을 자극하는 것은 비디오에 맡기고, 잡지는 영상 매체가 따라올 수 없는 새로운 영역을 개발해냈어야 했다.

그러나 플레이보이사는 잡지의 변혁이나, 새로운 비디오의 개발에 모두 실패했던 것이다.

두 번째 실패 요인은 사업의 폭이 너무 협소했다는 점이다. 진정으로 인생의 즐거움을 지향했다면 디즈니랜드와 같은 오락 사업을 의당 벌였어야 했다.

의류 판매는 그런대로 성공을 거두었으나 다른 데로는 눈을 돌리지 않았다. 오락의 패턴도 시간이 흐르면 변하게 마련이다. 자전거를 만들던 회사가 오토바이 생산에 뛰어들 듯이 플레이보이사도 시야를 폭넓게 가졌어야 했던 것이다.

마지막으로 테프너의 독선적인 경영이 마이너스 요인으로 지적되었다. 테프너는 자신의 머리를 지나치게 과신했던 것이다.

건전한 경영 조직을 키우기보다는 자기 혼자 모든 일을 처리하는 '원 맨 플레이(One man Play)'가 결국 회사를 나락의 길로 안내한 것이다.

그리고 이렇다 할 후계자를 키우지 못했다는 점도 간과할 수 없는 문제점으로 지적되었다.

플레이보이사의 역사는 한 편의 드라마를 연상케 한다. 거의 무일푼으로 시작해 여자들을 몇 번 벗긴 것을 밑천으로 단시일 내에 재벌의 반열에 올라섰고, 이제는 그것이 문제가 되어 몰락의 운명을 맞고 있으니 어찌 한 편의 드라마가 아니겠는가.

30
이미지를 널리 선전하라

오늘날 기업 세계에서 '멀티미디어'를 빼놓으면 기업의 존재 자체가 없어진다. 그만큼 이미지의 선전은 사업 성공의 기반이 된다.

이 멀티미디어의 개념은 1930년에 월트 디즈니에 의해 비롯되었음을 알고 있는 사람은 그리 많지 않다.

1928년 11월 18일, 영화 '갱 워(Gang War)'의 상영에 앞서 오프닝 프로그램으로 미키마우스가 사상 최초로 등장하는 '스팀보트 윌리'가 처음으로 방영되자 사람들은 탄성을 질렀다. 첫번째 상영에 초대받은 기자들은 디즈니의 만화 영화를 극찬해 마지않았다.

미키는 곧 전국적으로 유명해졌다. 디즈니는 이에 힘입어 한 달에 한 편 꼴로 '미키마우스' 시리즈를 탄생시켰다. 배급 계약을 도맡은 컬럼비아사는 전세계에 디즈니의 만화를 배급했다. 1930년이 되자 미키마우스는 전세계적으로 선풍적인 인기를 끌게 되었다.

미키는 이탈리아 아이들에게 '토폴리노'라는 이름으로, 스페인에서는 '미구엘 타톤치토', 스웨덴에서는 '무스 피그'로 불리었다. 디즈니는 나중에 이렇게 술회했다.

"이따금 나는 미키가 전세계인에게 사랑을 받는 이유가 무엇인지를 알아내려고 애썼다. 나뿐만이 아니라 많은 사람들이 그러했다. 그러나 내가 아는 한 누구도 그것을 정확히 알아내지 못했다.

어쨌든 미키마우스는 사람들에게 결코 해를 주지 않는 멋진 친구다. 그는 아무 잘못도 없이 곤경에 빠지지만 항상 웃는 모습을 보여준다. 어쩌면 이것이 그 비밀인지도 모르겠다."

디즈니는 미키를 영화 이외에 다른 부문에서도 활용할 수 있을 것이라고 생각했다. 이미 몇몇 기업들은 미키의 엄청난 인기를 상업적으로 활용하기 위해 눈에 불을 켜고 있었던 것이다.

지금 우리 나라에서 벌어지고 있는 박찬호와 박세리의 경우를 생각하면 된다. 디즈니는 즉시 미키마우스의 이미지를 선전하고, 이것을 널리 알리는 쪽으로 눈을 돌렸다. 1930년, 디즈니는 《미키마우스 북》을 출간하여 첫 해에만 무려 10만 부를 팔았다.

아울러 킹 피터스사와 미키마우스 연재 만화를 제작하기로 계약을 맺었다. 이는 당시 미국을 비롯한 전세계에서 생겨나기 시작한 '미키마우스 클럽'을 확산시키는 촉매제가 되었다. 미키마우스는 스타로서의 자질을 충분히 가지고 있었으며, 마침내 스타의 대명사가 되었다. 1932년 한 아이스크림 회사에 허가를 내주어 '미키마우스 아이스크림'이 선보이자 첫달에 1천만 개가 팔려나갔다.

1933년 말에 이르자 RCA에서 제너럴 푸드에 이르기까지 많은 회사들이 미키마우스 사용권을 구입했다. 디즈니는 라이센스 제품에 대해 보통 도매가의 5%의 수수료를 받았다.

수수료는 1년 만에 약 30만 달러의 순이익을 올렸다. 이것은 당시 회사 전체 이익금의 3분의 1에 해당하는 금액이었다.

초기에 라이센스 계약을 맺은 상품 중 가장 인기가 있었던 것은 미키마우스 시계였다. 1933년에 제작한 이 시계는 출시된 지 2년 만에 무려 520만 개나 판매되는 대성공을 거두었다.

이에 만족하지 않고 디즈니는 계속 만화 영화를 제작해 1934년에는 〈영리한 어린 암탉〉을 통해 미키마우스 이후 두 번째 인기 있는 캐릭터인 '도널드 덕'을 완성시켰다. 이어 '플루토'나 '구피' 같은 개를 주인공으로 한 만화 영화도 대성공을 거두었다. 그러나 새로운 주인공이 등장했음에 불구하고 디즈니의 마음 속에는 늘 미키마우스가 떠나지 않았다. 그는 사무실 벽에 미키마우스 시계를 걸어놓고, 회사에서 봉급으로 지급하는 수표에도 미키의 그림을 새겨넣었다. 또한 자신이 직접 미키의 음성을 넣어서인지 디즈니는 미키를 진짜 인간처럼 여겼다. 그는 1935년에 이렇게 말했다.

"이 조그만 친구는 국경이나 인종, 피부색을 초월해서 친구를 사귀는 것 같다."

실제로 미키를 '미키 쿠치'라고 부르는 일본에서 이 마스코트는 천황보다도 더 인기 있는 존재였다. 그러니 미키를 창조한 디즈니 역시 유명 인사가 될 수밖에 없었다.

1937년, 디즈니는 영국을 여행하면서 초대를 받아 영국 여왕과 함께 식사를 하기로 했으며, 그 이듬해에 하버드와 예일대학에서 명예 박사 학위를 받기도 했다.

31
라이벌의 허점을 파고들어라

　위의 소제목은 특히 경쟁이 심한 라이벌 기업에게는 만고 불변의 법칙이다. 저 유명한 코카와 펩시 간의 '콜라 전쟁'이 그것을 극명하게 보여주고 있다.

　1986년 4월, 코카콜라사의 고이주에타 회장은 딱딱한 음성으로 기자 회견에 임했다.

　"우리는 1백 년 전통의 콜라맛을 변경하기로 결정했습니다. 사람의 입맛은 시간의 흐름에 따라 변합니다. 따라서 '미국의 맛'임을 자인한 코카콜라는 미국인들의 새로운 취향에 맞추어 보다 부드럽고 달콤한 콜라를 만들 것입니다."

　'뉴 코크'의 탄생은 즉시 미국 전역에 회오리바람을 몰고 왔다. 당연히 경쟁사인 펩시콜라는 대응 적략에 발벗고 나섰다.

　세계 비즈니스계에서 희대의 실패작으로 평가받는 '뉴 코크'의 탄생 과정은 거의 1세기에 가까운 콜라 전쟁의 역사를 거슬러 올라가 보면 쉽게 이해가 될 것이다.

1885년까지만 해도 코카콜라는 미국을 대표하는 유일 무이한 청량 음료였다. 당시의 코카콜라는 애틀랜타 시에서 약제사로 일하던 존 스타이스 펨버튼 박사에 의해 그의 집 정원의 1백 리터짜리 놋쇠통에서 우연히 개발되었다. 이후 코카콜라는 '톡 쏘는 맛'으로 미국뿐만 아니라 전세계의 음료 시장을 석권해 왔던 것이다.

20세기 초에 서구 열강들이 앞다투어 동양으로 진출한 때에도 코카콜라는 '가구가락(可口可樂)'이란 이름으로 선교사들보다 한발 앞서 중국 대륙에 상륙했다.

코카콜라의 위력은 제2차 세계대전 중에도 여실히 증명되었다. 연합국 총사령관 아이젠하워 장군은 아프리카 전선에서 싸우는 장병들을 위해 10개의 코카콜라 공장을 급히 세우라고 명령을 내렸다. 코카콜라 없이는 하루도 견딜 수 없다는 병사들의 호소 때문이었다. 해서 '미국인이 있는 곳에는 반드시 성조기와 콜라가 있다'라는 속담까지 생겨나기까지 했던 것이다.

코카콜라는 북한과 인도차이나 반도의 일부 국가를 제외한 전세계에 해외 지사를 거느리고 있을 정도로 '코카콜라 제국'을 구축하고 있는 것이 현실이다.

이러한 코카콜라의 독주는 펩시콜라의 등장으로 일단 제동이 걸렸다. 펩시콜라 역시 약제사에 의해 개발되었는데, 1897년 31세의 브랜드 햄이라는 약제사가 또 하나의 '미국의 맛'을 창조해 냈다.

12년이나 뒤늦게 출발한 펩시는 초창기는 물론 1950년대 중반까지 도저히 코카의 적수가 되지 못했다. 때문에 코카측은 애당초 라이벌로 인정할 생각은 추호도 없었다.

그러나 1950년대 중반에 이르러 상황이 완전히 바뀌었다. 펩시는 계속적으로 광고 캠페인을 전개하고 자만심에 빠져 있던 코카에게 타격을 가하기 시작했던 것이다.

'사교인을 위한 펩시콜라!'

맛도 중요하지만 분위기와 품위에도 신경을 써야 한다는 발상의 펩시 광고는 유럽식 젠틀맨십에 웬지 열등감을 가지고 있던 미국인들에게 크게 어필했다. 또한 경제 불황의 조짐이 보이자 '니켈 주화 1개로 콜라 2잔을!' 이라는 광고를 펼쳤고, 60년대에는 '젊게 생각합시다'라는 이색적인 캠페인을 주도했다.

이 캠페인은 기성 세대의 낡은 사고 방식에 염증을 내고 있던 젊은층의 폭발적인 지지에 힘입어 펩시는 코카의 아성을 크게 잠식했다. 그리고 1972년에는 그 유명한 '펩시 챌런지'라는 기발한 전략을 내놓았다.

소비자에게 눈을 가리고 코카·펩시 양쪽을 모두 마시게 한 다음, 맛이 나는 쪽을 선택하라는 캠페인이다. TV를 통해 전세계에 방영된 시음 대회에서 펩시는 코카를 보기 좋게 눌러 버렸다.

시음 대회에서 완폐했다는 소식을 접한 고위층은 엄청난 충격에 그만 넋을 잃었다. 일반 소비자들의 취향이 이미 코카에서 펩시로 넘어가고 있음을 코카측도 인정하지 않을 수 없었던 것이다.

32
오랜 전통을 외면하지 말라

펩시의 숨가쁜 추격 속에 신임 고이주에타 회장이 취임한 것은 대세 만회의 어려움을 떨쳐 버리겠다는 각오의 일환임과 동시에 코카의 대반격 작전이기도 했다.

그러나 코카콜라가 그토록 자신만만하게 내놓은 '뉴 코크'는 소비자들에게 완전히 외면당한 실패작이었다. 콜라를 마치 물처럼 애음하는 소비자들은 코카의 고유한 맛이 사라지자 그만 눈을 돌려 버렸던 것이다.

물론 '뉴 코크'의 발매 초기에는 호기심이 동해 구매해 보기도 했으나 과거의 '톡 쏘는 맛'에 대한 향수를 떨쳐 버릴 수가 없었다. 소비자에 대한 선호도 조사는 실시할 필요조차 없었다.

코카콜라의 본사에는 항의 전화가 빗발쳐 일상적인 업무가 마비될 지경에까지 빠졌다. 할아버지 때부터 3대째 코카콜라를 판매해 왔다는 한 레스토랑 주인은,

"톡 쏘는 맛이 없다면 무엇 때문에 콜라를 마시겠소? 차라리 설탕물을 마시지……."

라고 강력한 톤으로 항의했다. '뉴 코크'가 부드럽고 달콤한 것은 인정하지만 집에서 만든 설탕물과 다를 바 없다는 것이 그의 주장이었다.

심지어 샌프란시스코에서는 골수 코카콜라 팬이 단체를 결성해 조직적으로 '뉴 코크 불매 운동'을 벌이기도 했다. 항의 시위에 나선 한 대학생은 이론적으로 조목조목 따져가며 코카콜라측이 소비자를 우롱했다고 규탄했다.

"백 년이 넘게 미국인의 입맛에 길들여진 콜라의 독특한 맛은 결코 일개 회사에 의해 좌지우지될 수는 없다. 코카콜라의 경거 망동으로 미국인은 순수한 '미국의 맛'을 빼앗긴 것이다."

그러면서 걱정어린 충고를 곁들였다.

"코카측이 이를 즉각 철회하지 않을 경우, 펩시를 비롯한 다른 경쟁 업체들의 과거의 코카맛을 재생한 새로운 콜라를 생산하여 코카의 지위를 위협할 것이다."

이렇게 되자 뉴욕의 펩시콜라 본사는 쾌재를 불렀다. 줄곧 수세에 몰리기만 했던 펩시에서는 역전의 기회가 너무나도 쉽게 찾아온 셈이었다.

그것은 코카가 스스로 자초한 결과였으므로, 그야말로 손가락 하나 까딱하지 않고 코를 푼 격이었다.

펩시콜라는 즉각 성명서를 발표했다.

"드디어 펩시의 시대가 열렸다. 펩시는 세계적으로 확고하게 청량 음료로서 선두 자리를 확보했다. 한 번 엎질러진 물은 그것으로 끝이다. 깨어진 코카콜라는 다시 꿰어 맞출 수 없을 것이다.”

모처럼 호기를 잡은 펩시는 ‘뉴 코크’의 발매에 때 맞춰 ‘새 시대의 선택’이라는 도전적인 구호를 내걸고 대대적인 광고전을 펼쳤다. 당시 인기 절정의 가수 마이클 잭슨, 라이오넬 리치를 동원한 이 광고는 소비자들의 시선을 끌기에 충분했다.

이 때 결정타가 터졌다. 콜라 전쟁을 지켜보면서 줄곧 중립의 자세를 지켜온 미국 최고의 시사 주간지 《타임》지가 코카측의 KO패를 선언한 것이다.

《타임》지는 코카콜라가 맛을 바꾼 행위는 미국의 혼을 말살시키려는 것과 마찬가지라고 혹평하면서 다음과 같은 기사를 실었다.

‘그것은 보수 공사를 마친 자유의 여신상에 미니 스커트를 입히는 행위와 마찬가지이다. 또는 백악관을 빨갛게 색칠하는 것과 흡사하다. 백 년 동안 미국에서 유일하게 그 순수성을 지켜왔던 것은 코카콜라의 독특한 맛이었다. 이제 우리는 그 맛을 다시 음미할 수 없게 되었다. 그것은 미국을 송두리째 빼앗아 가는 행위인 것이다.’

‘미국의 지성과 상식’을 대표한다는 《타임》지의 혹독한 비평은 코카콜라사에게는 치명타가 되었다. 코카측은 울며 겨자 먹기로 작전상 후퇴를 선언해야 했다.

코카의 본사는 ‘뉴 코크’ 발매의 이야기를 다시는 입밖에 꺼내지 않겠다고 공언했다. 그러고는 애틀랜타 은행의 지하 금고에 깊숙이 보관해 놓은 정통적인 코카콜라 제조 비법이 적힌 서류를 다시 꺼냈다.

'뉴 코크'의 탄생은 선언한 지 겨우 12주, 보다 정확히 말해서 87일 만에 KO패 선언이었다.

'뉴 코크'의 실패는 요식업체들에 대한 시식·시음 대회의 결과를 맹목적으로 과신하지 말라는 교훈을 상징적으로 가르쳐 주고 있다.

대부분의 전문가들도 시음 대회의 결과에 대해 회의적인 반응을 보이고 있다. 필요에 따라서는 판매 전략의 한 방법으로 활용할 수는 있지만, 과학적인 근거가 매우 희박하다는 게 중요하다.

맛이란 것이 원래 대단히 주관적인 성질이라 주위의 환경에 따라 자주 변하고, 실험 대상자의 선입관에 의해서도 크게 좌우된다는 것이 전문가들의 진단이다.

코카측은 '뉴 코크'의 생산을 위해 지난 81년부터 3년에 걸쳐서 은밀히 시장 조사를 실시해 왔었다.

여기에 동원한 인원만도 25개 도시에서 20만 명이나 되었다. 적어도 통계상으로는 '뉴 코크'의 맛이 원래의 코카콜라보다 훨씬 낫다는 것으로 나타났었다.

실험에 참가한 미국인 가운데 55% 이상이 '뉴 코크'를 선택했던 것이다. 특히 시장 조사에서 '뉴 코크'는 펩시콜라에 대해 56 : 44로 압도적인 우세를 기록했으니 코카측이 안심했으리라.

아무튼 코카콜라는 소비자들의 기호를 예측함에 있어 결정적인 실수를 범했다. 1백 년 전통의 콜라맛을 바꾼다는 그 사실 자체에 흥분하여 조사 결과를 소비자들의 전체 기호로 오판했던 것이다.

33
옛날의 취향과 맛으로 승부하라

1937년, 마가렛 러드킨은 그녀의 아들이 천식으로 고생하자 여러 의사를 만나 처방을 물었다. 그 때 한 의사가 식이 요법이라며 집에서 직접 구운 빵을 아이에게 먹이라고 권했다.

"나는 그 때까지 빵을 직접 구워 본 적이 없었어요. 빵집에서 사다 먹였지요."

마가렛은 당시를 회상하며 이렇게 말했다.

"나는 마흔 살인데다가 경험도 없었어요. 믿을 만하다는 요리책을 구해 그대로 시작해 보았죠. 그런데 갑자기 내가 여섯 살 때 할머니께서 빵을 구우시던 방법이 기억나지 뭐예요."

마가렛은 자신에게 빵 굽는 재주가 있다는 사실을 알게 되었다. 그녀의 가족들은 그녀가 구운 빵을 아주 좋아했다. 그녀는 아들의 담당 의사에게 자신이 구운 빵을 몇 개 나누어 주었다.

그러자 의사는 그녀에게 다른 환자들에게도 그 빵을 좀 나누어 주었으면 좋겠다고 부탁했다. 물론 그녀는 좋다고 했다. 환자들은 모두 그녀가 구운 빵이 너무 맛있다고 칭찬이 대단했다.

이렇게 해서 마가렛은 행운을 잡았다. 그녀는 대부분의 사람들이 자연적인 재료를 사용해서 옛날 식으로 구운 빵을 매우 좋아한다는 것을 알게 되었다. 그래서 1937년 가을, 그녀는 여분의 빵을 만들어 이웃의 식품점 주인에게 자기가 만든 빵을 팔아 달라고 부탁했다.

빵은 금세 동이 나 버렸다. 얼마 후에 마가렛은 자신이 구운 빵을 다른 가게에 팔기 시작했고, 얼마 지나지 않아 몇몇 지역의 가게와 뉴욕의 찰스라는 특약점에 매일 납품하기 시작했다.

그리고 주문량을 소화하기 힘들게 되자, 그녀는 빵 굽는 일을 도와줄 사람을 몇 명 고용했다. 사업이 갈수록 확장되자 그녀는 자신이 '페퍼리지 농장'이라고 부르는 농장의 축사와 창고를 제빵 공장으로 개조했다.

마가렛은 만생종의 표백하지 않은 흰 밀가루와 고급 크림 버터, 신선한 전지 우유, 이스트·물·소금·벌꿀, 그리고 사탕 시럽을 이용해 빵을 만들었다. 발효 식품이나 판매용 쇼트닝은 결코 사용하지 않았다. 그녀는 조그만 솥에 밀가루를 섞고, 손으로 직접 반죽하고 잘랐다.

1년 후, 마가렛은 주당 4천 개의 빵을 구웠다. 주문량을 맞추기 위해 그녀는 코네티컷의 노르워크에 있는 비어 있던 자동차 정비소로 제빵 공장을 옮겼다.

그녀는 소비자들이 양질의 상품을 원하고 있고, 그런 상품에 돈을 지불할 의향이 있다는 사실을 알게 되자 토스트와 카스텔라도 만들기 시작했다.

마가렛은 자신의 제빵 품질을 위해 최상급의 밀을 구하러 미네소타까지 여행을 했고, 이 밀을 시골의 방앗간까지 배로 운송하기까지 했다. 보다 나은 품질을 유지하기 위해 그녀는 옛날 방식의 방앗간 원리를 그대로 쓰는 방앗간을 자신의 공장 안에 세웠다.

또한 마가렛은 자신이 만든 빵이 옛날의 향취와 맛을 오래 유지할 수 있도록 끊임없이 개선해 나갔다.

그리고 당시로서는 획기적으로 빵들을 모두 기계 포장을 했다. 또한 옛날식 빵은 먹기 직전에 잘라 먹기 때문에 그녀가 만든 빵을 자르지 않고 팔았다.

40세의 한 평범한 가정 주부에 의해 시작된 캠벨 식품 회사는 이제 직원이 5천 명 이상이 되었고, 1995년에는 매출이 6억 달러에 이르는 매머드 회사로 성장했다.

34
욕심을 꺾는 것이 중요하다

비즈니스 세계에서 로버트 모리스의 몰락은 가장 드라마틱한 이야기에 속한다. 독립 전쟁 당시 미국에서 최고의 갑부로 손꼽혔던 모리스는 그의 직업과 성취욕, 그리고 천재성으로 널리 정평이 나 있었다. 하지만 그는 로버트 모리스라는 이름보다는 미국의 초대 '재무관'으로 더 유명하다.

미국이 한창 독립 전쟁의 외중에 휩싸여 있을 때인 1780년, 모리스는 애덤스·프랭클린·제퍼슨 등과 함께 정치가로서 국가에 봉사하고 있었다. 그리고 독립 전쟁을 치르면서 국가 예산이 파산 직전에 이르자 새로 파견된 재무관 자리에 앉게 된다.

당시 재무관이란 직책은 요즘으로 치면 재무장관, 중앙은행 총재의 직권을 담당한 것으로 보면 알기 쉽다. 재정적으로 극히 어려웠던 당시 그 직책은 모두가 꺼리는 자리였다.

그러나 모리스는 자신의 능력을 십분 발휘하여 1784년에 재무관

직을 사임할 때까지 지불 불능에 빠져 있던 국가 재정을 회복시킬
수 있는 토대를 마련했다. 모리스는 최소한 재정 파탄의 위기를 극
복하고 위기에 봉착해 있던 워싱턴 장군의 독립군에게 필요한 군
비를 마련하여 전쟁을 승리로 이끌었다는 평가를 받고 있다. 그는
초대 대통령으로 조지 워싱턴을 지명하는 영예도 누렸다.

워싱턴 대통령과 그의 가족들은 임기 내내 당시 수도였던 필라델
피아의 모리스의 저택에서 기거했다. 워싱턴은 그의 오랜 친구인
모리스에게 재무관 관직을 주려고 했으나, 모리스는 이를 거절했다.
다시 비즈니스의 세계로 돌아가고 싶었기 때문이다.

하지만 불행하게도 그의 비즈니스 감각은 재무관을 맡기 전보다
훨씬 퇴보해 있었다. 그는 1790년 대에 이른바 '땅 열병'에 걸려
버지니아와 뉴욕 주의 방대한 땅을 마구 사들이기 시작했다.

이렇게 하여 그는 8만 에이커가 넘는 땅을 소유하게 되었고, 몇
년 후에는 미국에서 가장 많은 땅을 소유한 사람으로 꼽혔다. 워싱
턴은 이 같은 방식에 대해 걱정이 되어 모리스에게 충고했다.

그러나 당시 땅값이 엄청나게 오르고 있던 터라 모리스의 땅 투
기를 강하게 말릴 수는 없었다. 그는 땅을 사는 데 거의 광적이었
다. 채권자들에게 쫓기고 구입한 땅을 되팔 수도 없는 상황에서도
그는 땅 사재기를 멈추지 않았다. 모리스는 자신이 십여 년 전에
동료에게 했던 충고마저 잊어버렸던 것이다.

"아무것도 잃지 않고 사업을 하겠다면 무엇보다 욕심을 꺾는 것
이 중요하다."

이윽고 파멸의 시간이 다가왔다.

땅을 사들이는 데 급급했던 모리스는 자신의 손에 현금이 떨어졌다는 사실을 뒤늦게 깨달았다. 부채가 증가했을 때 그에게는 이를 갚을 만한 자금이 없었던 것이다.

땅값은 떨어지지 않았으나, 모리스는 이미 돌이킬 수 없는 상황에 처하게 된 것이다. 더욱 아이러니컬한 것은 자신이 설립했던 북미은행이 그를 고발했다는 사실이다.

이러한 상황에서 모리스가 할 수 있는 말은 단지,

"실망스러운 것은 내가 제시간에 돈을 지불할 능력을 갖지 못했다는 점이다."

라는 것뿐이었다. 식민지 시대에 가장 부자였던 모리스는 결국 독립한 미국에서 가장 가난한 사람으로 전락했다. 1798년 2월 14일, 모리스는 채무 불이행이라는 죄목으로 체포되어 감옥에 갇혔다.

모리스는 3년형을 언도받고 감옥에 갇혀 있으면서 꽃밭을 돌보고, 가족들에게 편지를 썼으며, 방문객들을 맞이했다. 워싱턴도 방문해 친구이자 조언자였던 그와 한나절 동안 대화를 나누었다.

감옥 밖에서는 모리스를 욕하는 사람이 없었다. 대통령에 당선된 제퍼슨은 모리스가 감옥에서 나오면 국방장관에 임명할 것이라고 공언했다. 하지만 그 일을 이루어지지 않았다.

모리스는 석방된 지 얼마 후인 1806년에 사망했다. 그는 눈을 감는 마지막 순간까지도 또 다른 사업을 구상하고 기회가 오기만을 기다리고 있었다고 한다. 그의 비문에는 다만 '독립 전쟁 기간 중 미국의 재무관을 지낸 로버트 모리스'라고 새겨져 있다.

35
어디에도 반대 세력은 있기 마련이다

　세계 최대의 소비업체인 월 마트는 미국 전역과 수십 개국에 2천 개가 넘는 체인점을 거느리고 있다. 1987년, 월 마트가 1천번째 점포를 개설했을 때 전문가들조차 창업주 샘 월튼이 아무리 정력적이라고 해도 그것을 모두 관리할 수는 없을 것이라고 생각했다.

　그러나 월 마트는 4개 위성 채널을 인수하여 각 체인점과 본사, 주요 공급업체와 공장 등 월마트의 모든 거래선들의 거리를 없앴다. 모든 부분이 본사가 있는 벤톤빌과 연결되어 통제를 받았고, 이런 효율성에 힘입어 각 체인망의 비용은 절감되었다.

　심지어 모든 매장의 실내 온도까지 본사에 있는 컴퓨터에 의해 조정되었다. 또한 각 체인점에 전자 모니터 시스템을 설치하여 점포에 있는 고객들에게 긴급한 메시지를 전달하는 기능뿐만 아니라, 그들이 물건을 사는 모습과 습관, 구입품에 관한 정보를 모아 다시 본사로 전송하는 역할을 했다.

1984년에 세워진 컴퓨터 센터는 그 규모가 축구 경기장보다도 컸
다. 월 마트는 임원의 사무실을 치장하는 데는 한 푼의 돈도 사용
하지 않았지만, 소매업계에서는 가장 좋은 설비를 확보하고 있었던
것이다. 하여간 월 마트는 소도시의 주민들이 상품을 저렴하게 구
입할 수 있도록 함으로써 크게 명성을 얻었다. 그러나 1980년대 후
반부터 바로 이러한 점 때문에 여러 지역에서 공격을 받았다.

1990년대에 이르자 '문어발 마트'라는 별명을 얻었던 월 마트는
소도시의 상업 중심 지역을 교란시키고, 농촌에 소비를 조장시키는
어두운 그림자를 드리웠다는 비난을 받았다. 하지만 월 마트에 대
항했던 몇몇 소도시들은 도리어 많은 것을 잃었다.

뉴욕의 플라시드와 버지니아의 프레드릭스버그와 같은 지역의 구
식 점포로 가득 찬 시내는 여행 산업에 매우 중요했다. 그러나 다
른 소도시들은 월 마트와 비슷한 K마트, 톡 '타킷'이 이미 들어선
상업 중심 구역에 월 마트가 합류하는 것을 막기 위해 애를 썼다.

'월은 그만(Stop the WAL)' 클럽이 수백 개의 소도시에서 생겨
났다. 1994년 〈네이션〉지는 '월 마트를 저지하는 8가지 방법'이란
기사를 실었는데, 이것은 '월 마트에 대항해서 일어나야 한다'고
느끼는 사람들을 위한 지침을 담고 있었다. 1996년 중반까지 전국
적으로 45개 소도시에서 월 마트에 대항하는 소동이 일어났다. 실
제로 월 마트가 문을 여는 지역의 중심가에 위치한 상점들의 매출
액은 형편없이 떨어졌다. 텍사스 주의 테일리의 사정도 마찬가지였
다. 그러나 이 근본적인 원인이 모두 월 마트 때문만은 아니었다.

"월 마트가 오기 전에는 시내 상점들이 할인 판매를 한 번도 하

지 않았다."

라는 어떤 고객의 말처럼 샘 월튼의 입장에서 월 마트에게 상권을 빼앗긴 점포를 동정할 여지는 거의 없었다. 그는 베스트 셀러를 기록한 자신의 자서전 《메이드 인 아메리카》에서,

'기존의 상점들은 우리, 혹은 다른 할인점들이 들어서기 전에는 고객 관리를 전혀 하지 않고 있었다.'

라고 자신의 생각을 밝혔다. 그는 이어 다음과 같이 강변하고 있다.

'소규모 상점들은 사라질 운명에 처해 있다. 적어도 숫자면에서는 그렇다. 그러나 이것은 전적으로 고객에게 달려 있는 문제이다. 고객에게는 쇼핑할 상점을 결정할 수 있는 자유가 있지 않은가?'

반대에 직면한 지역에서 월 마트는 합법적인 홍보 활동을 벌였다. 잠재적인 구매력이 있는 곳이면 어디든지 상점을 차릴 수 있는 권리를 수호하기 위해 벌인 이 같은 홍보 활동은 상당한 성공을 거두었다. 그렇다고 모든 상인들이 월 마트의 상륙을 못마땅하게 여긴 것은 아니었다. 몇몇 장사꾼들은 교통의 편리를 위해 월 마트 근처로 점포를 옮기거나, 월 마트가 취급하지 않는 품목을 판매해 짭짤한 재미를 보았다.

아이오와 주의 한 철물점은 근처에 월 마트가 생긴 덕분에 3년간 매출액이 300%나 증가했다. 철물점 주인은 좋은 제품을 구입해서 싸게 판매하기 위해 백방으로 뛰어야만 했다. 그는 이런 노력에 힘입어 월 마트의 피해자가 되지 않았다. 월 마트를 상대로 성공을 거둔 이 철물점 주인의 비결은 월 마트를 시작할 때 샘 월튼도 그와 비슷한 방법을 택했다는 데서 찾을 수 있을 것이다.

36
지나친 가족주의는 파멸의 지름길이다

창업한 지 불과 5년 만에 미국의 5대 항공 회사로 부상한 피플 익스프레스사는 사업가들이 볼 때는 경이의 대상이었다.

피플 익스프레스사가 이처럼 급성한 데에는 도널드 버 회장의 독특한 가족주의 경영 철학이 밑거름이 되었다. 그리고 그 가족주의 경영 철학 때문에 1986년에 텍사스 항공사에 합병되어 없어져 버렸다.

가족주의 경영 원칙은 사원 규모가 일정 수준을 넘어서면 오히려 마이너스 요인이 된다. 도널드 버는 물론 사업 초기에는 가족주의 경영으로 짭짤한 재미를 보았다.

50명 남짓한 사원을 데리고 처음 회사를 창업한 도널드 버는 이들을 정말 한 가족과 같이 대했다. 회사의 자산도 모두 주식으로 환산하여 사원들에게 월급 명목으로 분배했다.

회사가 곧 직원인 자신들의 것이라는 인식을 끊임없이 심어 주었다. 식사는 물론 어떤 때는 잠자리도 사원들과 함께 했다.

가족주의 경영 원칙은 일반 업무에도 그대로 적용되었다. 공동의 재산을 관리하는 입장에서 회사 사장이 따로 없었다. 그러므로 피플 익스프레스사에는 비서라는 직책이 따로 있을 리가 없었다.

필요하다면 이사급 임원들도 현장에 나가 짐을 날라야 한다는 것이 도널드 버의 철학이었다. 그래서 비행기 조종사들도 비행이 끝나면 화물칸의 승객들 짐을 날라야 했다.

그러나 도약의 견인차 역할을 했던 가족주의 경영 철학은 사세가 점점 확장되면서 이전에는 볼 수 없었던 문제점들이 하나 둘 나타나기 시작했다. 창업 초창기만 하더라도 도널드 버 회장은 모든 사원들의 신상을 낱낱이 외우고 다녔다. 가정의 어려움이 있으면 몰래 도와주기도 했던 것이다.

그러나 사원수가 4천 명으로 늘어난 후부터는 여러 곳에서 불만의 소리가 터져나오기 시작했다. 회장 자신은 각 사원들의 장단점은 물론 신입 사원의 경우 이름조차도 기억하지 못하는 상태가 되었다.

승객들의 짐을 날라야 하는 조종사들도 마침내 불만이 최고점에 달했다. 비행기를 조종하기도 힘든데, 짐까지 나를 수는 없다고 사직하는 사람이 속출했다.

또한 회사의 이익이 곧 나의 이익이라고 생각하는 사람은 점차 줄어들었다. 대신 일한 만큼의 대가를 보장하라는 요구가 사방에서 터져 나왔다.

그러나 도널드 버는 사원들의 주장을 일축하고 오히려 임금 동결을 선언했다. 게다가 상오 6시 출근, 하오 9시 퇴근을 명했다. 가족의 구성원이 되기 싫은 사람을 아예 회사를 떠나라고 공공연하게 말하기도 했다.

그리고 이에 반발한 고객 서비스 담당 이사인 창업 공신을 단칼에 해고해 버렸다. 창업 공신의 해고는 큰 파문을 몰고 왔다. 그 누구도 이제는 가족주의 원칙을 믿지 않기로 한 것이다. 창업 공신도 잘라내는 판에 회사를 나의 것으로 믿는 사원은 아무도 없었다.

그 동안 가족 경영을 외친 것도 결국 착취 수단에 불과했었다는 원망의 소리가 봇물처럼 터져 나왔다. 또한 '84년 7월에는 주가가 1주당 8달러의 수준으로 폭락했다.

한때 50달러까지 치솟았던 주가가 이처럼 폭락하자 사원들의 사기는 더욱 떨어졌다. 익스프레스사 직원이라면 회장에서부터 청소부에 이르기까지 회사의 주식을 갖고 있지 않은 사람이 없었다.

그런 이들에게 주가의 폭락은 그 동안 회사에서 뼈 빠지게 일한 대가가 물거품이 되었다는 것을 의미한다. 주가 하락은 사원들의 사기저하를 유발시키고, 사기 저하는 또다시 주가 하락을 재촉한다. 이른바 하락의 악순환인 셈이다.

그러나 도널드 버 회장은 가족주의 경영 원칙을 도리어 강화해 나갔다. 과학적인 업무 분담이나 인사 고과 제도의 개선을 추진하지 않았다.

그 결과는 다른 회사와의 합병이라는 최악의 상태를 맞이했으니 땅을 치고 통곡한들 무슨 소용이 있으랴.

37
회사가 살아야 고객도 산다

1958년에 미국인들은 신용 카드로 40억 달러를 사용했으며, 아메리칸 익스프레스는 이 중 한 부문을 차지했다. 그 해 10월 1일, 자주색의 아메리칸 익스프레스 카드가 발행되었을 때 이미 25만 명이 카드를 신청한 상태였다. 발행 첫날부터 아멕스 카드는 세계의 신용 카드 시장에서 상당한 위치를 점하게 되었다.

그러나 신용 카드 사업은 생각대로 순조롭지가 않았다. 아멕스는 75만 명의 회원이 1억 달러 이상의 회비를 납부하고 있었으나, 사업 3, 4년차까지도 적자를 내고 있었던 것이다. 이는 첫단계부터 사업을 차근차근 시작하지 않았기 때문에 생긴 결과였다. 다시 말해 신용 카드 사업에 대한 경험이 부족한 것이 그 원인이었다.

1960년, 아멕스의 신임 회장 하워드 클라크는 난관에 봉착한 카드 사업 부문을 조지 워터스에게 맡겼다. 44세의 워터스는 애틀랜타 식품 체인점의 영업 책임자로 일하고 있었다. 그리고 그는 신용 카드 사업과는 전혀 관계 없는 분위기에서 성장했다. 그의 아버지는 자주 이렇게 충고하곤 했다.

"집값을 제외하곤 현금을 지불할 능력이 없으면 어떤 물건도 사지 말라."

하지만 워터스는 카드 사업에 적합한 인물이었다. 정확한 판단력과 추진력으로 사업을 운영했던 그는 아멕스 카드 사업 부문에 정말로 필요한 사람이었던 것이다. 워터스가 당면한 최초의 문제는 비교적 간단하면서도 신속하고 단호한 결정을 요구했다. 그는 충분한 수입은 올리지 못하고 있던 아멕스 카드를 위해 6달러인 기존의 연회비를 8달러로 인상하기로 결정했다. 물론 그럴 경우 회원들이 비싸다고 생각할 우려가 있었으나, 워터스는 모든 사람이 그렇게 생각하지는 않을 것이라고 주장했다. 회장인 클라크도 이런 전략이 회원을 감소시킬 수도 있다고 생각했으나, 획기적인 조치가 불가피했기 때문에 워터스의 방침에 동의했다.

"피를 흘리며 쓰러지기보다는 영업 테이블에서 죽는 것이 오히려 낫다. 수수료를 인상하고 회비도 6달러에서 8달러로 올린 다음 어떤 일이 벌어지는지 두고 봅시다."

얼마 후 워터스의 판단이 옳았다는 것이 판명되었고, 카드 사업의 수입도 증가하기 시작했다.

한편 부실 카드 계좌는 또 다른 골칫거리였다. 아멕스는 미국 호텔연합의 카드 부문을 인수하면서 대금을 지불하지 않은 수많은 고객을 그대로 넘겨 받았다. 게다가 부실 카드 계좌를 소유한 고객에 대해 그 어떤 조치도 취하지 않았다. 아멕스의 전통적인 사업 방식은 고객을 설득하고 달래는 것이었기 때문에, 그 어떤 일이 있어도 고객에게는 절대로 적대적인 태도를 보이지 않았다.

그러나 워터스는 즉시 사업 방침을 바꾸었다. 그는 대금을 지불하지 않은 미지불 카드 소유자에게 주었던 90일간의 유예 기간을 한 달로 단축하고, 그들에게 독촉장을 발송했다. 하지만 심각한 메시지를 다소 익살스럽게 전달했다.

"앞으로 연체하지 마십시오. 대금을 기한 내에 지불하지 않으면 당신은 짤리게 됩니다."

그리고 주저하지 않고 부실 카드 계좌를 정리했다. 수입을 올리기 위한 또 다른 방법은 수수료를 인상하는 것이었다. 워터스는 판매액당 3%였던 수수료를 7%로 대폭 올렸다. 이 정책은 가맹점을 감소시킬 우려가 있었으나, 워터스는 아멕스가 높은 인지도와 훌륭한 서비스를 제공하고 있기 때문에 그리 큰 영향을 받지 않을 것이라고 생각했다.

"우리가 더 좋은 상품을 만들어 판매한다면 소비자들은 기꺼이 그에 합당한 돈을 지불할 것입니다."

그는 이렇게 말하곤 했다. 워터스의 예상은 적중했다. 수수료 인상 정책 역시 카드 부문의 수익을 높이는 데 많은 도움이 되었던 것이다. 1989년 《포브스》지는 '아메리칸 익스프레스는 신용 카드가 단순한 상품이 아니라 그것을 사용하는 사람과 관련이 있다는 사실을 파악하고 있는 유일한 회사다.'라고 평했다. 아메리칸 익스프레스는 신용 카드가 단순한 금융 수단이 아니라 사용자의 사회적 지위를 상징한다는 점을 이해하고 있었던 것이다.

38
모든 것이 능력 위주이다

시티 은행은 미국 금융가에서 '바보 은행(Silly Bank)'으로 통한다. 보수성과 신중함을 최고의 경영 방침으로 간주하는 미국의 은행들이 시티 은행의 무모할 정도로 과감한 경영 혁신을 비꼬는 말이다.

하지만 이 바보와 같은 무모함이 시티 은행을 오늘날 세계 제일의 은행 재벌로 끌어올렸다. 70년대까지만 해도 체이스 은행과 뱅크 아메리카(BOA)에 눌려 제대로 기를 펴지 못하던 시티 은행이 오늘날 세계 정상으로 발돋움한 것은 바로 상식을 뛰어넘는 과감한 경영 혁신에서 비롯되었다.

시티 은행은 승진이나 보수면에서 연공 서열 원칙을 과감히 깨뜨리고 철저한 실적 위주로 운영되고 있다. 한동안 미국 금융계를 대표하는 은행이었던 체이스 은행이 록펠러 가문 중심의 가족 경영 체제를 청산하지 못해 스스로 쇠퇴의 길로 접어든 것과는 대조적으로, 시티 은행은 일찍부터 주식을 철저히 분산하면서 전문 경영인 체제를 확립했다.

그러기 위해 시티 은행은 유능한 고급 인력을 확보하는 데 주력했다. 오늘날 미국의 금융 기관들은 대부분 고졸 출신 위주로 신입 사원을 채용하고 있다. 고객 서비스를 하는 데 군이 고학력자가 필요치 않는다는 생각에서 인건비가 적게 드는 고졸자를 선호하고 있는 것이다. 그러나 시티 은행만은 철저하게 고급 인력 중심의 인사 관리를 해 왔다. 그래서 미국은 물론 세계의 그 어느 은행보다도 MBA(경영석사)를 가장 많이 확보하고 있다.

시티 은행은 발로 뛰기보다는 머리로 뛰기를 원한다. 말단 부서에 있는 직원들도 스스로 창의적인 경영 방법을 개발해야 한다는 것이 시티 은행의 경영 방침인 것이다. 그리고 이러한 우수한 인재들을 바탕으로 과감한 권한 이양을 단행했다. 시티 은행의 대출 결정은 대부분 각 지점에서 임의로 처리하도록 되어 있다.

다른 은행들은 500만 달러 이상의 대출시에는 반드시 본점의 승인을 얻도록 하고 있다. 하지만 시티 은행만은 2억 달러까지 지점의 자체 결정으로 여신을 제공하고 있다. 그러니 고객들이 시티 은행으로 몰리는 것은 당연한 귀결이다. 시간에 늘 쫓기는 기업들은 대출 결정이 신속하고 과감한 시티 은행을 찾게 마련인 것이다.

시티 은행은 이처럼 과감한 자료 관리를 하는 대신 고객에게 요구하는 것이 많고 사후 관리를 철저히 하는 것으로도 유명하다. 그도 그럴 것이 시티 은행의 직원들은 부실 채권에 대한 책임을 담당자들이 모두 지게 되어 있으니까 당연하리라.

그리고 모든 직원들을 대상으로 각 업체와의 거래 실적을 점수화하고 있다. 승진이나 보수는 각 개인별 대차 대조표와 손익 계산서에 따라 철저히 능력 중심으로 단행된다.

이 때문에 시티 은행에는 자리만 지키는 나태한 직원은 일찌감치자연 도태되고 만다. 그러므로 분위기가 착 가라앉아 있는 다른 은행과는 달리 시티 은행은 여느 제조업체 못지 않게 활기에 넘쳐있다. 우수한 회사에는 반드시 우수한 경영자가 있기 마련이다. 시티 은행의 도약에 줄기차게 시동을 걸어온 사람은 45세의 젊은 나이에 시티 은행의 회장이 된 존 리드이다.

리드는 평균 10개월마다 한 단계씩 승진하는 놀라운 기록을 세워시티 은행의 174년 역사상 가장 빠른 출세 기록을 세웠다. 45세에회장으로 선임된 것도 연공 서열을 중시하는 미국 금융계에 전무후무한 일이다.

리드 회장은 혁신적인 분위기의 화신이다. 컨베이어 벨트를 도입한 것은, 무임 은행을 설치한 것도 모두 그의 아이디어에서 나왔다.그의 아이디어는 다른 은행들의 상상력을 초월한다.

최근에는 교도소에 있는 죄수들에게까지 신용 카드를 보급해 사람들을 놀라게 했다. 그뿐 아니라 제조업체에서나 하는 것으로 알았던 연구 개발에 5억 달러를 투자하기도 했다.

'바보 은행'이라는 소리를 들을 정도로 과감한 혁신을 거듭해 왔던 시티 은행은 앞으로 또 어떤 변신을 할 것인가? 시티 은행의'21세기 전략'은 비단 한 은행만의 문제가 아니라 향후 세계의 금융 산업이 나아갈 하나의 좌표가 될 것이다.

39
고객 중심의 전략을 세워라

1934년, 한 여론 조사에 의하면 미국인 10명 중 1명은 증권 거래소를 쇠고기 도매상 정도로밖에 여기지 않았다. 더구나 대공황의 여파로 월가는 과거의 모습을 탈피하지 못하고 흉물스러운 모습으로 남아 있었다. 즉, 몇몇 선택된 사람들이 자신의 이익을 위해 운영하는 클럽 수준을 벗어나지 못했던 것이다.

월가의 모든 시스템은 대자본을 가진 몇몇 투자가들을 중심으로 돌아가고 있었다. 그들과 거래함으로써 생기는 수수료가 짭짤했기 때문이다.

뉴욕과 같은 대도시에 사무실을 두고 있던 큰 증권사들은 소액 투자가들에게는 전혀 관심을 갖지 않았다. 이에 대해 〈뉴욕 타임스〉지는, '1천 달러 이하의 계좌로 수익을 올려주는 증권사는 존재하지 않는다'라고 개탄하기도 했다.

그러나 월가의 큰손들 중에는 오직 찰스 메릴만이 소액 계좌에 대한 서비스를 통해 이익을 남길 수 있다고 믿고 있었다. 그는 소매업의 체인점을 경영해 본 경험을 통해 일반인들이 수익성이 더 높은 고객층으로 부상할 수 있는 것으로 예측하고 있었다.

그는 우선 주권과 채권의 매매 방식을 혁신하기 위해 사람들의 생각을 바꾸어놓기 시작했다. 이에 대해 증권 평론가 호머섀넌은,

'메릴은 1929년 금융 시장의 파멸과 그후 이어진 대공황이 상품이나 증권 딜러, 그리고 투자 은행의 역할을 완전히 바꾸어 놓을 것이란 사실을 알고 있었다.'

라고 논평했다. 메릴은 새로 설립한 메릴린치 증권사의 영업 개시와 함께 고객 중심의 전략을 선언했다. 그는 이렇게 주장했다.

"우리는 증권 거래에 대중 체인점의 효과적인 매매 방식을 적용해야 한다."

이렇게 해서 메릴린치사는 월가의 증권사 중 작은 지방에 지사를 설립한 최초의 회사가 되었다. 또 새로 채용한 직원에게 수수료가 아닌 정식 임금을 지불한 최초의 회사이기도 했다.

이것은 중개인들이 비합법적인 방법으로 돈을 벌기 위해 불량 증권을 판매하지 못하게 하겠다는 의지의 표방이었다.

1940년 메릴은 동업자들에게 보내는 편지에 이렇게 썼다.

'증권업에 종사하는 우리는 증권 시장을 건전한 투자 장소로 재구축해야 하는 과업을 안고 있습니다. 우리는 어떤 계획이나 영업 방식도 숨기지 말아야 합니다.'

새로운 개방 전략으로 나타난 가장 두드러진 부분은 연례 실적 보고였다. 그 당시 사기업이 대차 대조표를 공개적으로 알리는 것

은 전례를 찾아볼 수 없는 일이었다.

월가의 기업들은 적당히 숨길 것은 숨기면서 사업 경영하는 것을 더 선호했다. 하지만 메릴은 실적 공개가 대중들의 신뢰를 얻을 수 있는 열쇠라고 판단했다.

이것은 또한 비용을 들이지 않고 사람들에게 실적을 알릴 수 있는 좋은 기회를 제공했다. 신문과 잡지는 앞을 다투어 회사 수익에 대한 기사를 크게 다루었고, 이것을 본 사람들은 그 회사의 실적을 월가의 전반적인 경기 척도로 삼았다.

이는 오늘날 '월 마트'의 영업 실적이 소매업 경기의 지표로 사용되고 있는 것과 다를 바 없다.

새로운 사업 방식으로 인해 메릴은 월가에서 이단자로 낙인 찍혔다. 그래도 그는 일종의 사명감으로 자기 방식을 고수했다.

40
시대의 흐름을 최대한 이용하라

1950년대 미국의 공업주 평균 주가 지수는 120에서 779로 5배 이상 뛰어올랐다. 미국의 세계 무역 지배와 산업 육성화에 힘쓴 정부 정책, 그리고 꾸준한 경제 성장으로 많은 미국인들은 중간급 금융 증권을 구매하기 시작했다.

또한 한국 전쟁으로 인한 군수품 활황으로 전례 없는 경제적 풍요를 만끽했다. 1952년에는 미국 가정의 41.9%가 저축 채권을 구매하였으며, 20.9%는 각종 연금에 투자했다. 그러나 아직까지도 주식을 사는 사람은 그리 많지 않았다. 브루킹스 연구소에 따르면 당시 전인구의 4.2%에 해당하는 649만 명만이 주식을 소유하고 있었다.

하지만 냉전 기간 중에 주식 구입이 소련의 팽창주의를 막는 애국적 행위로 여겨지면서 점차 주식 시장은 활기를 띠기 시작했다. GM의 알프레드 슬로안 회장은 이렇게 술회하고 있다.

"이런 환경에서 마르크시즘은 후퇴하고 배척당할 수밖에 없었다."

  냉전을 주식 거래의 활성화에 이용한 것은 1954년 1월 뉴욕 증권
거래소의 루딕 로렌스의 전략에서도 드러났다. 그는 주식 투자에
대한 일반인들의 신뢰를 얻기 위한 시도로 '월부 투자 계획'을 도
입했다. 이는 투자자들이 주식을 월부로 사는 것이었다. 이에 따라
투자자들은 적게는 40달러에서 많게는 999달러까지 매달 일정 금
액을 지불하고 주식을 구입할 수 있었다. 사람들은 이런 방식으로
소규모의 주식을 소유했다. 로렌스는 자신 있게 말했다.

  "이것은 민주적 자본주의로 모든 국민에게 미국의 산업에 참여할
수 있는 기회를 줄 것이다."

  물론 이 계획은 소규모 지사를 통해 소액 투자자들을 끌어모으려
는 증권계의 개척자 찰스 메릴의 오랜 노력과 완벽하게 일치했다.
1954년 4월까지 그가 설립한 메릴린치사는 1만 885개의 MIP주식
거래 중 40%를 점유했다. 이러한 결과는 체인점인 '세이프웨이'와
같이 전국에 지점을 두고 브랜드 이름을 알렸기 때문에 가능했다.
1954년, 뉴욕 증권 거래소의 608개 회원사는 미국 전역에 1,247개
지점을 개설했는데, 이 중 메릴의 회사에 속한 지점은 10%에 육박
하는 119개에 달했다. 메릴린치사는 자체적으로 뉴욕 증권 거래소
방식의 거래를 확대해 나갔다. 1954년, 이 회사는 책상과 무선 전
화기, 주가가 적혀 있는 주식 시장 시세 표시기 등이 설치된 3대의
은청색 버스를 마련했다. 그리고 이 버스에 회계 담당 간부를 태워
업무를 볼 수 있게 했다. 회사 간부는 뉴욕·시카고 등의 교외로
버스를 몰고 나가 슈퍼마켓이나 기차역, 공장 앞에 주차한 다음,
사람들에게 주식 배당과 자본 투자의 이점을 설명하며 주식 투자

를 권했다. 이것은 주식도 감자칩처럼 손쉽게 살 수 있는 것이라는 인식을 널리 확산시켰다. 메릴린치사는 주식 투자를 홍보하기 위해서라면 어떤 짓도 했다.

1955년 5월, 메릴린치사는 맨해튼 파크 에버뉴의 71번가 보병 연대 병기고와 34번가에서 열린 '세계 투자 박람회'의 후원자로 참가했다. 방문객들은 제너럴 모터스나 IBM과 같은 유망 주식이 전시된 곳을 돌아본 후, 메릴린치사의 '투자 세미나' 코너에 몰려들었다. 이 세미나는 주식과 채권을 어떻게 거래하는지를 주제로 진행되었다. 이듬해에 메릴린치사는, 인파로 북적대는 그랜드 센터 터미널 한복판에 '기업 및 주식 정보 전시관'을 설립했다. 사람들이 많이 모이는 이 곳에는 신문 가판대와 꽃가게, 음식을 파는 노점상들이 즐비하게 늘어서 있어 홍보 효과를 크게 보았다.

메릴린치사의 부산한 활동은 미국은 물론 해외에서도 가장 유명한 증권사로 명성을 떨쳤다. 1955년 10월에 소련의 언론인들이 뉴욕에 왔을 때, 그들은 자본주의의 두 요새를 방문했다. 한 곳은 뉴욕 증권 거래소였고, 다른 한 곳은 파인가 70번지에 있는 메릴린치사의 본사였다.

더 많은 미국인들이 저금리 통장에 입금한 자본은 주식과 채권 시장으로 옮기면서, 1956년 말에는 투자자들의 수도 1952년에 비해 33%나 증가한 860만 명에 이르렀다. 뉴욕 증권 거래소의 조사에 따르면 매년 50만 명이 주식 투자에 새로 참여한 것으로 나타났다. 그리고 그 열기는 식지 않아 주식 투자는 이제 미국인들의 생활에 있어 빼놓을 수 없는 요소가 된 것이다.

41
최대의 적은 자만심이다

패스트 푸드 전문 잡지에서 이런 질문을 던진 적이 있었다.

'맥도널드는 왜 넘버 원인가?'

그러자 라이벌 회사인 버거킹사의 중역이었던 한 사람은 이렇게 대답했다.

"맥도널드의 프렌치 프라이는 맛이 좋은가? 그렇다. 서비스는 좋은가? 아주 좋다. 더구나 빠르기까지 하다. 점포는 깨끗한가? 그야 물론이다. 그렇다면 넘버 원이 아닌가? 그야 두말하면 잔소리지."

이 같은 말은 맥도널드의 좌우명인 '질·서비스·청결·가격'이 회사의 모든 경영 세포에서 살아 움직이고 있다는 것을 증명한다.

그러나 1983년 12월초, 일리노이 주 오크브룩 시 소재 맥도널드사 본사 중역실은 고함 소리와 긴 침묵이 교차하는 가운데 팽팽한 긴장이 감돌고 있었다. 지난 '55년 맥도널드사를 창업한 레이 크록의 일등 창업 공신인 프레드 터너 회장은 미첼 퀸랜 사장을 포함한 중역진을 질타하고 있었다.

"버거킹이나 웬디가 저토록 커 오는데 도대체 당신들은 무엇을 하고 있었소?"

패스트 푸드 업계의 제왕으로 군림해 오던 맥도널드사가 후발 기업인 버거킹사·웬디사 등의 끊임없는 공세에 시달려 오랜 명성과 전통에 퇴색의 징후가 짙어지던 연말의 중역 회의 풍경이다. 당시 미국 패스트 푸드의 시장 규모는 무려 380억 달러에 달한다고 시장조사 회사인 몽고메리사는 밝히고 있다.

지난 30년간 패스트 푸드 시장의 독보적 존재이던 맥도널드사는 이제 버거킹·웬디와 같은 서열에 놓일 만큼 후발 기업에 밀리고 있었던 것이다. '83년 시장 점유율 16.2%로 41.5%인 맥도널드사의 최강적으로 등장한 버거킹사는 미국인의 기호 품목 개발과 참신한 광고를 기본 전략으로 맥도널드사를 압박하고 있었다.

웬디사도 바비큐·저칼로리 제품 등 다양한 품목을 개발, 상대적으로 품목이 빈약한 맥도널드사의 아킬레스건을 건드리며 수요층을 넓혀가는 판국이었다. 이들 2개 후발 기업은 지난 3년간 각각 1,88%와 0.28%의 성장을 기록하여 14배에 가까운 성장세로 맥도널드사를 무섭게 추격하고 있었다.

전문가들은 맥도널드사의 최대 강점이었던 '값싸고 맛있는 제품'의 이미지가 사라지고 있다고 지적했다. 또한 광고 전략은 진부하고, 소비자 기호에 밀착된 판매 전략도 부재 상태에 있다고 평가했다.

무엇보다도 전문가들이 지적하는 경영상의 최대 문제점은 후발 기업들의 맹렬한 추격에도 불구하고 기존의 경영 전략에 안주하고 있던 경영진의 안일주의였다. 그 예로 후발 기업들이 햄버거 등 기존 패스트 푸드 제품에 식상한 수요층을 겨냥하여 다양한 신제품을 내놓고 있는 반면, 맥도널드사가 수요자들에게 제공하는 메뉴는 수년간 그대로인 점을 들고 있다. 그래서 카일 크래그 버거킹사의 부사장은 이렇게 비웃기까지 했다.

"우리의 급속한 성장세에 대해 맥도널드사가 내놓는 대책은 신경질적이고 일관성 없는 반응뿐이다."

맥도널드사가 두고두고 잊지 못할 치욕적인 실패담도 이 때 발생했다. 1983년에 맥도널드사가 버거킹사를 과대 광고로 고소했던 것이다. 이 고소 사건은 언론의 관심을 끌어 각종 보도 매체에서 연일 '패스트 푸드 전쟁 발발'이라고 떠들어댔다. 그리고 고소 결과는 비참했다.

버거킹사가 문제의 광고를 자진하여 포기하겠다고 밝히자 법원측은 고소 기각을 선고했다. 그런데 3주간 계속된 제소 과정에서 연일 언론들이 떠들어댄 덕분에 버거킹사는 약 3천만 달러에 달하는 무료 광고 효과를 보았다. 결국 버거킹사는 잃은 것 없이 천문학적인 액수의 광고를 무료로 얻어낸 꼴이 되었으며, 언론 매체에 비친 맥도널드사의 꼴만 우습게 되어 버렸다.

또한 1984년 1월 초, 맥도널드사가 수개월간 준비 끝에 내놓은 가격 인하를 포함한 대응 전략도 불과 며칠 사이에 실패로 판명되었다. 대응 전략 발표 직후, 맥도널드사의 주가가 3포인트나 폭락하여 전략을 철회할 수밖에 없었던 것이다.

가격 인하 전략이 업계 전체에 연쇄적인 가격 인하 경쟁을 초래하여 투자 수익을 격감시킬 것이라는 우려가 맥도널드사의 주가를 사정 없이 폭락시켰다. 전담반의 자체 진단 결과 맥도널드사의 7천 5백 개에 달하는 체인망이 성장기에는 유리하지만, 일단 수세에 몰리면 치명적인 타격을 줄 수 있는 양면의 날로 판명되었다.

또한 버거킹 등 후발 기업도 제품의 질, 판매망·광고 전략에 있어 국내 시장에 관한 한 더 이상 가볍게 무시할 수 있는 상대가 아니란 점을 재인식하게 되었다. 이에 따라 맥도널드사는 해외 시장 개발에 주력하되 국내 시장에서는 새로운 수요층을 중점 개발한다는 기본 전략을 세웠다.

우선 해외 시장 확충에 치중하고, 오는 '90년까지 연간 체인 판매점 확장수의 80%를 해외 시장 부문에 배분키로 했다. 버거킹 등 주요 경쟁 상대들은 아직 해외 시장에 눈을 돌릴 여유가 없는 반면, 맥도널드사는 이미 32개 나라에 1천5백 개의 체인점을 갖고 있었기 때문이다.

그렇다고 해서 맥도널드사가 기울기 시작한 미국 내 시장을 방치한다는 것은 절대 아니었다. 국내 시장에 대해서는 또 다른 회심의 구상이 있었다. 국내 시장에 대해서는 아직 버거킹 등이 눈길을 주지 않고 있는 특수 및 집단 수요 시장을 중점 공략키로 했다. 공원·병원·군주둔기지·주차장·학교 등이 바로 집단 수요 시장의 대표적인 것들에 속한다.

특수한 수요 시장은 나중에 맥스낵이나 맥스톱이란 고유 명사로 구체화 되게 된다.

이 밖에도 버거킹에 3천만 달러짜리 광고를 공짜로 헌납한 광고 전략을 혁신하는 방안을 강구하는 한편, 맥도널드사의 아킬레스건 인 제품 다양성이 부족한 문제도 차제에 해결키로 했다.

이런 갖가지 전략으로 맥도널드사는 다소 기울어진 사세를 다시 상승 무드 위에 올려놓는 데 성공했다. 하지만 맥도널드는 스스로 도 인정하고 있는 한 가지 큰 문제점을 여전히 안고 있다.

그것은 맥도널드가 너무나 편협한 경영, 즉 경영이 다각화되지 못하고 있다는 점이다. 창업자 레이 크록의 창업 정신의 충실한 계 승자 터너 회장의 성향도 이 범주를 벗어나지 못하고 있다.

맥도널드사는 '버거와 프라이' 외의 다른 메뉴는 별로 탐탁하게 여기지 않는다. 이 점은 소비자의 변덕스러운 기호를 만족시키는 데 결정적인 장애 요소가 되고 있다.

그러나 지금은 많이 달라져 샐러드바·구르메버거 등 신제품을 다수 개발하여 호평을 받고 있고, 해외 지점에서는 현지인의 입맛 에 맞는 메뉴를 개발하는 데 열심이다.

제 **3** 부
미국을 이끈 실리와 검소의 정신

42
모자는 큰데 가축은 없다

"이런 사람들이 백만장자일 리가 없는데……. 아무리 보아도 백만장자처럼 보이질 않아. 차림새도 그렇고, 먹는 음식도 역시 그렇잖아. 그리고 영화에 나오는 백만장자처럼 거만하게 굴지도 않고, 게다가 이름에서조차 백만장자 냄새가 전혀 안 나는데 말이야. 그렇다면 이 모든 조건을 완벽하게 갖춘 백만장자는 도대체 어디에 있을까?"

이렇게 중얼거린 사람은 어느 회사의 신탁 담당 부사장이었다. 그는 당대에 자수 성가한 백만장자 10명을 초청해서 저녁 만찬을 베풀었다. 그러나 이 모임이 끝난 뒤에도 뭔가 석연치 않다는 듯이 이렇게 중얼거렸던 것이다.

그는 평소에도 백만장자에 대해 이렇게 생각했었다.

'적어도 백만장자라면 비싼 옷을 입고, 비싼 시계를 차며, 자신의 신분을 상징할 만한 여러 가지 비싼 장식물을 착용하고 있을 것이

다.'

보통 사람들은 아마도 그의 생각에 어느 정도는 공감할 것이다. 그러나 일반적인 생각과는 달리 오히려 그 부사장이 입고 있던 옷이 그날 만찬에 참석했던 백만장자들의 옷보다 훨씬 비쌌다는 사실을 알아야 한다. 그 부사장은 5천 달러짜리 번쩍거리는 시계를 차고 있었다. 그러나 대부분의 백만장자들이 차고 있던 시계는 5천 달러는커녕 그 10분의 1도 안 되는 가격조차도 절대로 넘지 않는다는 사실이 조사 결과 드러났다.

그 부사장은 최신형 외제 자동차를 몰고 다녔다. 그러나 대부분의 백만장자들은 자신의 손때가 묻은 구형 차를 몰고 다닌다. 그곳에서 이 부사장처럼 외제 차를 타고 다니는 사람을 찾기란 극히 어려울 정도이다. 또한 부사장은 리스(장기 임대)로 승용차를 구입했는데, 백만장자 중에는 이처럼 리스로 자동차를 구입하는 사람은 거의 없었다. 그러면 누구에게라도 이렇게 질문해 보자.

"이 둘 중 누가 더 백만장자처럼 보이는가? 부사장일까? 아니면 만찬에 초대된 진짜 백만장자들일까?"

아마도 대부분의 사람들은 신탁 담당 부사장이라고 대답할 것이다. 그러므로 여기서 알 수 있는 사실은 겉으로 보여지는 것만으로는 그 사람에게 속아 넘어가기가 쉽다는 것이다.

이 날 만찬이 끝난 후 한 텍사스 백만장자는 부사장의 인상을 다음과 같이 묘사했다. 그것은 더 이상의 설명이 필요 없을 만큼 딱 들어맞는 표현이었다.

'모자는 큰데 가축은 하나도 없군.'

이것은 텍사스 주에서 널리 알려진 격언이다. 즉, 카우보이가 쓰고 있는 모자는 굉장히 큰데 비하여 정작 있어야 할 소는 단 한 마리도 가지고 있지 않다는 뜻이다. '속 빈 강정'이나 '빈 수레가 요란하다'라는 우리 속담과 비슷하다.

이 텍사스의 백만장자는 디젤 엔진을 수리하는 정비소를 성공적으로 운영하고 있었다. 그러나 자신의 차는 정작 10년이 넘은 고물이었다. 또한 만찬에 초대되었을 때도 튼튼한 청바지에 낡은 가죽 셔츠 차림으로 참석했다. 그리고 그는 중하층 사람들이 거주하는 지역의 조그만 주택에 살고 있었으며, 그의 이웃들은 대개가 자동차 수리공·세일즈맨·공장 직공 들이었다. 그는 씩 웃으며 이렇게 말했다.

"나는 내가 하고 있는 사업이 그리 썩 우아하다고는 생각하지 않습니다. 그리고 나는 거드름을 피우거나 부자 행세를 하지도 않습니다. 나와 동업을 하는 영국인이 맨 처음 나를 만나러 왔을 때도 아마 트럭 운전 기사 정도로 생각했을 것입니다. 그러나 그는 내 사무실을 둘러보고 여러 직원들을 만나보고 나서야 '아차, 내가 텍사스에 와 있다는 것을 깜박 잊었구나'라고 말하더군요. 나는 큰 모자를 쓰진 않았지만 가축이 엄청나게 많이 있었거든요."

43
상속은 백만장자의 절대 조건이 아니다

　미국의 백만장자는 대부분 자수 성가한 사람들이다. 그들은 자신의 손으로 직접 부를 이룩한 것이다. 그렇다면 재산을 물려받지도 않고 평범한 가정에서 태어난 사람이 어떻게 백만장자가 될 수 있었을까? 또한 그와 비슷한 배경을 가진 대다수의 사람들은 백만장자는커녕 최소한의 부조차 이룩하지 못하는 것일까?

　대부분의 백만장자들은 자신의 능력에 대해 확고한 자신감을 가지고 있다. 그들은 부모가 부자인지 아닌지를 고민하느라 시간을 허비하지도 않고, 백만장자가 되기 위해서는 백만장자의 운명을 가지고 태어나야 한다는 것도 결코 믿지 않는다.

　이와 반대로 백만장자가 되기 위해서는 필수적으로 부유한 집안 출신이어야 한다고 믿는 보통 사람들은 결코 부유해지지 못한다. 혹시 대부분의 백만장자들이 태어날 때부터 아예 은수저를 입에 물고 태어난 게 아닌가 생각하는 사람이 있다면, 다음의 연구 보고

서를 잘 음미해 보기 바란다.

이것은 미국의 백만장자들로부터 밝혀 낸 사실들이다.

1) 자기 재산의 10% 이상을 상속받은 사람은 20%밖에 되지 않는다.

2) 주식이나 신탁 기금에서 배당금을 받거나 증여를 받은 경우는 19%다.

3) 그들의 반 이상은 단 1달러도 상속받지 않았다.

4) 부모나 조부모, 또는 가까운 친척으로부터 1만 달러 이상 증여받은 사람은 25%도 안 된다.

5) 91%는 가족이 경영하는 회사의 지분을 전혀 받은 적이 없다.

6) 앞으로 유산 상속을 받을 것이라고 기대하는 사람은 10%도 되지 않는다.

그러므로 미국은 아직도 부를 이루고자 하는 사람에게 기회가 많은 나라임에 틀림없다. 사실 미국이라는 나라는 잘 발달된 사회적 여건이나 경제 제도를 신봉하는 사람들에게는 언제나 기회의 나라로 여겨져 왔다. 100년 전에도 이 사실에는 변함이 없었다. 즉, 스탠리 레베고트는 1892년 미국의 백만장자 4,047명에 대한 연구 결과를 《미국 경제》라는 책에서 밝혔는데, 당시 백만장자의 84%가 땡전 한 푼 상속받지 않고 직접 부를 일군 소위 신흥 부자들이었던 것이다.

여기서 최근에 발표된 한 조사 결과를 살펴보도록 하자.

백만장자들을 출신 민족별로 분류했을 때 상위 10개 민족

민족 집단 출신국가 (가장)	미국의 가구 중 차지하는 비율(%)	백만장자 가구 수(순재산이 백만 달러 이상)	전체 백만장자 가구 중 차지 하는 비율(%)	순위(전체 백 만장자 가구 동 차지하는 비율)	집중도(전체 가구수÷백만 장자 가구수)	민족가구 중 백만장자 가구 가 차지하는 비율(%)	순위(백만장자 가구수 중 민 족 비율)
영 국	10.3	732,837	21.1	1	2.06	7.71	4
독 일	19.5	595,171	17.3	2	0.89	3.32	9
아일랜드	9.6	429,559	12.5	3	1.30	4.88	7
스코틀랜드	1.7	322,255	9.3	4	5.47	20.8	2
러시아	1.1	219,437	6.4	5	5.82	22.0	1
이탈리아	4.8	174,929	5.1	6	0.94	4.00	8
프랑스	2.5	128,350	3.7	7	1.48	5.50	6
네덜란드	1.6	102,818	3.0	8	1.88	7.23	5
미국 원주민	4.9	89,707	2.6	9	0.53	1.99	10
헝가리	0.5	67,62	2.0	10	4.00	15.1	3

　　미국의 독립 전쟁 전에는 대부분의 부자가 토지를 소유하고 있었다. 즉, 전 국토의 50% 이상을 영국에서 태어난 사람이나 영국 이민자의 자손들이 차지하고 있었던 것이다.

　　그렇다면 현재까지도 미국 재산의 반 이상을 영국계들이 차지하고 있는가? 천만의 말씀이다. 이것은 부와 관련된 잘못된 편견 중의 하나이다. 많은 사람들이 대부분의 미국 부유층들은 영국에서 '메이플라워호'를 타고 이주해 온 사람들의 후손이라고 잘못 생각하고 있는 것이다.

　　위와 같은 그릇된 편견은 객관적으로 검증해 볼 필요가 있다. 만약 부의 차이가 출신 국가에 따라 달라진다면 아마도 우리는 미국

백만장자의 반 이상이 영국계라고 기대해야 할 것이다.

그러나 위의 도표를 보면 결코 그렇지가 않다. 자신의 조상이 영국계라고 대답할 수 있는 경우는 전체 백만장자 중 21.1%를 차지할 뿐이다.

전체 가구 중 영국계가 차지하는 비율은 10.3%다. 그러므로 백만장자 중에서 영국계가 차지하는 비율은 평균보다 조금 높다(10.3%와 21.1%). 다시 말해 영국계의 경우 백만장자 집중 비율이 2.06%(백만장자 가구 중 영국계 비율인 21.1%를 전체 가구수 중 영국계 비율인 10.3으로 나눈 수치)이다.

이 의미는 영국계 가구의 경우 전체 가구수에서 차지하는 비율보다 백만장자 가구 비율이 2배 이상이라는 뜻이다. 그렇다면 전체 영국계 자손 중에서 몇 %가 백만장자일까?

영국계가 가장 많은 비율을 차지할 것이라고 생각하겠지만 물론 아니다. 영국계는 네 번째에 속할 뿐이다. 연구 보고서에 의하면 전체 영국계 인구 중 백만 달러 이상의 재산이 있는 가구수는 7.71%다. 그러므로 1, 2, 3위를 차지한 다른 세 민족이 영국계보다 더 많은 백만장자를 배출하고 있음을 알 수 있다.

독립 전쟁 당시 국부(國富)의 50%를 영국계가 차지하였던 것을 고려한다면 다른 민족의 백만장자가 더 많다는 사실을 이해할 수가 없다. 그러나 그들이야말로 이 기회의 나라에서 가장 먼저 경제적인 이점을 획득한 민족이었다.

1790년, 미국 전체 가구의 3분의 2 이상이 자영업자였다. 미국에서는 과거에 이룩한 부보다는 현대에서 이룩한 부가 부자가 되는

데 좀더 결정적인 역할을 하는 것으로 나타났다. 다시 말하면 전체 백만장자의 80%는 당대에 자수 성가한 사람들이다. 그리고 이들이 이룩한 부는 2대 또는 3대에 걸쳐서 서서히 사라지게 된다.

이와 같이 미국의 경우 부에 있어서는 매우 유동적이며 현재에도 부를 이루기 위해 많은 사람들이 열심히 뛰고 있다. 그러나 또 다른 한편에서는 백만장자에서 한 순간에 거리의 부랑자로 전락하기도 한다.

① 어느 민족이 돈을 가장 잘 벌까?

백만장자 중 영국계가 가장 높은 비율을 차지하지 않는다면 과연 어떤 민족이 그 자리를 차지할까? 도표에서 보다시피 러시아 인들이 첫번째, 스코틀랜드 인들이 두 번째, 그리고 헝가리 인들이 세 번째를 차지하고 있다.

전체 인구 중 러시아 인 가구수는 1.1%에 불과하지만, 백만장자의 비율은 6.4%나 된다. 이것은 러시아 인 100가구 중 22가구가 백만 달러 이상의 순재산을 갖고 있다는 의미다. 이것은 영국계 100가구 중 7.71가구의 백만장자와 비교하면 엄청난 차이가 난다. 그렇다면 러시아계 백만장자의 재산을 모두 합치면 과연 얼마나 될까? 대략 1조 1천억 달러, 즉 현재 미국 전체 부의 5%를 차지하는 어마어마한 액수이다. 만약 그들이 자신의 재산을 모국인 러시아에 보낸다면 빈사 상태인 러시아 경제는 단번에 회생될 것이다. 하지만 그들은 꿈에도 그런 생각은 갖지 않을 것이다.

과연 러시아계의 엄청난 경제력을 이해할 수 있을까? 대부분의 백만장자들은 자신의 사업체를 직접 운영하는 경우가 많은데, 러시아 인들의 경우는 사업체를 직접 운영하는 비율이 다른 민족보다 훨씬 더 높다. 게다가 러시아계의 이러한 사업가적 기질은 한 세대에 그치는 것이 아니라 다음 세대에도 지속적으로 이어진다.

헝가리 인들의 경우도 러시아 인들에 뒤지지 않을 정도로 사업가적 기질이 다분한 민족이다. 그들은 미국 전체 가구수의 0.5%밖에 안 되지만 백만장자 중 2%를 차지할 정도다.

이것은 미국 전체 가구 중 19.5%를 차지하는 독일계와 비교해 보면 전체 백만장자 중에서 독일계는 17.3%를 차지하고 독일계 가구 중에서 백만장자는 겨우 3.3%에 불과하다.

② 검소한 스코틀랜드계

스코틀랜드계는 전체 가구수 중 겨우 1.7%에 불과하지만 모든 백만장자 중에서 차지하는 비율은 9.3%를 차지하고 있다. 가구수로 보면 스코틀랜드계는 전체 미국 가구수 중 차지하는 비율(1.7%)보다 5배(5.47%) 이상 많은 백만장자 가구수를 차지하고 있다.

그들은 전체 스코틀랜드 가구수 중 백만장자 비율로 따지면 두 번째로 비율이 높다. 100가구 중 거의 21가구(20.8%)가 백만장자인데 이것을 어떻게 설명할 수 있을까?

현재 미국에 거주하는 많은 스코틀랜드계 가구는 초기 이민자들의 후손이다. 그러나 이런 상황만으로는 그들의 백만장자 비율을 설명할 수는 없다.

영국계도 초기 이민자들의 후손이지만 그들의 백만장자 가구 비율은 스코틀랜드계보다 상대적으로 매우 낮았다. 또한 스코틀랜드 인들은 영국인들처럼 독립 당시 많은 부를 차지하고 있지도 않았다. 이 점을 고려한다면 영국계 백만장자의 비율이 스코틀랜드계 백만장자의 비율보다 월등히 높아야 한다. 그러나 현실은 그 반대로 나타났다.

다시 말하면 영국계 가구 중 백만장자의 비율보다 스코틀랜드 가구 중 백만장자의 비율이 거의 3배나 높게 나타났으니 말이다(5.47 대 2.06). 스코틀랜드계가 백만장자가 될 수 있었던 비밀은 어디에 있을까?

어떤 민족의 백만장자 가구 비율이 높다고 가정할 때 그 집단의 소득에 대해 어떤 추측이 가능할까? 당연히 고소득 가구의 비율이 높을 것이라고 생각할 수 있을 것이다. 소득은 재산과 아주 깊은 상관 관계가 있다. 백만장자들 중 3분의 2 이상은 연간 소득이 10만 달러 이상이다. 하지만 스코틀랜드계 백만장자 중 60% 이상의 연간 소득은 10만 달러가 되지 못한다. 다른 어느 민족의 경우도 그렇게 적은 고소득자 비율에 비해 백만장자의 비율이 높은 경우는 없다.

그렇다면 과연 스코틀랜드계의 부유함을 가장 타당하게 설명할 수 있는 요인은 무엇일까?

거기에는 여러 가지 기본적 요소가 있다. 그러나 첫손에 꼽을 수 있는 것은 그들이 매우 검소하다는 점이다. 검소하다 못 해 구두쇠로 소문이 나 있을 정도이다. 사실 세계의 여러 민족 중 가장 구두쇠로 이름난 것은 유태인과 스코틀랜드 인이다. 서양의 유머집에는 두 민족의 구두쇠를 소재로 한 내용이 많다. 그 내용을 빼면 책이 잘 팔리지 않을 정도이다. 여기에 그 중의 하나를 소개하겠다.

스코틀랜드 인과 유태인이 만취한 죄로 재판관 앞에 끌려나왔다. 두 사람은 혐의 사실을 완강히 부인했다. 그러자 재판관이 경찰관에게 물었다.

"어떻게 이 피고인들이 만취했다고 판단했는가?"

"스코틀랜드 인 맥도널드가 금화를 뿌리고 있었기 때문입니다."

"음, 그럼 자네 말대로 만취한 것이 사실이군. 그렇다면 다른 한 사람은?"

"유태인 이삭이 그 금화를 주워서 맥도널드에게 건네주고 있었습니다."

재판관은 고개를 끄덕이더니 엄숙히 선언했다.

"더 이상 심문할 필요도 없다. 두 사람에게 일주일간의 구류를 명한다."

어떤 가계이든 수입이 있으면 반드시 그에 걸맞은 소비가 이루어지게 마련이다. 그러나 스코틀랜드계의 경우, 일반적으로 이루어지는 소비 수준과 많은 차이가 있다. 그들은 각자의 소득 수준보다 훨씬 낮은 생활 수준을 유지하고 있다. 그들은 근검 절약하는 생활을 하고 있다. 연간 소득이 10만 달러인 스코틀랜드계 가정은 소득이 8만 5천 달러 정도인 보통 가정의 생활 수준에 맞춰 생활한다.

그들은 검소하게 생활함으로써 같은 소득을 올리는 다른 사람들보다 훨씬 많은 저축과 투자를 할 수가 있다. 그리하여 연간 소득이 10만 달러인 스코틀랜드계 가정은 연간 소득이 15만 달러인 보통 가정만큼 저축하고 투자도 한다.

또한 그들은 다른 민족의 백만장자보다 의복·구두·시계·자동차 등의 생활용품을 구입하는 데 적은 돈을 들인다. 그들은 이렇게 재산을 모으기 때문에 자손에게 물려줄 유산이 많다. 그리고 그들은 어렸을 때부터 경제적으로나 정서적으로 매우 자립심이 강하기 때문에 부모의 재산을 헛되이 쓰지 않는 경향이 특히 강하다고 한다. 게다가 수세대에 걸쳐 검소하고 엄격하며, 경제적이고 자립심이 강한 교육을 시킴으로써 부를 계속 유지할 수 있었던 것이다.

44
석유를 발견하다

미국을 농업국에서 거대한 공업국으로 탈바꿈시키는 데 결정적인 공헌을 한 것은 수확기를 비롯한 농기계들이었으나, 도움을 준 것이 또 하나 있다. 그것은 발명이 아니라 발견이었다.

1세기 전부터 펜실베이니아의 농민들은 부근의 작은 강이 자주 검고 끈끈한 무언가로 덮이는 것을 알고 있었다. 그것은 토양의 질이 아주 우수한 곳에서 발생하는 현상이었다. 농민들은 처음에 이것을 무척 거추장스러운 존재로 생각하고 있었다. 하지만 마침내 인디언의 전통적인 비결을 알아내고는 이것을 병에 채워 넣어 약으로 판매하게 되었다.

1849년에는 한 소금 우물의 소유자가 이것을 포켓 사이즈의 작은 병에 넣어 '순수 석유, 단 사무엘 키어의 상표가 없는 것은 모조품이니 주의하기 바람'이라고 인쇄한 라벨을 붙여 팔았다.

키어의 석유는 류머티즘·천식·결핵·관절염·위장병의 특효약으로 대대적으로 선전되었다. 지금도 시골 장터에 가면 흔히 볼 수 있는 만병 통치약을 생각하면 쉽게 이해가 될 것이다. 한동안 만병 통치약으로만 쓰였던 이 액체가 냄새는 나지만 조명에도 쓸 수 있다는 점을 깨달은 인물이 나타나기까지는 별로 시간이 걸리지 않았다. 그것에 뒤이어 증류법이 발달되어 연소하더라도 냄새가 거의 나지 않는 순도 높은 액체가 개발되었다.

이것이 등화용 석유 케로신이다. 그리고 1859년에는 풍부한 유정(油井)이 발견되었다.

오일 크리크 연변의 광대한 토지를 소유하고 있던 한 지주는 키어가 병에 담아 짭짤한 수입을 챙겼던 방법의 원천이 어딘가 지하에 있음이 틀림없다고 판단했다. 그는 인근 주민들로부터 '대령'으로 불리고 있던 에드윈 드레이크였다.

드레이크는 채굴 책임자로 중년의 철도 차장을 고용했는데, 이 사람도 그와 마찬가지로 호기심과 모험심이 강한 성격의 소유자였다. 그는 얼마 안 가 석유가 스며나오는 유정을 파냈다. 그러나 지하수가 분출하여 인부가 익사할 정도였으므로 채굴은 잠시 중단되었다. 하지만 석유는 물보다 밑에 있다는 결론이 내려졌다.

그래서 그는 우물을 파는 데 능숙한 대장장이를 데리고 왔다. 대장장이는 능숙한 솜씨로 증기 천공기를 사용하여 수갱(竪坑)을 70피트 정도 아래로 파내려 갔다.

1859년 8월 어느 무더운 날 오후, 드디어 검은 액체의 물질이 홍수처럼 분출했다. 대장장이는 노새를 모아 드레이크가 있는 타이터스빌로 가서 큰 소리로 외쳤다.

"석유, 석유가 나왔다!"

틀림없이 그는 사상 최초의 유정을 파낸 것이다. 이 소문은 삽시간에 사방으로 퍼져 나갔다.

그러자 사람들이 너도나도 노새와 삽, 그리고 드릴과 이동식 채굴 기구를 가지고 타이터스빌로 꾸역꾸역 모여들었다. 그리고 이곳저곳에 석유의 마을이 잡초처럼 생겨나기 시작했다. 그로부터 30년간 오일 크리크 연변에는 움막집과 비슷한 석유 마을이 무질서하게 군생하여 1년 만에 3,100만 배럴의 석유를 산출해 냈다.

당시의 채굴 방식은 그야말로 무질서의 본보기였다. 전통으로 확립된 '아메리카적 개인주의'가 위력을 발휘해 각자는 자기 것만을 생각하고 있었다. 그들은 새로운 유정을 발견하면 대지를 파괴하고, 석유가 나오지 않으면 또다시 다른 땅으로 미련없이 떠나갔다.

이리하여 초기에 있었던 석유 마을은 자연을 파괴하는 데 지대한 공헌을 해 그 해독을 없애는 데만도 오랜 세월과 엄청난 돈을 대가로 지불해야만 했다.

45
30대의 세계 최초 억만장자

석유 사업이 가장 필요로 하는 것은 조직이었다.

그 조직자가 된 것은 오하이오 주 클리블랜드 출신의, 나이보다 한층 위엄 있고 꼼꼼한 21세의 청년으로, 허술한 점이 없는 경리 사원이었다. 그는 약간의 돈을 모아 18세 때에는 모리스 크라크와 제휴하여 농산물 중개 회사의 경영자가 되었다.

드레이크 대령이 석유를 파낸 지 1년 후, 클리블랜드의 한 출자자 그룹은 현장 조사를 위하여 이 조숙한 청년 존 데이비슨 록펠러를 오일 크리크로 파견했다. 유정의 정기적인 장래성에 대하여 보고하도록 했으나 록펠러의 결론은 노였다. 그러나 그 자신이 이 결론을 믿지 않았던 것은 명백하다. 3년 후에 4천 달러를 투자하여 정유소를 차렸으니까.

다윈의 진화론이 폭넓은 지지를 받고 있던 세기였기 때문에 석유 사업도 과학자들의 믿음을 그대로 수용했다. 즉, 경쟁에서 살아남

을 수 있는 유일한 방법은 급변하는 환경에 재빨리 적응해야 한다
는 것이다. 예상하지 못했던 생산량의 증가로 머지않아 원유 가격
의 변동폭은 매우 커졌다.

1861년 1월부터 6월 사이에 원유가는 배럴당 10달러에서 30센트
로 곤두박질쳤다.

1864년에는 원유가는 4달러에서 13달러 사이를 왔다갔다 했다.
운송 문제 때문에 원가의 가격폭은 더욱 상승했다.

원료의 가격을 예측하기가 어려워지자 록펠러는 자신이 조달할
수 있는 생산 비용에 사업의 초점을 맞추었다. 1864년에 록펠러는
재투자된 자본의 일부도 정유소 내에 기름 통공장을 세워 기름통
구입 비용을 2.5달러에서 96센트로 절감했다.

또 수익을 올리는 가장 좋은 방법은 생산량을 늘리는 것이라 판
단한 그는 두 번째 정유소를 설립하고 스탠더드 워크스라고 이름
지었다. 정유소를 설립한 후 록펠러는 곡물 회사를 처분하고 석유
사업에 모든 노력을 기울였다.

1869년, 스탠더드 워크사의 1일 생산량은 1,500배럴를 증가함에
따라 운송 수단을 충분히 확보하는 일이 중요 문제로 떠올랐다. 록
펠러는 공급업자와 판매업자의 횡포로부터 자신의 회사를 보호하
기 위해 철도 근처에 정유 저장소를 세우고 운송 수단을 확보하는
한편, 뉴욕에도 창고를 마련했다.

록펠러는 1870년 뉴욕 센츄럴사의 자회사인 데이크 쇼어 철도 회
사와 특별 계약을 체결했다. 계약 내용은 철도 회사가 운송료를
35% 할인해 주는 조건으로 스탠더드사는 클리블랜드와 뉴욕간 철

도 노선을 통해 1일 60배럴의 운송량을 보장해 주겠다는 것이었다.

이 같은 계약은 당시 철도 회사와 대기업 간에 이루어졌던 일반적인 관례였다. 철도회사와의 계약은 록펠러가 오래 전부터 생각해 왔던 것을 증명해 주었다.

바로 규모가 크면 클수록 사업에 유리한 것이라는 신념이었다. 그는 원유업체와 철도 회사에 더 많은 영향력을 행사하기 위해 동료들과 함께 클리블랜드 정유업체를 하나의 기업으로 통합하는 일을 추진했다.

그 때 그는 먼저 동업 관계에 있던 엑센시어 워크스와 스탠더드 워크스를 통합하여 주식 회사 형태인 스탠더드 석유 회사를 설립했다. 자본금 100만 달러로 출발한 스탠더드 석유 회사는 후에 수십억 달러의 자본금을 가진 기업으로 성장하게 된다.

나중에 록펠러는 이렇게 설득했다.

"우리들 중 어느 누구도 회사가 그토록 크게 성장할 것이라고는 생각하지 못했다."

스탠더드사를 설립한 후 록펠러는 작은 규모의 경쟁 업체들에게 접근했다.

"합병으로 성장하겠느냐, 아니면 점차 더 치열해지는 경쟁 속에서 허우적댈 것이냐?"

이렇게 설득하면서 그는 협박 아닌 협박까지도 서슴지 않았다.

"합병에 동의한 경우 파산에서 당신을 구하고, 당신이 소유한 공장과 설비의 비율에 따라 이익금을 배당할 것이다. 그러나 당신이 그것을 원하지 않으면 우리는 당신의 회사를 강제적으로 인수할 수밖에 없다."

이러한 제안을 할 때도 록펠러는 엄정한 태도를 취하는 것으로 유명했다. 그는 떠들썩하고 감정적인 표현보다는 단어 하나하나를 신중하게 선택하여 압도하는 듯한 푸른 눈동자로 상대편을 분석했다. 록펠러와의 예비 교섭에 따르지 않았던 사람들은 그로부터 간단 명료하고 냉정한 경고를 들어야만 했다.

"당신은 더 이상 돈을 벌 수 없을 것이다. 당신의 회사는 스탠더드의 경쟁 상대가 되지 못하기 때문이다. 그래도 당신이 회사를 팔지 않겠다면 당신은 결국 파산하고 말 것이다."

대다수의 정유업체들은 수익 마진의 하락과 철도 회사와의 협상에서 어려움을 느끼고 있었기 때문에 록펠러의 제안을 거절하고 싶어도 할 수가 없었다. 록펠러의 요구를 가장 먼저 수용한 기업은 스탠더드의 최대 경쟁자였던 클라크 페인사였다.

두 회사가 합병하자 작은 정유업체들도 연이어 록펠러의 제안을 받아들였다. 그 결과 록펠러는 2년 동안 무려 18개의 정유 회사를 포함해 23개 업체를 인수했다.

스탠더드사는 명실공히 미국 최대의 정유업체로 부상했다. 록펠러는 먹이가 될 만한 업체를 끊임없이 찾아나섰다.

또한 스탠더드사는 새로운 원유 운송 수단인 파이프라인 사업에 뛰어들었다. 미국에서 원유 수송 파이프라인을 소유함으로써 철도를 사용하지 않고도 석유를 운송할 수 있게 된 것이다.

1873년, 록펠러가 대부분의 파이프라인 업체들을 수중에 넣자 최대의 라이벌인 밴더빌트도 그만 인정하지 않을 수 없었다.

"록펠러는 미국에서 가장 큰 부자가 될 것이다."

하지만 그 때 이미 록펠러는 미국은 물론 세계 최초의 억만장자가 되어 있었다. 물론 그전에 억만장자가 존재하기는 했지만 모두가 솔로몬 왕이나 러시아 황제처럼 전해져 오는 막대한 유산이나 정복한 나라의 재물을 합쳐서 된 것이다.

그러니 록펠러야말로 사업으로 자수 성가하여 처음으로 억만장자가 된 것이니, 세상 사람들은 놀랄 수밖에 없었다. 이 때 그의 나이 불과 34세였다.

46
트러스트(TRUST)의 결성

1870년까지만 해도 기업 경영의 개념은 존재하지 않았다. 록펠러와 함께 일하는 기업가들은 한결같이 자신만의 조직을 관리하는 데 골몰하는 고집 센 인물들이었기 때문에 같이 일하기가 매우 힘들었다.

그러나 록펠러는 금전적인 동기 부여를 함으로써 이들의 협력을 이끌어냈다. 그는 가능한 자신이 인수할 기업들은 스탠더드의 테두리 안에서 경영하려 하였으며, 상장되지 않은 공존 업체의 주식은 사들여 곧바로 더 큰 성공을 보장하는 사업체로 키워냈다.

스탠더드의 기업사를 저술한 머릴 하이디는 록펠러를 이렇게 평가했다.

"스탠더드 석유 회사를 설립한 것을 제외하고 록펠러의 가장 위대한 업적은 고집쟁이 기업가들을 설득하여 효율적인 협력체를 수립했다는 점에 있다."

록펠러는 클리블랜드의 사무실에서 업무를 처리하면서 이전에 기업을 이끌었던 사람들에게 독립적인 일을 맡겼다. 회사를 매각하는 스탠더드의 이사가 된 재큐 밴더가프트는 파이프라인 사업을 담당했으며, 자베스 보스트 위크는 원유 구입 부문의 최고 책임자로 일했다.

플래글러는 철도 회사의 협상을 담당했고, 스탠더드의 변호사로 오랫동안 일했던 사무엘 도드는 최고 자문역을 맡았다. 이 같은 경영 분업으로 스탠더드는 오늘날과 같은 현대적인 기업의 모습을 갖추기 시작했다.

록펠러는 최고의 권한을 행사하면서 동시에 전문 경영 분업의 토대를 마련했다. 그의 부하 직원은 다음과 같이 회고하고 있다.

"이러한 권한 부여 철학에 대해 록펠러는 책임자가 아닌 다른 사람이 그 일을 할 수 있다면 결국 아무도 그 일을 하지 않게 될 것이라고 강조했다."

이제 스탠더드사의 규모는 록펠러와 그의 동료들이 회사의 모든 업무를 처리하기 어려울 정도로 비대해졌다. 해서 록펠러는 전반적인 운영 체제를 감독하기 위해 부문별 위원회를 설립하고, 뉴욕의 사무실에서 위원회 회의를 열었다.

업무 실적을 평가한 자료가 필요했기 때문에 뉴욕에 있는 이사회는 각 부문의 관리자들로 하여금 분기별로 보고서를 작성하여 이사회에 제출하도록 명령했다. 록펠러는 이사회가 열리는 곳에 가까이 있기 위하여 가족과 함께 뉴욕으로 이사했다.

록펠러의 가족은 웨스트 체스터에 큰 부동산을 소유하고 있었는데, 이들이 자리잡은 곳은 5번가에서 조금 떨어진 4층짜리 석조 건물이었다. 이른바 코캔티고 언덕이라 불리는 이 곳에는 12홀의 골프장까지 마련되어 있었다.

1977년, 역사가인 알버트가는 이렇게 지적한 바 있다.

"미국에서는 스탠더드사의 승인 없이 어느 누구도 석유를 판매할 수 없었다."

스탠더드의 막강한 권력은 많은 경쟁자와 정치가, 그리고 사법 당국의 달갑지 않은 주목을 받았다. 일례로 1879년 뉴욕 주의회 의원인 알론조 헵번은 스탠더드사와 철도 회사의 관계를 공개적으로 조사하기 시작했다.

그러나 록펠러는 의원들에게 그간의 관행대로 뇌물을 주고 있었기 때문에 별로 심각하게 여기지 않았다.

1880년에 들어 산업 기계와 연소 엔진의 사용으로 인해 석유 제품의 수요가 폭등했다. 이러한 현상은 세계 각국에 있는 석유 업체들 간의 치열한 경쟁을 촉발시켰다.

스탠더드사는 미국 시장을 지배하고 있음에도 불구하고, 해외 업체들과의 경쟁을 피할 수 없었다. 특히 1883년에 바쿠 유전 지대에서 북해를 잇는 철도가 완성되자 미국의 석유 회사들은 가격 인하의 압력을 받게 되었다.

록펠러는 이 문제를 해결할 방법을 찾았다. 그것은 미국 기업들이 가격을 조정하고 수익을 높이면서 경쟁을 개선할 수 있도록 트러스트, 즉 기업 연합을 결성하는 전략이었다.

1881년 록펠러는 스탠더드사가 지배하고 있는 수십 개 회사들의 주식을 거래함으로써 새로운 트러스트 기업을 조직했다. 록펠러가 이 회사 지분의 28%를 차지하는 대신, 트러스트 소속의 회사 운영은 록펠러 형제와 9명의 위탁 경영인들에게 맡겨졌다.

이러한 결정은 미국 비즈니스 역사상 전례가 없는 일이었다. 1882년 1월 2일에 발족한 트러스트는 미국 정유 사업의 80%, 파이프라인 사업의 90%를 점유했을 뿐만 아니라 트럭 운송과 석유 관련 제품, 기름통 생산 등의 부문도 장악하게 되었다.

이제 트러스트는 새로운 경영 방식을 도입해야 했다. 우선 위탁 경영인들은 계열사 임원들에게 어느 정도 자율권을 부여하면서 5천 달러 이상의 지출 허가권도 주었다.

트러스트는 서로 독립된 기업들의 연합체였기 때문에 회사 전체의 활동은 모두 부문의 믿을 만한 운영 기반 위에서만 관측될 수 있었다. 때문에 각 부문에 독자적인 운영권을 가지고 있으면서 실제로는 뉴욕에 있는 중앙 기구의 통제를 받았다.

예컨대 스탠더드의 각 계열사들은 그들의 수익금을 중앙 기구에 보고해야 하는데, 이 때 위탁 경영인 중 한 명이었던 조지 빌라스가 계열사를 방문해 재무 보고를 올리는 일을 맡았다.

이 같은 경영 분업의 토대 위에서 트러스트는 고위 경영자들로 구성된 여러 위원회들과 뉴욕에 있는 1명의 상임위원을 통해서 업무를 처리했다. 여기서 각 위원회는 운송을 비롯하여 수출·제조·윤활유·국내 판매·기름통 등 서로 다른 부문의 업무를 담당했다.

이들은 판촉 활동과 아울러 최종 소비자들에게 양질의 정유를 지속적으로 공급한 주유소 네트워크를 구축하는 일을 촉진했다. 그 결과 스탠더드의 등유와 가솔린 주유소의 수는 1882년 130개에서 1906년에는 무려 3,500개로 늘어났다.

1890년까지 스탠더드사는 땅에서 채굴된 미국 원유의 25%를 소유했으며, 1895년에는 원유 생산 부문이 회사 총수익의 14%를 차지하게 되었다.

스탠더드사는 또한 20세기에 걸맞은 생산 체제를 갖추었다. 이 체제는 완제품이 최종 소비자들에게 전달될 때까지 각 생산 부문으로 원료와 반제품이 자연스럽게 움직이도록 설계되어 있었다.

록펠러는 펜실베이니아에서 원유를 퍼올릴 때부터 캘리포니아에 있는 스탠더드의 정유소에서 어떤 사람이 등유를 구입하기까지의 모든 과정은 통제할 수 있었다. 그는 그야말로 석유 제국을 건설했던 것이다.

1890년, 아직 50대였던 록펠러는 스탠더드사의 업무 일선에서 갑자기 물러났다. 일을 계속할 경우 건강이 크게 악화될 것이라는 의사의 경고 때문이었다. 록펠러는 자신의 신념이기도 했던 소유와 경영의 명확한 분리를 위해 경영에 소질이 있는 젊은 사람들을 대거 발탁하여 회사를 맡겼다.

그 후 록펠러는 나머지 인생의 대부분을 자선 사업에 바쳤다.

47
경영 귀재들의 황혼기

록펠러는 조심성 많은 북유럽의 중세 귀족들처럼 일생 동안 대다수의 주식 중개인보다도 수수한 생활을 했다.

뉴욕에 있는 그의 저택 침실의 베갯머리에는 항상 낡은 성서 한 권이 놓여 있었다. 하지만 베갯머리에는 금고도 놓여 있었으므로 성서는 그 위에 놓여 있었다고 보아야 할 것이다.

록펠러는 사업에서 은퇴한 뒤 60세가 되자 참회를 시작했다. 자신의 행동력의 원천이 하나님의 의지에 의한 것이라는 그럴 듯한 이유를 붙이는 점에서는 그는 정말 빅토리아적 인간이었다.

많은 벼락부자들이 그러했듯이 관절염의 고통이 덮쳐올 무렵이 되자 자신이 돈을 번 것은 모두 공공 이익에 도움을 주기 위해서였다는 것을 비로소 깨닫게 되었다고나 할까.

하여튼 록펠러는 성심 성의껏 갖고 있던 돈을 나누어 주었다. 자신의 이름을 본따서 설립한 록펠러재단을 통하여 세계적 규모의 의학 연구를 위하여 5억 3천만 달러라는 천문학적인 거금을 선뜻 내놓았다.

생각해 보면 록펠러는 그 용도에 상관하지 않고 자신의 재산을 제공한 유일한 자선가였다고 볼 수 있겠다. 그는 어떠한 장소에서도 거리낌없는 태도로 사진에 모습을 담았다.

이를테면 시골 마을의 축제에 참가하거나, 골프장의 잔디밭을 어슬렁거린다거나, 자선 사업의 일환으로써 몇 쌍의 중병 환자들을 결혼시켜 주기도 했다.

이렇게 하여 억만장자 록펠러도 평범한 사람들과 조금도 다를 바 없다는 것을, 실제로는 재벌계의 제왕이었지만, 아주 보통의 차림과 습관을 가진 인물이라는 점을 증명하려고 했던 것이다.

사람들은 록펠러가 90세에 접어들자 그가 혹시 불사신이 아닐까 하고 생각하기 시작했다. 그래서 그가 오트밀 죽과 그라함 크래커만으로 식사를 제한받고 있다는 뉴스가 전해졌을 때, 가난하기는 하지만 건강한 사람들에게 있어서는 어느 정도 위안이 되었을 것이다.

이 때 록펠러의 트러스트는 이미 해체되고 없었다. 테어도어 루스벨트 대통령에 의해 스탠더드사는 '합당치 않은 트러스트'라는 대법원의 판결에 따라 38개 계열사가 해체되었다.

이에 따라 해당 회사는 트러스트 주식을 팔고 원래 보유하고 있었던 주식을 되돌려 받았다. 하지만 아이러니컬하게도 이 같은 주식 환수조차도 트러스트 주식 98만 3,383주 중 24만 4,500주를 가지고 있었던 록펠러를 더욱 부자로 만들었다. 계열사의 주식을 골

고루 가지고 있는 주주였던 록펠러는 갑자기 다양한 석유 관련 사업의 주식 소유자가 된 것이다.

모회사에서 떨어져 나온 계열사들의 사업도 계속 번창했다. 이전에 트러스트에 속했던 기업의 주식이 시장에 공개되었고, 투자자들은 이들 기업의 주식을 사기 위해 몰려들었다.

이 때 록펠러의 재산은 더욱 불어났다. 전기 작가인 앨런 네빈스는 1937년 록펠러의 재산을 9억 달러로 추정했다.

1937년, 록펠러는 100살에서 2년이 모자라는 나이에 눈을 감았다. 그가 죽자 사람들은 마치 황제 폐하가 서거하신 듯한 느낌이었다.

록펠러의 죽음과 함께 벼락부자 귀족들의 시대에도 황혼기가 닥쳐왔다. 그것은 피할 수 없는 역사의 순환이었다.

48
창업 정신의 퇴색은 필연인가

존 록펠러가 설립한 스탠더드 오일사는 전체 미국 석유 시장의 96%까지 지배했다. 그 회사는 후일 독점 금지법에 걸려 여러 회사로 분할되었지만, 록펠러가 석유 산업에 끼친 공로는 지대하다.

록펠러는 석유 사업으로 돈을 모은 뒤 수많은 사회 단체를 설립했다. 록펠러 재단·리버사이드 교회·링컨 센터·현대 미술관·인터내셔널 하우스·메모리얼 병원·크론이스터 미술 박물관·윌리엄스버그시티 복구 등이 바로 록펠러에 의해 추진되었다.

한마디로 말해 멋지게 벌어 멋지게 산 것이다.

그러나 일반적으로 한 재벌의 창업 정신을 2세대에 와서 다소 변색된 뒤, 3세대에 이르면 아예 망각되기 십상이다. 하지만 록펠러 2세는 부친의 뒤를 잇자 창업 정신의 뜻을 철저히 따랐다.

록펠러 2세는 창업주의 유업을 받들어 록펠러 가문과 스탠더드사를 세계 굴지로 키운 장본인이다. 그러나 사업가로서는 남다른 능력을 보인 록펠러 2세였지만 마음 한가운데에는 항상 뻥 뚫린 기분을 갖고 살았다.

그는 자신이 재벌 2세라는 데 대해 나름대로 불만을 품고 있었다. 그의 일거수 일투족이 다른 사람에 의해 항상 감시되는 것도 불만이었지만, 가장 큰 본질적인 불만은 무에서 유를 창조해 낸 부친의 그 자랑스러운 인생을 자신은 시도해 볼 수 없다는 데 있었다. 태어날 때부터 억만장자로 출발했기 때문에 모험과 역경을 뚫고 성공하는 창업 드라마를 겪어보지 못했기 때문이다. 그의 회고록에 스스로의 노력으로 먹고 사는 여비서들이 무척 부러웠다는 구절이 나오는데, 다 이 같은 이유에서이다.

그런데 3세에 와서 창업 정신은 아주 흐려졌다. 자손들은 록펠러 가문의 명예와 힘을 넓혀야 한다는 확고한 사명을 갖고는 있었다. 하지만 그것은 어디까지나 생각일 뿐 가문의 유업을 받들려는 자손은 많지 않았다.

넬슨 록펠러는 아예 정계로 빠져 부통령이 되었다. 로렌스 록펠러는 자신이 록펠러 가문 출신이라는 데 오히려 부담감을 갖고 있다고 공공연히 떠들어댔다. 창업주가 들으면 섭섭하기 그지없겠지만 그것은 어쩔 수 없는 재벌가의 독특한 패턴이기도 했다. 로렌스는 자신의 부동산 대부분을 팔아치우고 동양 철학에 푹빠져 있기도 했다.

록펠러 4세들은 더욱 심각한 지경에 빠져 있다. 물론 가문의 명예 보전에 혼신의 힘을 기울이는 후손도 없지는 않으나, 대부분의 4세들은 창업주의 유업에 냉담하기만 하다. 심지어 자신의 이름을 개명하는 사람도 있다 하니 속사정을 알 만하다.

현재 록펠러 그룹사는 가문이 아닌 사람이 경영을 맡고 있다. 이 것만 보아도 록펠러가의 창업 정신이 그 얼마나 퇴색했는가를 단 적으로 알 수 있다.

1986년 6월, 유서 깊은 포캔티고 저택에서 열린 종친회에서 록펠 러가의 사람들은 '가족 단합을 위한 생산적 활동 방안'이란 제목을 주제로 내걸었다. 가족들간의 다툼이 그 얼마나 극심했으면 이 같 은 주장을 내걸었을까 가히 짐작할 수 있으리라.

49
무한의 가능성을 예견하라

혼히 '강철왕'이라고 불리는 카네기에게는 세 가지의 특기할 만한 사항이 있다. 첫번째는 강철, 두 번째는 돈벌이, 세 번째는 그 돈의 사용 방법이다.

카네기는 1835년 스코틀랜드의 던펌린의 가난한 수직공의 움막집에서 태어났다. 그 때는 심각한 불황 시대로 프랑스에 2월 혁명이 일어난 1848년으로 카네기 일가는 미국으로 이주해 와 피츠버그에 정착했다.

그 당시 피츠버그는 지저분하기 짝이 없는 작은 마을에 지나지 않았다. 일거리가 없어 카네기의 부친은 수직공의 생활로 되돌아가고, 모친 또한 구두 수선공으로 나섰다.

카네기 일가에게 있어서 신대륙은 결코 낙원이 아니었다. 하지만 12살인 카네기는 다람쥐처럼 생동감이 넘쳐 있었다. 그는 방직 회사에서 실을 감는 견습공에서 전보 배달원이 되고, 철도의 사무원

에서 현장 감독, 나아가서는 중역이 되어 성공의 사다리를 한 계단
씩 성큼성큼 올라갔다. 그리고 마침내 그의 정열의 모든 것이었는
지는 몰라도 철을 상대로 사업을 시작하여 마지막에는 강철과 맞
붙어 싸운 것이다.

20세기에 접어들었을 때, 카네기는 한 소논문을 썼는데, 그 끝은
다음과 같은 글귀로 매듭지었다.

'철의 시대는 이제 끝났다. 강철 왕자 만세!'

카네기는 자기 자신의 대관식을 선언한 것이다. 왜냐 하면 그는
그 누구보다도 일찍이 교량 건설이나 기선용, 또한 엘리베이터나
나이프, 포크의 재료로서 강철이 가진 무한의 가능성을 예견하고
있었기 때문이다.

강철을 만드는 일, 그것도 값싸게 만들 수 있다면 새로운 세기의
산업 제국을 자기 것으로 만드는 것이 가능했다. 그는 30세가 되기
전에 오일 크리크의 광대한 구역을 매입하고 있었으나, 얼마 후 석
유에서 제철소나 제강소를 설립, 매입하는 일에 전념했다.

그리고 거기서 나오는 생산품을 5대호의 항만까지 수송하는 몇
개의 철도와 유럽으로 운반하는 상선 항로를 매점해 버렸다. 그는
강철을 독점 기업으로 성장시키고 있었기에 1892년의 불황기를 극
복할 수가 있었다.

그리고 그로부터 불과 7년 후에 카네기는 U. S. 스틸이 2억 5천
달러로 그가 소유한 주식을 매입하는 것에 미련 없이 사인을 했던
것이다. 사실 그 회사는 그것을 목적으로 설립한 것이니까 미련 같
은 것이 남을 리가 없었다.

이리하여 그는 왕좌에서 내려와 은퇴 생활로 들어갔다. 고향인 스코틀랜드 동부의 고지에 있는 한 고성을 사서 은거했는데, 그의 나이 64세 때였다.

그로부터 그는 거기서 18년의 남은 여생을 보내게 된다. 그리고 이 때부터 그의 이름이 전세계에 알려지게 되는 활발한 자선 사업을 시작한 것이다.

원래 카네기는 자기의 성에 들어앉아 아름다운 언덕과 조용한 호수를 바라보면서, 자기는 얻은 것보다 훨씬 많은 것을 미국에 바쳐 온 한 사람의 스코틀랜드 인 지주에 불과하다고 생각하고 싶어했다. 당시 미국에 있는 그의 제강소 노동자들은 노동 조합을 조직할 것을 결의하여, 강철왕 프리크에게 고용된 파업은 방해하는 많은 사람들과 필사적으로 싸우고 있었다. 해서 그러한 시기의 안식처로서 스코틀랜드의 고성은 과히 나쁘지 않았다. 하지만 인디애나 주 출신의 상원의원이,

"카네기는 자기의 성으로 살금살금 달아났다."

라고 슬쩍 비꼰 말에 큰 상처를 입었다. 그리고 영국 신문이 그의 호스테드 제강소에서 일어난 상해 사건에 관하여 그에게 문제삼았을 때, 카네기는 누가 보아도 연민으로 받아들여질 태도로 괴로워했다.

카네기는 공장의 노동자들로부터 '친절한 주인님'이라는 말로 시작하여 모든 일은 그의 의향에 따르겠다고 하는 취지의 전보를 받았다고 주장했다. 하지만 그 전보는 그의 서류함 속에는 없었다.

미국과 유럽 양대륙의 신문은 성인의 탈을 쓴 사기꾼으로 카네기

를 비난하기 시작했다. 세인트 루이스의 포스트디스패치는 다음과
같은 기사를 실었다.

'인간의 행복과 불행은 그 사람이 죽기 전까지는 절대 모르는 것
이다. 3개월 전까지 앤드류 카네기는 모든 사람들에게 선망의 대상
이었다. 그런데 오늘날 그는 연민과 경멸의 대상으로 전락했다. 그
는 겁쟁이었으므로 스스로 싸움에 대처하는 가시밭길을 피하여 스
코틀랜드의 안전 지대로 피신하여 자신의 종착점을 기다리고 있다.
새 사장인 프릭크는 용감한 인물이다. 그에 비해 카네기는 비겁한
인간이다. 그리고 하나님도 비겁자를 용서하지 않는다.'

글라스그의 노동 평의회는 성명을 발표하고 카네기를 '제2의 유
다'라고 독특하게 비난했다. 이제 카네기는 지금까지와 같은 인간
으로서는 살아갈 수 없게 되었다. 그것이 그의 자선 행위로 나타나
게 되었음은 의심할 여지가 없겠다.

50
축적한 부를 분배하라

카네기라는 인물은 세상의 많은 고지식한 사람들에게는 이해하기 어려운 특징을 가지고 있다. 그에게는 사냥감을 쫓아 그것을 쏘아 죽이는 과정 자체가 사냥감을 손에 넣는 것과 똑같은 즐거움이었다. 그리고 일단 수중에 넣은 물건을 남들에게 나누어 준다고 하는 미국 거부들의 독특한 일면을 전형적으로 나타내고 있다. 그뿐만 아니라 카네기는 자신이 축적한 부를 분배해야 한다는 필요성, 아니 의무감이라고 해야 할 것에 대하여 자신만의 특이한 철학을 갖고 있었다.

엄청난 부를 흩뿌리게 되기까지 카네기는 믿기지 않는 일이겠지만 자신의 재산을 세어 보려고도 하지 않았다.

카네기는《부의 복음》이라고 하는 일종의 교훈서를 집필하여 공전의 베스트 셀러로 만들었다. 이 책은 논리적 체계의 측면에서 보면 물론《국부론》이나《자본론》과 비교될 수는 없으나, 웨스트민

스터 사원 대사교 등을 비롯한 지도자급의 인사들은 물론 일반 대
중들에게 깊은 감명을 주었다.

'우리 시대의 문제는 오직 부를 올바르게 관리하는 것이다.'

그는 이 책에서 단언하고 있다. '넘쳐흐르는 부의 현명한 보고자'
에서 분배를 받는 적절한 수익자를 중요성에 따라 리스트에 적어
나갔다. 즉 대학·공공 도서관·병원·공화당·수영장, 그리고 마
지막의 수익자를 교회로 보았다. 일찍이 카네기의 부친은 자식이
태어난 직후에 '유아에 대한 천벌'이라는 불길한 설교를 들은 적이
있었다.

부친은 분노한 나머지 예배당의 자리에서 벌떡 일어나 목사를 규
탄하고 이후 영원히 칼뱅파의 교회와 관계를 끊었다. 부친은 자식
이 이 사실을 잊어버리지 않기를 몇 번이고 다짐받곤 했다.

그렇지만 카네기의 '복음'은 말년에 이르러 그가 세상에서 찬양
받고 존경받게 되는 토대가 된다. 그의 유명한 짧은 문구와 함께
그는 오늘날에도 우리에게 살아 있다.

'돈을 남기고 죽는 자는 치욕의 구렁텅이에서 죽는다.'

'모아 놓은 돈은 고약한 냄새를 풍기는 썩은 물고기와 같은 것이
다.'

카네기는 자신의 어마어마한 재산에서 스스로 해방되고자 했던
것이다.

교회를 싫어하는 부친의 자식으로서 아이러니컬하게도 그의 기부
행위는 교회의 오르간에서 시작되었다.

어느 날, 스코틀랜드의 장로파 교회가 카네기에게 편지를 썼다.

파이프 오르간의 기부를 청하는 내용이었다. 그의 입장에서 보면 아무것도 아닌 일이었으므로 카네기는 별 다른 생각 없이 파이프 오르간을 선뜻 기부했다. 그러나 이 선물은 스코틀랜드의 신문마다 대대적으로 보도되었고, 이어 미국이나 유럽 각국의 신문 지면을 장식하게 되었다. 이후 그는 전세계에 7천 개 이상의 파이프 오르간을 기증했다.

이어서 소년 시절에 펜실베이니아의 공공 도서관에서 잡역부로서는 최초로 도서 열람 카드를 손에 넣었다는 이유로 미국·영국·유럽·아프리카, 그리고 피지 섬에까지 공공 도서관을 감사의 마음을 담아 기증했다.

카네기의 재산으로 확실히 밝혀져 있는 4억 달러 중 3억 5천만 달러가 공공의 수익자에게 돌려지고, 2천만 달러는 평화 기금으로 기증되었으며, 나머지 3천만 달러는 그의 하인과 소작인, 그리고 수많은 친구들에 대한 원조금으로 쓰여졌다.

그 중에는 후에 영국 수상이 되어 제1차 세계대전을 승리로 이끈 로이드 조지에게 제공하고 있던 연간 1만 달러의 돈도 포함되어 있었다. 또한 미국 대통령으로 일한 사람들의 미망인에게 연금을 지급하여 노후의 생활을 부족함이 없이 보내도록 했다.

미국 의회는 이를 수치로 여겼기에 새로 법률을 제정해 카네기를 본받았으나 한참 후의 일이었다.

'돈을 남기고 죽는 자는 그야말로 치욕의 구렁텅이에 빠져 죽는다.'

카네기는 이런 신념을 실행함으로써 치욕의 구렁텅이에 빠지지 않고 눈을 감을 수 있었다. 그는 미망인과 딸을 위하여 어느 정도 안락한 생활을 할 수 있는 신탁 기금을 남겨 놓았으나, 그것은 1대에 한하는 것이었다.

돈의 사용법 중에서 가장 나쁜 것은 '자기의 가족을 위해 돈을 남기는 것'이라는 그의 독특한 철학을 실천한 것이다. 이에 카네기는 다음과 같이 자신의 철학을 피력하고 있다.

'자기의 아들에게 유산을 남기는 것은 불행의 불씨를 남기는 것과 같다.'

그러나 카네기는 아들이 없었으므로 이런 걱정 없이 평안하게 눈을 감을 수 있었던 것이다.

51
멍멍나라의 만찬회

역사적으로 볼 때 벼락부자들은 두 부류로 확연히 나누어진다. 즉, 록펠러나 카네기처럼 부자가 될수록 더욱 수수하게 보이려고 노력하는 부류가 있고, 이와 반대로 재력을 과시하고 싶어 안달하는 족속이 있다.

재력 과시형들은 하나같이 베르사유 궁전을 흉내낸 개인 저택을 지었는데, 대부분 뉴 잉글랜드의 바위투성이 해안에 있었다. 로드 아일랜드주의 뉴포트가 바로 그 경우이다. 뉴포트는 예전에 종교상의 대립으로 매사추세츠 주에서 탈출해 온 비청교도인의 안식처였고, 그 후에는 노예 무역의 중요한 항구로 자리잡았다. '모든 인간은 나면서부터 평등하다.' 독립 선언서의 이 유명한 선언이 있은 지 100년이 지났다. 그런데 어떤 이유인지 모르지만 극소수의 벼락부자들은 자신들이 남보다 더 나은 존재라는 것을 과시하려고 앞을 다투어 뉴포트로 모여들었다. 그리고 그들만의 세계를 만들었다.

말하자면 프랑스나 이탈리아의 왕후나 귀족이 된 것이다.

그들은 자신의 부를 전시하기 위해 귀족과 비슷한 규모와 스타일로 별장을 세웠다. 만일 그럴 듯한 혈통이 필요하다면 뉴욕의 보석점 티파니가 그에 적합한 문장과 족보를 즉석에서 만들어 주었다.

이렇게 해서 세워진 별장을 부호들의 1세, 2세들은 이 시대 특유의 거드름을 피우는 표현으로 '섬머 코테이지(피서용 시골집)'라고 불렀다. 시골집이라고 표현하지만 유럽의 왕족들이 사는 궁전에 비해 손색이 없는 건물이었다. 예를 들면, 반다빌트 가의 시골집은 웅장한 르네상스 식의 호화 저택이었다. 그것은 옛날 뉴욕과 뉴 브런즈윅 사이를 왕복하는 나룻배의 뱃사공이 갑자기 벼락부자로 변신하여 이룩된 것이었다.

뉴포트의 '도둑촌'의 지도자인 그 망나니 부호는 3대째였다. 그의 조부인 코넬리어스 반다빌트는 뱃사공에서 화물선의 선단을 조직하고, 나아가 그것을 대서양 횡단의 기선 항로로까지 발전시켰다.

1860년대에 접어들자 그는 철도 사업에 손을 댔다. 그러나 1대 반다빌트는 자수 성가한 부호답게 죽기 전에 자신은 읽고 쓰기도 못하지만 대학을 창설하여 만족해했다. 그가 죽었을 때 거의 1억 달러에 가까운 거금을 자식에게 남겼다. 그런데 2대 반다빌트는 사업가로서 유능해 재산을 10년 만에 두배로 늘렸다.

반다빌트의 저택은 나룻배 뱃사공의 며느리와 손자에 의해 건축된 것이다. 현명한 2대 반다빌트는 이미 고인이 되었고, 절약 정신은 이 일가에서 사라져 버린 것이다. 반다빌트 3세는 저택의 건축비에 200만 달러를 들였지만, 실내 장식과 가구에는 무려 900만 달러가 넘는 돈을 쏟아 부었다. 이 호화 저택은 1892년 8월에 준공되어 무더운 여름밤에 기념 파티가 열렸다. 이 날 열린 무도회는 뉴포트의 벼락부자들조차 '이전에도 이후에도 이렇게 호화스러운 방에서 춤추는 일은 결코 없을 것'이라고 혀를 내두를 정도였다니, 일반인들은 상상조차 하기 힘들 것이다. 하여튼 그 방의 넓이와 화려함은 정신 병자가 아니면 꾸미기 힘든 해괴함과 기괴함의 극치였다. 파티에 참석한 한 여인은 나중에 이렇게 술회했다.

"글쎄요, 보고 있자니까 문득 처량한 기분이 들더군요."

이 기념할 만한 밤에 반다빌트의 무도회장은 영국의 기병 연대의 제복이나 외교관의 훈장으로 번쩍이고 있었다. 그러나 현직의 영국 장교나 외교관은 한 명도 참석하지 않았다.

왜냐 하면 그것은 반다빌트 3세의 부인이 남편을 위해 고용한 한 무리의 연극 단원들이었으니까. 정신이 돌아 버린 반다빌트는 자신이 영국의 황태자라고 믿고 있었던 것이다. 이 '시골집'은 여름철에 약 두 달간만 쓰일 뿐이었으나, 여기에 머무르는 사람들에게는 그 짧은 기간에 의례적인 피크닉·오찬회·만찬회·요트놀이·가장무도회 등 왕족조차 일생 동안 한 번 경험할 정도의 행사로 꽉 채워져 있었다. 한 번의 가장무도회를 개최하는 비용이 20만 달러를 넘는 경우도 있었다. 당시 일반인의 1년 수입이 1천 달러가 채 안 되었을 때였으니까 그 씀씀이가 어떠했는가는 상상에 맡기겠다. 러시아 황제 니콜라이2세의 동생조차 뉴포트를 방문한 뒤,

"내 생전에 이러한 사치는 상상조차 못 했다."

라고 고백했을 정도이다. 실제로 그는 저택명을 짜맞춘 문자를 도

드라지게 새긴 린넨제 시트 위에서 돼지가 뒹구는 광경을 보았다. 또 페르시아 산 융단을 잔디 위에 내던지고 수많은 정원사를 시켜 화단의 꽃으로 여러 가지 무늬와 색채를 만들어내고 있는, 그야말로 믿기 힘든 광경도 보았던 것이다.

어느 만찬회에서는 테이블 중앙이 모래 상자로 되어 있고, 거기에 순은제의 작은 손잡이가 달린 통과 삽이 꽂혀 있었다. 그리고 내빈은 정해진 신호에 따라 그 삽으로 모래를 파서 주인이 선물로 주는 루비나 사파이어, 그리고 다이아몬드까지 캐내는 일도 있었다. 이러한 믿기 어려운 광란증에서 가장 두드러진 것은 익살꾼으로 정평이 나 있었던 하리레이라는 벼락부자에 의해 이루어졌다. 그는 1천 마리의 개가 그 사육주에게 초대장을 보내는 만찬회를 개최하려고 했다. 이름하여 '멍멍나라의 만찬회'가 되는 셈이었다. 그런데 한 신문 기자가 우연히 이 사실을 알고 어떻게 해서든지 그 기상 천외한 파티를 깨뜨리려고 계획했다.

이튿날이 되자 그는 전국 곳곳에 전신을 쳐 그 만찬회에 메뉴가 나귀의 스튜와 쌀, 뼈가 붙은 고기로 된 개전용 갈비, 그리고 잘게 부순 개밥의 비스킷이라는 것을 폭로했다. 이 전보 덕택에 전국의 크고 작은 마을에서는 대소동이 일어났다. 우선 신문이 대서 특필하고 이를 비난했다. 뒤이어 목사들이 '소돔과 고모라의 파멸'이 곧 닥쳐온다고 설교하면서 지옥에 빠질 인간들이라고 저주를 퍼부었다. 그리고 이런 식의 가련하고 어리석은 행동은 농민과 노동자의 분노를 폭발하게 만들었다. 그 때부터 미국 각지에서는 파업과 데모가 일어나는 어수선한 세상으로 바뀌게 된다.

52
사치품에서 생활 필수품으로 바꾸어라

1927년 5월 26일, 헨리 포드는 미시건 주 하일랜드 파크의 공장에서 1,500만 대째 T형 모델 포드 자동차가 조립 라인에서 나오는 것을 지켜보고 있었다. 그가 개발한 '보통 사람을 위한 자동차'가 당시에는 성공한 사업으로 평가받고 있었기 때문에 그 행사는 마땅히 즐거운 것이어야했다. 그러나 동시에 포드에게는 아쉬운 순간이기도 했다. 왜냐 하면 오랫동안 생산해 온 T형 모델의 운명이 그날로 끝나 버리기 때문이었다. 그는 포드 자동차 회사의 사장이자 아들인 에드셀과 함께 윤기 나는 검은색 자동차에 올랐다. 그들은 공장에서 14마일 떨어진 엔진 실험실로 차를 몰아 역사적으로 유명한 두 대의 차 옆에 T형 모델 자동차를 주차시켰다.

그 중 한 대는 헨리 포드가 1896년에 만들었던 최초의 자동차였고, 다른 한 대는 1908년에 만든 T형 모델의 원형이었다. 미국 최대의 거부인 포드는 이 날 자신을 미국의 꿈을 구현한 인물로 만든 최초의 자동차를 직접 운전해 보이는 행사를 가졌다.

헨리 포드는 자동차나 자동차 생산 라인을 발명하지 않았지만, 그 두 가지 모두를 새로운 시대에 맞도록 재구축한 인물이었다. 사실 20세기의 그 어느 누구도 포드만큼 미국인의 생활 방식을 180도로 변화시킨 인물은 없을 것이다. T형 모델 자동차의 생산 비용을 줄이기 위해 조립 라인을 개선함으로써 포드는 보통 사람들이 내연 엔진을 장착한 자동차를 구입할 수 있도록 했다. 이로써 그는 자동차를 사치품에서 생활 필수품으로 바꿔 놓았다.

T형 모델 자동차의 출현은 개인주의로 인해 잃어 가고 있던 미국의 개척 정신을 새롭게 일깨워 주는 계기가 되었다. 그러나 동시에 포드가 효과적인 생산을 위해 고안한 방법은 개인주의를 더욱 심화시키는 계기가 되기도 했다. 하여튼 T형 모델은 '높은 이상'과 '실용성'이라는 두 마리 토끼를 동시에 잡은 획기적인 제품이었다.

하지만 그 무렵 포드에게는 자본금이 없었다. 궁리 끝에 그는 모건 재벌을 찾아갔다. 포드가 재정 지원을 요청하자 모건 재벌은 일언지하에 거절했다.

"농민이나 말단 사원이 가질 수 있는 값싼 자동차를 만들고 싶다고? 당신, 머리가 어떻게 된 거 아냐? 그런 백일몽은 당신 머릿속에나 넣어 두시는 것이 좋겠군."

보기 좋게 거절을 당한 포드는 하는 수 없이 벽돌 창고를 빌리고, 동조자들에게 자본을 투자하도록 부탁하였다. 그리하여 그럭저럭 2만 8천 달러를 긁어모아 창고에 틀어박혀 미친 듯이 '백일몽'의 실현에 몰두했다. 자전거처럼 사슬과 톱니바퀴로 동력을 전달하는 2실린더 8마력의 최초의 모델을 1,700대 만들어 팔았고, 이어 5년 동안 8가지 모델을 만들었다.

그는 강하고 값싼 강철을 찾고 있었는데, 마침내 수입품 중에서 충격에 강한 바나딘 강철을 찾아냈다. 그리고 1909년에 이 강철을 이용한 최초의 T형 모델 포드차가 세상에 나온 것이다.

포드는 제1차 세계대전 중 '평화 사절선'이라는 배를 유럽으로 파견하여 휴전을 제안했다가 깨끗이 실패하는 등 돈기호테적 행동도 마다하지 않는 기묘한 사람이었다. 또한 만년에는 유태인과 노동 조합을 병적일 만큼 싫어한 것도 유명한 일화로 남아 있다. 그럼에도 불구하고 포드는 미국 역사에 길이 남을 거인이라고 말할 수 있다. 그것은 그가 극소수의 사람들에게 봉사하는 것이 아니라 보다 많은 사람들에게 편의를 제공하려고 했던 에디슨과 비슷한 신념을 가지고 있었기 때문이다. 이것은 후에 미국에서 발달하게 될 종이 타올이나 카페테리아·슈퍼마켓·모텔 등으로 바로 연결되는 사고 방식이었다. 또한 그는 몇 백 몇 천만이라는 소비자의 요구를 첫째로 생각함으로써 종래의 사고 방식을 철저하게 깨 버렸던 것이다. 포드는 또한 독창적인 노무 대책에 의해 자기 공장의 노동자들로부터는 신과 비슷한 존재로 추앙받았다. 그러나 포드 공장의 폭발적인 생산력에 놀란 경쟁 회사로부터는 그리스 신화에 나오는 타이탄처럼 두려운 존재로 받아들여졌다.

예를 들면 1914년 당시 미국의 평균 임금은 하루 2달러 40센트였다. 그러나 포드는 배가 넘는 5달러를 지불했다. 최초로 선보인 T형 포드는 850달러였으니, 15년이 지난 1926년에는 350달러로 오히려 값이 내려갔다. 이 때 포드사의 지불 금액은 미국 평균 임금의 4배에 해당하는 10달러에 이르러 있었다. 포드의 생각이 백일몽이라고 비웃었던 J. R. 모건은 그로부터 불과 6년도 채 되지 않은 1915년에 1백만 대째의 T형차가 포드 공장의 컨베이어 작업대에서 굴러나오는 것을 알고 나서는 필경 쓸쓸해 했으리라.

포드의 T형 차가 미국의 산업과 생활 양식에 끼친 영향은 놀라운 만한 것이었다. 완전 포장된 고속 도로와, 그에 부수되는 자동차 전용 도로를 포함하여 각 차선의 무료 고속 도로와 주와, 주를 잇는 연락 도로가 최초로 그물망처럼 둘러쳐진 것은 이 때문이었다.

휴일에도 가까운 산이나 호수밖에 가본 일이 없었던 사람들이 1920대 초부터는 이미 남부나 뉴 잉글랜드 서부까지 여행할 수 있게 되고, 드디어 미국 전체로 행동 범위를 넓히게 되었다.

그 중에서도 어디에 가든 수백 마일이나 떨어져 있는 외딴 농장이나 목장에서 일하는 사람들에게 있어서 T형 포드차는 두 다리를 대신하는 훌륭한 역할을 해 주었던 것이다.

1947년 4월 7일, 헨리 포드는 83세로 세상을 떠났다. T형 모델보다도 약 20년을 더 산 셈이다. 포드가 자신이 손수 제작한 자동차를 1896년 선보인 날로부터 백여 년이 지난 지금은 과거의 헨리 포드가 꿈꾸었던 세상이 되었다. 미국의 거의 모든 사람이 자동차를 소유하게 된 것이다. 이에 대해 윈 로저스는 이렇게 말한다.

"포드가 인류에게 도움을 주었는지, 아니면 해를 끼쳤는지를 말하기는 사실 어렵다. 하지만 확실한 것은 그는 자신이 예측했던 곳으로 우리를 인도했고, 여전히 그 곳에 머물고 있다는 사실이다."

53
빛나는 승리

할리 존스는 순재산이 적게 잡아도 1억 5천만 달러나 되는 자수성가형 억만장자이다. 그는 산업 장비·실험 기구·특수 계측기 등을 생산하고 있는 여러 개의 회사를 거느리고 있었다.

그는 이외에도 부동산 투자 등을 포함한 여러 가지 다양한 투자를 하고 있다. 그는 자신과 비교하면 비교가 되지 않는 적은 재산을 가진 이웃들과 함께 중류층 주택가에 살고 있었다.

존스와 그의 아내는 GM사의 세단을 몰고 다니며, 소비 수준은 중류층의 소비 수준과 비슷했다. 그는 한 번도 회사에서 정장을 입거나 넥타이를 매어 본 적이 없었다.

"나는 본업인 장비 제조업체 이외의 다른 분야, 즉 부동산 산업에서 더 많은 돈을 벌고 있습니다. 하나님은 더욱더 많은 사람을 만들어 내지만 땅은 한 평도 더 만들지 못합니다. 당신이 현명하게 부동산을 잘만 고른다면 틀림없이 돈을 벌 수 있을 것입니다."

존스는 조언을 구하는 사람에게 이렇게 말했다.

그는 매우 꼼꼼하고 까다로운 사업가였다. 부동산 가격이 합당하다고 생각될 때만 투자를 했다. 최근에 그는 선 컨트리의 또 다른 최고의 투자 기회에 대해 이렇게 말했다.

"어떤 불쌍한 친구가 호화스런 콘도미니엄 단지를 지으려 하고 있었지요. 건축업자로 하여금 건축하게 하려면 그는 콘도 객실의 반을 팔아야만 했습니다. 그래서 그는 나와 거래를 시작했지요. 나는 동일한 형태의 콘도 전부를 매입했습니다. 나는 많은 돈을 차입하여 그 콘도들을 매입했고, 그 돈으로 그는 콘도 단지 건설을 시작했습니다. 내가 콘도 단지에서 똑같은 형태의 콘도를 모두 사들였기 때문에 만일 어떤 사람이 그와 같은 형태의 콘도를 원하면 꼭 나와 거래를 해야만 했습니다. 마치 독점권을 가지고 있는 사업가처럼 어느 누구도 나와 경쟁을 할 수가 없습니다. 그리고 나 자신을 위해 남겨둔 콘도 한 채를 제외하고는 모두 팔았습니다"

그러나 존스는 마지막 남은 콘도도 오랫동안 사용하지 않았다. 그와 가족들은 콘도로 한두 번의 짧은 휴가를 위해 사용했다.

존스의 콘도를 사는 사람들은 대부분 중·상류층 사람들이었다. 존스는 가장 최근에 콘도를 매입한 사람들은 상식이 풍부한 지식인이라고 믿고 있었다.

그런데 존스의 몫인 한 개의 콘도를 제외하고 모두 팔리자 입주자들은 모여서 '행동 위원회'라는 것을 만들었다. 그리고 행동 위원회는 개와 관련된 규약을 통과시켰다. 기르는 것은 허용되지만 개의 무게가 15파운드 이상이 되면 기를 수 없다는 제한을 두었다.

이 조항은 존스로 하여금 그의 콘도를 팔고 나가라고 하는 것과 마찬가지였다. 왜냐 하면 존스의 개는 30파운드 이상 몸무게가 나갔기 때문이다. 비록 무게를 줄인다 하더라도 15파운드는 무리라고 누구든지 생각했다. 존스는 특히 개와 관련된 규약의 찬반을 묻는 투표에 자신은 참가할 수 없게 한 조치에 대해 기분이 무척 언짢았다. 그는 계속 개를 기르기로 결심했다. 왜냐 하면 그는 이 곳에 투자를 했던 콘도의 원래 소유주였기 때문이다. 존스는 나중에 이렇게 회상하고 있다.

"행동 위원회는 나에게 편지를 보내어 개가 15파운드가 넘기 때문에 기르는 것을 중단해야 한다고 통보했지요. 그래서 나는 그들의 모임에 나가서 투표 제도의 불합리성에 대해서 한마디 말했습니다. 나는 대표권을 가지지 못했었다고 말입니다."

며칠 후, 존스는 그의 개를 없애라는 편지를 받게 되었다. 개와 관련된 조항을 지키지 않으면 법적 행동을 취할 것이라는 내용이었다. 존스와 그의 가족은 자신들이 이 콘도에서 휴가를 보내고 있기는 했지만 자신들이 이 곳에 어울리지 않는 것 같다는 느낌을 받았다. 행동 위원회는 단지 자기들을 쫓아내기 위해서 개를 이용하고 있는 것이 아닐까 하는 생각이 들기 시작했던 것이다.

존스는 이것이 어쩌면 핵심적 사항일지도 모른다고 확신했다. 사실 존스와 그의 가족은 사람들이 흔히 '멋있는 사람'이라고 부를 만한 부류는 아니었다. 억만장자에 어울리지 않게 너무도 검소하게 생활했기 때문에 언뜻 보기에 먹고 살기에 바쁜 서민층에 딱 어울렸던 것이다.

이와 반대로 콘도의 다른 입주자들은 존스의 말에 따르면 '최고로 깨끗한 사람들'이었다. 즉, 100% 상류층의 신사 숙녀분들이었다.

존스는 그들의 거만함과 배타성에 심한 분노를 느꼈다. 특히 위원회의 의장이라는 자가 자기 부인에게 '개를 없애지 않으면 가만두지 않겠다'고 협박했었다는 말을 들은 후에는 정나미가 뚝 떨어졌다. 존스는 며칠 생각한 끝에 하나의 계획을 세웠다.

보름 후에 콘도의 입주자들이 모두 출석해 있는 행동 위원회에서 존스는 벌떡 일어나 그 자신을 소개했다.

"나는 당신들이 편지를 보낸 바로 그 사람입니다. 특히 개에 관해서 말입니다. 나는 당신들의 제안에 대해 심사 숙고해 왔습니다만 개를 없애지 않기로 했으며, 또한 나의 콘도를 팔지 않기로 했습니다."

그러자 다른 참석자들로부터 야유가 쏟아졌다.

"뭐야? 저 친구 돌아 버린 거 아니야?"

"주제를 알아야지, 주제를…… 콘도는 아무나 사는 줄 아는가 보지?"

그런 야유를 다 받은 후, 존스는 한 가지 제안을 제시했다. 그의 콘도는 자신이 경영하는 회사의 이익 배분 및 연금 계획의 일환으로 쓰여지도록 하고, 현장직 근로자가 1년 동안 휴가를 위해 쓸 수 있도록 하겠다는 것이었다.

"이 안에 대해 찬성하시오?"

존스는 참석자들에게 물었다. 행동 위원회의 회원들은 모두 끙끙대기만 했다. 그제서야 그들은 존스가 평범한 소시민이 아니라 경영주라는 것을 깨달았다. 그리고 존스의 근로자들과 1년 내내 같은 공장에 있어야 하는 끔찍한 광경을 상상하고 있었다. 몇몇 참석자들이 소리를 치기 시작했다.

"개를 길러도 좋다. 개를 기르는 것은 허락하겠다."

그러자 행동 위원회의 의장은 다른 회의실로 옮겨서 회의를 속개하자고 제의했다. 그들만의 회의가 시작된 지 5분 후에 위원회 맴버들이 다시 회의장으로 들어왔다. 의장은 청중들에게 위원회의 결정을 이야기하기 시작했다.

"현 상황을 둘러싼 모든 요인들은 다시 검토해 본 결과 위원회는 존스씨가 개를 계속 길러도 좋다는 결론을 내리게 되었습니다. 나는 개와 관련된 조항을 수정할 것을 요청합니다. 모든 사람들이 찬성하리라 믿습니다."

존스는 '빛나는 승리' 이후, 바로 그의 콘도를 팔아 버렸다. 그가 보아온 대로 개를 좋아하지 않는 사람들과 한 건물 내에서 사는 것은 본인 자신도 원치 않기 때문이었다.

존스와 그의 가족에게 있어 개는 아주 소중한 것이었다. 그래서 존스는 아주 싼 가격에 그의 콘도를 팔아 버렸다.

과연 콘도와 비교해서 그의 개가 그만한 가치가 있었을까?

물론이다. 존스에게 그 개는 수백 수천 달러의 가치가 있었다. 그것은 그가 정상 가격 이하로 그의 콘도들을 매각함으로써 입게 된 손실액과 같은 가치였다. 아니, 그 이상의 가치가 있었던 것이다.

54
문어발을 잘라라

남북 전쟁 이후의 약 40년 동안 미국의 실권은 석유를 독점하는 록펠러가를 대표로 하는 기업군, 철강 트러스트, 철도 연합체 같은 곳에서 쥐고 있었다.

그러나 루스벨트가 1901년에 백악관에 들어가자마자 이들 '산업 귀족'들은 된서리를 맞게 되었다. 루스벨트는 이미 뉴욕 주지사가 되었을 때부터 악덕 기업의 경영자나 아파트업자들에게는 공포의 대상이었다. 그리고 대통령이 되고 부터는 대소를 불문하고 식품의 포장업자에서 은행가에 이르는 모든 경영인에게 채찍을 휘둘러 연방 정부의 이름으로 싸움을 걸었다.

예를 들면 트러스트를 조종하는 무리들에 대해 그는 날카롭고 열띤 독특한 어조로 '거대한 부의 죄인들'이라고 불렀다. 그의 견해에 의하면 트러스트란 한 마리의 문어이고, 그 긴 촉수가 국민들을 '각양 각색의 언어가 난무하는 싸구려 하숙'으로 몰아넣는다는 것이었다.

루스벨트는 사회적인 입법 조치나 새로운 교육 시책을 통하여 이민자들을 출신 국가별로 구분하는 값싼 노동력의 상태에서 해방시키는 것이 자신의 중요한 사명이라고 믿었다.

'이 나라에서는 단 하나의 국어만이 통용되어야 하며, 그것은 바로 영어이다. 왜냐 하면 미국민은 다인종의 도가니를 빠져나옴으로써 미국인으로 부활된 것이기 때문이다.'

즉, '무슨무슨계 아메리카인' 따위를 말하는 것은 있을 수 없다는 견해를 밝혔다.

루스벨트는 일석이조를 노리고 있었다. 우선 여러 가지 언어가 난무하는 포로 수용소나 다를 바 없는 트러스트 지배하의 공장에서 이민자들을 해방시키는 것, 그리고 미국 사회에서의 소외감으로부터 그들을 해방시키는 일이었다.

첫째의 목표가 실현된 것은 겨우 1911년이 되어서였는데, 뉴욕의 한 봉제 공장에서 무서운 화재가 일어난 것이 그 계기가 되었다. 이 대화재는 140명의 인명을 빼앗은 한편, 봉제 공장의 노동자들을 파업에 나서게 만들어 세간의 양심에 경종을 울렸다.

그 결과 시설이 엉망인 공장은 법에 의해 폐업당했고, 동시에 빈민 가정에서 성과급으로 하청을 주는 것도 금지되었다.

루스벨트가 가장 혐오한 사람은 산업 귀족의 대부라고 불리는 J. P. 모건이었다. 모건은 사상 최초의 10억 달러짜리 기업 U. S 스틸을 창립한 대부호로 트러스트계의 황제로 통했다.

모건의 뻔뻔스럽고 염치를 모르는 행위를 가장 잘 말해 주는 것은 5대호와 태평양 연안을 연결하는 수송 기관을 단 한 곳으로 독점시키기 위한 회사를 설립한 일을 보면 알 수 있다. 그는 뉴저지에 회사를 설립했으므로 그 곳의 주법에만 따르면 된다고 주장했다. 그러자 루스벨트는 독점이 위법이라고 결의한 의회의 결정을 알리고 모건을 백악관으로 불렀다. 백악관으로 온 모건은 거만하게 말했다.

"대통령 각하, 나는 변호사를 준비할 테니까 각하께서도 그쪽 변호사를 준비해 두시지요."

대통령은 즉시 9명의 변호사를 준비했다. 즉, 그것은 최고 재판소 그 자체였던 것이다. 그리고 최고 재판소는 판결을 내렸다.

'미국 의회의 결의는 뉴저지 주의 자의적 판단에 맡겨질 수 없다.'

이로 인해 모건의 트러스트는 마침내 붕괴의 길을 맞이했다.

1909년, 루스벨트 대통령이 아프리카로 사냥을 떠났을 때 모건은 동료들에게 다음과 같이 말했다고 전해진다.

"루스벨트가 사냥하는 중에 만난 첫번째 사자가 자신의 의무를 다 하기를 충심으로 바라는 바일세."

55
두 가지 맥주만 마신다

어떤 경제 연구소가 천만 달러 이상인 부유층에 대한 연구를 하기로 다국적 신탁 회사와 계약을 맺었다. 이 회사는 부자들에겐 어떤 정책이 유리한지가 꼭 필요했기 때문이다.

연구 대상인 백만장자들이 편안한 분위기 속에서 인터뷰를 할 수 있도록 하기 위해서 연구소측에서는 뉴욕의 맨해튼에 있는 고급 빌딩 한 층 전체를 빌렸다. 뿐만 아니라 그들의 입맛을 위해 최우수 요리사 2명을 고용했다.

요리사들은 최고급 파테(닭고기나 거위간으로 만든 파이)와 캐비아를 포함한 음식을 준비했다. 그리고 고급 요리에 어울리도록 1970년산 최고급 브로드 포도주와 1973년산 카르베네 소비뇽 포도주도 곁들여졌다.

이와 같이 만반의 준비를 해놓고 연구진들은 아주 들뜬 분위기 속에서 연구 대상인 백만장자들을 기다렸다. 제일 먼저 도착한 사람은 연구진들이 '버드'라고 별명을 붙인 사람이었다.

자수 성가한 60세의 버드는 뉴욕 중심가에 위치한 아주 비싼 부동산을 여럿 가졌을 뿐만 아리라 2개의 회사를 운영하는 갑부였다. 하지만 그의 외모만으로는 그가 수천만 달러의 재산을 가진 백만장자라는 것은 전혀 눈치챌 수 없을 만큼 외양이 낡고 평범하기 짝이 없었다.

그가 입은 옷은 아주 낡고 평범한 양복과 코트였다. 그럼에도 불구하고 연구진은 버드로 하여금 '미국의 백만장자들이 어떤 음식과 음료를 좋아하는지를 잘 알고 있다는 것'을 느끼게 하고 싶었다.

그래서 서로 인사를 나눈 후에 연구진 중의 한 사람이,

"1970년산 브로드 포도주를 한잔하시겠습니까?"

라고 정중히 권했다. 그러자 버드는 당황한 얼굴로 연구진들을 두루 살피더니 이렇게 말하는 것이었다.

"저는 위스키와 오직 두 가지 맥주만을 마십니다."

"……?"

"하나는 공짜 맥주이고, 또 하나는 버드와이저입니다."

버드와이저는 소시민들이 즐겨 마시는 값싼 맥주이다. 연구진은 그가 대답한 말의 진정한 의미를 이해했지만, 순간적으로 무척 당황했다고 한다.

버드를 시작으로 연구팀은 2시간 동안 9명의 백만장자를 인터뷰했다. 때때로 그들은 차려놓은 음식에 눈길을 주기도 했다.

하지만 그 누구도 연구팀이 차려놓은 파테나 캐비아 및 고급 포도주에 손을 대지 않았다. 그들은 분명히 시장기를 느꼈을 테지만

정작 그들이 손을 댄 것을 크래커가 고작이었다.

연구팀은 이토록 비싸고 아까운 음식을 그냥 버릴 수가 없었다.

그러나 그런 염려는 할 필요가 없었다. 옆방에 대기 중이던 신탁 회사 직원들이 모조리 먹어 버렸기 때문이다. 물론 연구팀도 한몫 거들었다. 누가 보았으면 그들 모두는 백만장자들이 미식가들처럼 보였을 것이다. 그러나 게걸스럽게 음식을 먹고 있는 그들 중 어느 한 사람도 백만장자는커녕 십만장자도 아닌 것이다.

56
전쟁은 악덕 부자를 낳는다

남북 전쟁 기간은 미국 역사상 백만장자를 대량으로 만들어낸 최초의 시기였다. 〈뉴욕 인디펜던트〉지는 1850년 이전에는 미국 전체에 1백만 달러 이상의 재산을 가진 사람은 20명에 불과했으나, 1863년에는 뉴욕에만도 수백 명의 백만장자가 생겼다고 보도했다.

그들 백만장자 중에서 일부 사람들은 2천만 달러 이상의 재산을 가지고 있었다. 20년 전만 해도 미국에서 5백만 달러 이상의 재산을 가진 사람은 불과 5명에 불과했었다.

새로 백만장자가 된 사람들 중에서도 가장 부유한 벼락부자로 꼽히는 알렉산더 스튜어트는 교활한 상인 출신으로 부동산을 계속 사들여서 재산을 쌓아갔다. 그는 1863년에 1,843,637달러의 신고 소득에 대해서 겨우 92,182달러의 소득세를 물었을 뿐이다.

남북 전쟁 중의 이 '벼락부자'의 정확한 재산을 평가해 본 적이 없었지만, 그의 측근들에 의하면 그의 재산은 1866년까지 5천5백만 달러의 재산을 축적한 반다빌트의 재산과 맞먹을 것이라고 했다. 전쟁이 끝나자 스튜어트는 뉴욕 시내와 교외에 여러 채의 대저택을 소유하고 있었다. 이중 한 채는 내부 장식까지 완전히 갖추어서 그랜트 대통령(링컨의 암살로 대통령직을 계승)에게 기부했다.

그는 또 동북부 해안 지방에 별장과 휴양지를 갖고 있었으며, 롱아일랜드에 웅장한 대저택을 지어 심심하면 호화판 파티를 열곤 했다. 그의 재산 대부분은 1858년 이후에 벌어들인 것인데, 이 당시에는 '겨우 2백만 달러'의 재산을 갖고 있었던 것으로 알려진다.

오늘날과 같은 경제적인 환경에서는 ―― 농구 선수가 공을 바구니에 던지는 일만 하고도 1년에 수백만 달러를 번다는 소리를 하도 들어서 ―― 1년에 1,843,637달러의 소득을 올린다는 것은 그다지 놀라운 일이 아니다.

그러나 1863년에는 눈알이 튀어나올 정도의 놀라운 일이었기 때문에 신문에 대문짝만한 기사가 실릴 만한 충분한 이유가 되었다. 그보다 재산이 적은 사람도 신문 기삿거리가 되기에 충분했다.

특히 부유한 자들이 '전쟁 상인'이라는 악명으로 불려졌던 당시에는 더욱 그러했다. 런던에서 발행되는 〈이코노미스트〉지는 1861년에 군복과 담요를 군대에 납품하던 기업가들이 '전쟁이 개시된 후 최초의 2~3개월 동안에 20만 달러를 벌었으며, 그들의 모직 공장들은 하루에 24시간씩 1주일 내내 가동되었다'고 보도했다.

또한 어떤 납품업자는 자신의 이익이 연간 75만 달러이며, 다음 해에는 그보다 더 많은 수입을 올릴 것이라고 공공연히 떠벌리곤 했다. 싸구려 물건과 결함이 있는 물건들을 비싼 가격으로 납품한

업자들은 막대한 재산을 축적했다.

　의회 조사 위원회가 제시한 증거에 의하면, 납품업자들이 군대에 공급한 군수 물자의 이익률이 50%에 달했다는 것이 밝혀졌다. 5천만 달러의 군납 계약에 관련된 뇌물 사건을 조사하던 위원회는 상원의원·하원의원·군장교 및 조달국 직원들에게 공여된 뇌물의 액수가 1천7백만 달러에 달했다는 사실을 밝혀냈다. 이렇게 엄청난 뇌물을 주고서도 이 군납업자는 1천3백만 달러의 순이익을 얻었다. 이것은 이익률이 60%라는 사실을 나타내는 것이다. 총기 판매에서 나오는 이익도 엄청난 것이었다. 전쟁 초기에는 라이플총을 정부의 병기창에서뿐만 아니라 민간업자들도 만들었다. 그러나 민간업자들이 만든 총들 중에는 결함 때문에 사용할 수가 없어서 쌓여 있는 것들도 많았다.

　발사되지 않는 총들, 똑바로 쏠 수 없는 총들, 발사하면 폭발해서 그 총을 사용한 군인들을 불구자로 만드는 총들도 있었고, 심지어는 이름만 총이고 실제로는 나뭇조각에 불과한 것들도 있었다. 이런 엉터리 제품에 대해서 군대는 한 자루에 20달러씩을 지불하였던 것이다. 남북 전쟁 동안에 납품업자들이 부당하게 획득한 이익의 총액이 얼마나 되는지를 파악하기 위하여 조사가 이루어졌지만 정확한 액수는 끝끝내 밝혀내지 못했다. 하지만 그 액수는 대략 1억 5천만 달러에서 2억 5천만 달러에 이를 것으로 추정되었다.

　하여튼 전쟁이란 어느 나라를 막론하고 악덕 상인이 살판났다고 활개치게 만든다. 미국도 여기서는 예외가 아니라는 점에서 야릇한 미소를 짓는 사람은 혹시 없는지…….

제 4 부
미국을 이끈 개척과 신의의 정신

57
약속된 땅으로의 출발

지평선 저쪽 단 하나의 외딴길을 따라가면 보이는 마을, 서부 영화에 보면 항상 펼쳐지곤 했던 예의 그 황량한 서부의 풍경이다.

제2차 세계대전 당시만 해도 애리조나에서 네바다 사이, 즉 세라 네바다 산맥 서쪽의 구릉 지대에서는 100마일마다 펼쳐져 있는 서부의 마을을 볼 수 있었다. 총포점, 붉은 색으로 칠해진 선술집, 아무도 찾지 않는 우체국, 그리고 길가에는 보이는 부분만 대충 꾸며 놓은 폐가나 다름없는 몇 채의 목조 건물이 늘어서 있었다.

오늘날에는 관광객 유치를 위해 예전의 '고스트 타운'이 현란한 술집 간판이나 각종 게임을 갖춘 도박장들로 우스꽝스럽게 개조되고 말았다. 또한 자그마하고 아담하던 교외 주택지는 그칠 줄 모르는 개발의 물결에 삼켜져 이미 오래 전에 흔적도 없이 사라져 버렸다. 단 하나 캘리포니아 남부에 주정부가 '개발'의 물결과 파괴로부터 지키고 있는 마을이 외로이 존재할 뿐이다. 그 곳은 해발

2,700미터 세라네바다 산중의 '보디'라는 마을이다.

그 곳은 보호 정책 덕분에 1세기 전의 서부 유적이 고스란히 남아 있다. 도로와 마주하고 있는 정면만 그럴 듯하게 치장한 목조 건물은 풍우에 시달려서 적갈색으로 변했다. 바람이 불면 먼지가 뽀얗게 이는 자갈길은 시멘트로 포장된 듯이 단단하게 굳어 있는가 하면, 산비탈에서 호우로 유출된 흙탕물이 뻘로 변하기도 한다. 그리고 도로보다 높게 설치된 보도 위에는 비바람에도 용케 견디어 온 건물이 마치 피사의 사탑처럼 한쪽으로 기울어져 있다. 한때는 사람들로 시끌벅적하던 산 속의 금광 갱 바깥에는 착압기·곡괭이·마차 바퀴 따위의 물건이 녹슨 채로 나뒹굴고 있다.

헛간을 들여다보면 냄비·동전·결혼 허가증·간델라(휴대용 석유등)·흔들의자·스토브 등 이 곳의 100년 전 생활을 보여 주는 유물들을 쉽게 찾아볼 수 있다.

보디(Bodie)는 원래 1859년에 이 곳에서 금을 처음으로 발견한 W.S. 보디(Body)의 이름이 잘못 쓰여져 마을 이름이 되어 버렸는데, 1876년에는 이 곳에서 다시 대광맥이 발견되었다. 그로부터 4년 동안 이 땅은 삶과 죽음의 소동으로 하루도 편할 날이 없었다.

하루가 멀다하고 터지는 살인 사건, 술집과 도박장이 56곳이 생기는가 하면 혈기와 질병과 악덕이 소용돌이치는 가운데 1만 2천명이 이 작은 마을을 가득 채우고 있었다. 마을은 그야말로 터질 듯했다. 1883년에 접어들자 거리는 거의 황폐해 버렸고, 1932년에는 화재가 마을을 덮쳤다.

오늘날 그 곳은 마치 하늘을 넘실거리는 뭉게구름 속에 가라앉는 묘지와 **흡**사하다. 그 곳은 이제 고대 도시의 유적 트로이처럼 세상 사람들로부터 버림받은 것이다.

미국의 서부라면 먼저 연상되는 것이 바로 이러한 마을이고, 이러한 정경은 기억에서 사라지지 않는다. 왜냐 하면 서부란 로키 산맥의 동쪽에서 시작하여 태평양에 이르는 지역의 어느 특정한 경관을 가리키기 때문이다. 동시에 서부는 미국인의 이상향이기도 했고 사람의 손길이 다다르지 못하는 황금의 나라 —— 엘도라도의 꿈을 북돋아 주었다. 서부란 모든 것을 내던지고 재출발하는 땅이며, 잘 알려진 노래의 가사 그대로 '광대한 대자연' 아래서 맞이하는 한층 행복한 신생활 —— '약속된 땅으로의 출발'이 되었던 것이다.

58
황야의 선구자

서부의 지역적 경계는 시대에 따라 달라진다. 19세기에 영국의 대문호 찰스 디킨스는 미국 여행길에 올라 로키 산맥에서 900마일이나 떨어져 있는 세인트 루이스까지밖에 가지 않았었다. 그렇지만 서부를 보았다고 굳게 믿은 채 영국으로 귀국한 그는 그 곳이 서부라고 단언했다.

그보다 훨씬 전인 17세기에는 사실상 대서양 연안을 서부의 출발점으로 보았다. 즉, 식민 거류지 외곽인 숲과 인디언의 세계가 시작되는 내륙의 경계가 서부라고 생각했던 것이다.

매사추세츠 해안의 어느 작은 마을에 인정 많은 사람이 살고 있었다. 어느 날 그의 딸이 다른 개척지에 사는 친척을 방문하러 떠났다. 그 딸은 겨우 15마일을 여행할 뿐이었는데, 그 아버지는 그날 일기에 다음과 같이 썼다.

'딸애가 덕스베리로 갔는데, 안전하게 목적지에 닿을지 정말 걱정

이다. 서부로의 여행은 처음인데 하루라도 빨리 무사히 집으로 돌아오도록 진심으로 기도를 드렸다.'

제퍼슨과 해밀턴이 대통령으로 재직할 때에는 아팔라치아 산맥의 정상에서 건너다 보이는 곳은 모두 서부였다. 사냥꾼이나 탐험가는 이미 몇 십 년 전부터 로키 산맥의 봉우리를 따라 깊은 산 속을 방황하면서 어떤 길이든 찾으려고 애를 썼다.

그것은 마치 마른 풀 속에서 바늘을 찾는 것과 같은 일이었다. 그러나 드디어 1750년에 버지니아의 토지 회사에서 파견된 영국인에 의해 산길이 발견되었다. 그는 토머스 워커라는 의사였는데, 오늘날의 켄터키 · 테네시 · 버지니아 3주의 경계를 이루고 있는 하나의 고갯길을 발견한 것이다. 깊은 산골짜기에 자연스럽게 생긴 고갯길이었지만 그 전에는 인디언이 오랜 시간에 걸쳐서 남쪽과 통하는 큰 산길을 만들어 사용했었다.

워커는 열성적인 토리(영국의 정당으로 1832년에 보수당이 됨) 당원이었으므로 이 길을 당시 용맹스럽고 과감하기로 유명한 캄바란드 공작의 이름을 따서 '캄바란드 산길'이라고 이름 붙였다. 그 후 이 길을 제대로 정비한 것은 전설적인 영웅 다니엘 분에 의해서였다. 그는 프렌치 인디언 전쟁에서 공을 세운 퇴역 군인이었다.

마침내 그에 의해 결코 가까이 다가갈 수 없었던 약속의 땅으로 자유롭게 드나들 수 있게 되었다. 다니엘 분은 펜실베이니아 출신으로, 프랑스 군이 지키고 있던 드케인 요새를 공격할 때에는 짐마차 마부로 일했다. 영국 브라독 장군의 명령으로 이루어진 이 공격은 영국측에게 철저한 패배를 안겨준 원정이었다.

분은 이 전쟁 후 방랑 생활을 시작하였다. 그는 우선 플로리다에서 지내다가 다시 서부로 갔다. 제퍼슨의 사상이 아메리카라는 새로운 국가를 만들어 냈다면, 그것을 구체화하고 확고하게 만든 것은 다니엘 분의 용기 있는 행동이었다고 말할 수 있다. 그는 결코 의지를 굽히지 않는 사냥꾼이자 탐험가였다. 그리고 여러 토지 회사의 측량사로도 근무한 그야말로 최초의 서부 사나이였다.

그레이트 스모키 산맥 통바위의 갈라진 틈 사이에는 마치 숨겨 놓은 듯이 통나무를 쪼개어 세운 자그마한 움막이 있다. 한 사람이 누우면 꽉 찰 것 같은 이 움막이 다니엘 분의 은신처였다는 것이 확인되었다. 그는 곳곳에 이러한 움막을 짓고 잠깐씩 휴식을 취했던 것이다. 낮에는 이 산 저 산 헤치고 들어가 동물을 사냥하거나 함정을 파놓았고, 필요한 경우에는 인디언의 파수꾼을 저격하기도 했다. 그리고 또다시 측량하고 휴식하는, 본질적으로 남의 눈을 피하며 자급자족의 방랑 생활을 보내고 있었던 것이다.

한번은 집을 떠나서 2년간이나 행방 불명이 된 적도 있었다. 당시 탐험을 떠난다는 것은 목숨을 내놓는 것과 마찬가지였다. 종종 소식이 영원히 끊겨 버리거나 탐험팀 전원이 행방 불명되는 일도 있었기 때문이었다.

그래서 '서쪽으로 간다'는 말이 죽음과 동의어가 된 것은 어쩌면 당연했다. 영국에서는 제1차 세계대전 중에도 이런 표현이 계속 죽음의 의미로 쓰이고 있었다.

다니엘 분은 서쪽으로 향하는 산길을 정비하려고 했다. 그것은 새로운 식민지 켄터키로 들어가기 위해서였다. 그는 그 일을 진행시키는 동안 눈보라 속에서 얼어죽을 뻔한 적도 있었고, 불어난 강물에 빠져 익사 지경에 이른 적도 있었다. 나중에는 그가 스스로 개척하고 소유권을 설정한 광대한 토지를 몽땅 사기당하기도 했다.

하지만 이 불굴의 사나이는 그런 악운에도 아랑곳하지 않고 1775년에 사냥꾼과 나무꾼 30명을 모집해 테네시 동부를 출발하여 서쪽으로 향하는 길을 개척했다. 그것은 개척자의 가족이 안전하게 여행을 할 수 있게 하기 위해서였다.

그들은 좁은 캄바란드 산길을 빠져나가 삼림 지대의 작은 길을 발견하고 황야를 지배하는 수많은 들소들이 밟아서 단단해진 길과 연결했다. 그리고 인디언들이 있는 곳을 우회하고 숲이나 잡목림을 잘라내고 길을 안내하기 위한 이정표를 세웠다.

다니엘 분이 개척한 이 '황야의 길'은 거의 300마일에 이르러 오하이오 강 유역의 루이지애나까지 이어져 있다. 이 길의 비탈이 완만하게 정비되고 포장 마차가 다니게 된 것은 그로부터 20년 후의 일이다. 이 길에 의해 그로부터 15년 동안에 10만 명 이상이 켄터키·테네시 등과 서부 미개지로 진출하게 되었던 것이다.

이주가 시작된 지 30년 후인 1820년까지 아메리카 합중국의 인구는 2배로 팽창했고 동부로부터 흘러 넘친 이 나라 태생의 청년이나 유럽에서 온 새로운 이주자에 의해 캄바란드 산길은 동부의 여러 주로부터 서부를 향해 남쪽으로 이어지는 간선 도로가 되었다. 그리고 오늘날에도 6차선의 주 경계지의 도로로서 같은 역할을 하고 있는 것은 주지의 사실이다.

59
최고의 부동산 거래인

1801년, 스페인은 군사적 보호를 받는 대가로 나폴레옹과의 비밀 조약에 의해 루이지애나를 프랑스에 양도했다. 당시 아메리카 합중국 제3대 대통령인 제퍼슨은 이미 이 소문을 들었다. 그는 나폴레옹이 영국을 침략하려고 호시 탐탐 노리고 있다는 사실을 첩보망을 통해 상세히 파악하고 있었다.

그런데 프랑스 원정군이 현지인의 반란을 진압하기 위하여 산토 도밍고(현재의 하이티 섬)에 상륙했다는 정보를 듣고 이 움직임이 나폴레옹의 미대륙 침공의 전조라고 생각했다.

독립 선언서와 헌법을 기초한 제퍼슨은 그야말로 깨끗한 성품과 빈틈없는 변호사로서의 능력을 고루 갖추고 있었다. 그는 손수 고안한 가구나 장치, 자택의 정원, 주위의 아름다운 경치에 둘러싸여 혼자 있을 때는 평온 그 자체였다. 하지만 일단 적이나 첩자, 함대 등의 움직임에 직면하면 그 즉시 유능한 변호사로 돌변하여 미국

민의 이익을 수호했다. 그는 지도상으로 산토도밍고의 전투 경과를
살펴보았다. 그리고 프랑스의 최정예 부대라도 지옥 같은 무더위
속에서는 말라리아에 걸리든지, 아니면 장기적인 게릴라전을 펴는
흑인 장군 드 산 로베르토르에게 패배할 것이라고 예상했다.

1803년 1월, 제퍼슨은 당시의 프랑스 주재 공사 로버트 리빙스턴
에게 비밀 지시를 내렸다. 나폴레옹과 흥정을 하라는 것이었다. 그
러고 나서 리빙스턴을 돕기 위하여 현대의 헨리 키신저 같은 타입
의 특명 전권 공사로 제임스 몬로를 파견했다.

'나폴레옹에게 뉴 올리언스와 플로리다를 양도한다면 1천만 달러,
뉴 올리언스만이라면 750만 달러를 제공한다. 만일 나폴레옹이 거
부하더라도 미시시피 강 항해권만은 꼭 성립시키도록.'

이것이 잘 안 될 경우에는 영국 정부와 비밀리에 연락을 취하는
듯이 행동하고, 미국과 영국의 접근을 일부러 워싱턴 주재 프랑스
공사에게 누설되도록 하여 프랑스에 은근히 협박을 하라고 몬로에
게 지침을 내렸다. 이윽고 4월이 되자 그 때까지 완고하기만 했던
프랑스의 태도가 달라졌다. 리빙스턴이 외무부를 방문하자 프랑스
의 노쇠한 외무장관 타레이랑은,

"루이지애나 전체를 얼마에 사시겠소?"

라고 물었다. 리빙스턴은 이 갑작스러운 제의에 얼떨떨하여 400만
달러라고 대답했다. 아무래도 값이 너무 쌌다. 리빙스턴은 이 교섭
에서 일단 손을 떼고 몬로의 도착을 기다리게 되었다. 제퍼슨은 산
토도밍고 전쟁이 대규모로 벌어질 침략 전쟁의 예행 연습이라는
점을 잘 알고 있었다. 즉, 그것은 나폴레옹에 의한 루이지애나령의

무력 정복을 위한 것이고, 이어서 그 정복 전쟁은 신생국 미국 전역으로 퍼질 것이었다. 그래서 제퍼슨은 리빙스턴에게 비밀 훈령을 내렸다. '프랑스가 뉴 올리언스를 차지할 시에 미국은 영국과 동맹을 맺지 않을 수 없다.' 하지만 다행스럽게도 그럴 필요는 없어졌다. 나폴레옹은 훈련도 제대로 받지 않은 원주민의 오합지졸을 진압하기 위해 정예군 3만 5천 명을 파견했었다.

그런데 그 중 2만 4천 명이 이미 목숨을 잃은 참담한 지경에 빠져 버렸던 것이다. 따라서 막강한 영국군마저 패배시켰던 미국과 전쟁을 벌일 엄두조차 낼 수가 있겠는가? 산토도밍고는 그야말로 나폴레옹에게 있어서는 베트남이었다.

마침내 나폴레옹은 고국에서 3천 마일이나 떨어진 땅에서는 더 이상 어떠한 모험도 하지 않겠다고 결심했다. 그리고 몬로가 도착하기도 전에 리빙스턴에게 루이지애나를 1천6백만 달러라는 헐값에 팔아 버렸다. 1803년 당시의 루이지애나는 오늘날 지도에 나와 있는 북미 대륙의 최남단에 있는 자그마하고 아담한 주가 아니었다. 그 때의 루이지애나는 미시시피 강 전 유역에 걸친 지역으로 현재의 루이지애나·아칸소·오클라호마·미주리·남북다코타·아이오와·네브래스카·캔자스·미네소타·콜로라도·와이오밍·몬태나 등의 주를 포함하는 북아메리카의 3분의 1을 차지하는 지역이었다. 영토의 양도 증서가 조인된 뉴 올리언스의 카빌도에는 득의 양양한 표정의 제퍼슨 동상이 우뚝 서 있다. '토마스 제퍼슨, 여기서 득의의 미소를 짓다.' 이런 문구를 새겨넣어도 마땅할 동상이 아니겠는가!

60
최초의 서부 왕국을 세운 사나이

19세기 중엽, 미국의 뉴욕·보스턴·필라델피아는 물론 유럽의 파리·런던·비엔나 등지에서는 비버의 가죽으로 만든 모자가 대유행이었다. 실크 모자로 바뀌기 전까지 비버 모자는 모피 거래의 특매품이었다. 하지만 비버 교역이 사양길로 접어들자 과거의 사냥꾼이나 탐험가는 캐나다의 브리티시 콜롬비아에 은거하거나 세인트 루이스로 돌아와 안내인으로 고용되기도 했다. 또한 북멕시코 국경 지대엔 한밑천 잡으려는 사람들의 욕망을 부채질하는 또 다른 것이 있었다. 이 지역은 1835년까지는 텍사스 주를, 1848년까지는 애리조나·네바다·유타·캘리포니아를 포함하고 있었다.

캘리포니아를 제외하면 이 광대한 멕시코 변경에는 행정다운 행정은 거의 실시되지 않았으므로 국적에 관계 없이 야심에 찬 모험가들이 토지의 권리증을 손쉽게 사 모을 수가 있었다. 근면하고 배짱이 두둑한 사람이라면 스스로 답사한 토지 전역을 경작하는 벼락 지주로 눌러앉을 수가 있었던 것이다.

요한 어거스트 사타도 그런 야심적인 지주 중 한 명이었다. 그는 본래 스위스 태생이었으나 방랑벽이 있고 모험을 위해서는 지옥이라도 뛰어들 인물이었다. 그는 미주리에서 한밑천 잡으려고 돌아다니기도 하고 비버의 교역이나 하와이에서 해운업에 손을 대기도 했다. 그러다가 마침내 캘리포니아에 자신의 왕국을 개척하기로 결심했다. 그에게는 행운도 뒤따랐다. 멕시코 총독은 새크라멘토 강변의 9천 에이커를 난공 불락의 멕시코 전초 기지로 만든다는 조건으로 사타에게 불하해 주었다. 해달을 뒤쫓아 몰려온 러시아 인의 출현과 그들이 샌프란시스코의 북방에 거류지를 건설한 것이 멕시코 인들을 공포로 몰아넣었던 것이다. 그러나 해달이 모습을 감추어 버리자 러시아 황제는 현지의 러시아 인들에게 철수를 명령했다. 이것이 사타의 도착과 동시에 일어난 행운이었다.

사타는 러시아 인이 포기한 요새를 피 한 방울 흘리지 않고 손아귀에 넣었고, 그와 동시에 소 7백 마리, 말 9백 마리, 양 9천 마리까지 공짜로 손에 넣었다. 그뿐 아니라 나폴레옹이 모스크바에서 퇴각할 때 내버렸던 마스켓 총까지 손에 넣는 횡재를 했다. 물론 이 모든 것이 그의 토지로 운반되었다. 사타의 영지는 사냥꾼이나 사원, 모험가들의 집합지로 삽시간에 변해 버렸다.

사타는 총독과의 약속대로 요새를 구축하고 인디언을 고용하여 가축을 돌보게 하고 자기의 광대한 토지에 밀을 재배시켰다. 그리고 위스키 주조 공장이나 가죽 공장, 모포 공장도 세웠다.

사타는 그야말로 서부 최초의 백인왕이라도 된 듯한 기분이었으리라. 그는 이따금 뉴 잉글랜드에서 방문객이 찾아오면 열병식이나 축포를 쏘는 등 떠들썩한 축제로 흥을 돋우곤 했다. 그는 기고 만장하여 거리낌없이 이렇게 떠벌렸다. "나의 땅은 정말 드넓다. 사실 나 자신도 아직 모든 지역을 돌아보지 못했으니까……. 나는 이 새로운 고향을 고대 로마 시대의 조국의 이름을 기념하여 뉴 헤르베시아로 이름 지었다. 또한 북쪽을 향한 사업도 순조롭게 발전하고 있다. 이 곳은 역사에 그 이름을 길이 남길 것이다." 그러나 얼마 후에 그는 이러한 발언을 두고두고 후회하게 된다. '북으로 향해 발전하는 사업'이란 사타 왕국에서 50마일 떨어진 세라네바다 산맥의 기슭에 세운 제재소를 일컫는 것이었다. 그가 소유한 새크라멘토의 평탄하고 끝이 보이지 않는 땅에는 라이브 오크라는 떡갈나무 한 종류밖에 자라지 않았는데, 이것은 아무 쓸모가 없었다.

하지만 북방에는 소나무가 빽빽하게 자라고 있었다. 이 사업은 단순히 농장의 수익성 있는 부업으로 계획된 것은 아니었다. 확실하지는 않으나 멕시코의 압제에 혁명이 일어날 가능성이 있었고, 그렇게 되면 광대한 토지를 잃을 위험이 있었던 것이다. 그래서 제재소와 농장의 양쪽에 승부를 걸어 완전한 손해를 막는 것이 그 목적이었다.

1846년, 북캘리포니아의 미국인들이 멕시코의 지배에 대항하여 반란을 일으켰다. 사타는 불길한 징조에 사로잡히지 않을 수 없었다. 가까운 장래에 캘리포니아를 미국에 빼앗기고 자신의 토지 소유권은 무효를 선고 받을지도 모른다는 예감이었다. 불행하게도 사타의 이 예감은 적중하게 된다.

61
골드 러시의 대소동

① 황금의 발견

사타는 나름대로 심사 숙고한 끝에 사업 방향을 바꾸었다. 목재 사업으로 전환하여 스코틀랜드 태생의 목수 제임스 윌슨 마샬을 책임자로 고용했다.

1848년 1월 24일 아침, 마샬은 여느 때와 마찬가지로 제재소의 방수로를 점검하고 있었다. 그에게 있어 이것은 참으로 따분한 일이었다. 방수로에는 물이 세차게 흐르고 있었고, 물 밑바닥의 진흙 위에는 자갈과 암석 조각이 가라앉아 있었다. 지난밤에 세차게 쏟아진 폭우 때문이었다.

방수로를 살피던 마샬은 그 곳에서 작은 콩알만한 이상한 물체가 섞여 있는 것을 우연히 발견했다. 그것은 묘하고 광택이 반짝거리는 물체였다. 마샬은 후에 이렇게 말하였다.

"나는 둑에 쭈그리고 앉아 생각에 골몰했다."

이윽고 그는 그 묘한 콩알 같은 것을 몇 개 주워 들고 때마침 쏟아지는 빗속을 뚫고 저택으로 달려갔다. 주인인 사타에게 보여 주기 위해서였다. 두 사람은 서재에 마주앉았다. 그들은 이미 가슴이 쿵쿵거리는 추측을 하고 있었다. 사타와 마샬은 우선 문을 굳게 잠그고 저울을 꺼내 아메리카 백과 사전과 씨름하며 몇 번이고 반복해서 실험해 보았다. 이윽고 그들은 그것이 의심할 여지도 없이 뛰어나게 순도가 높은 황금임을 인정하지 않을 수 없었다.

두 사람은 비밀을 지킬 것을 굳게 맹세했다. 이튿날 사타는 몬테레에 주둔하고 있는 기병대장에게 이유를 불문하고 토지 소유권을 확인해 달라고 요청하기 위해 하인을 보냈다.

그러나 기병대장의 대답은 유감스럽게도 캘리포니아는 아직 멕시코령이므로 그런 요구는 들어줄 수가 없다고 했다. 그런데 그 곳이 미국령이 된 것은 불과 11일 후의 일이었으니 사타로서는 자다가도 가슴을 칠 불운이었다. 하여튼 이것이 불운의 시초로 후에 사타 왕국에는 황금을 찾아 눈이 뒤집힌 골드 러시맨들로 바글거리게 되고, 그의 모든 토지는 사기를 당하고 만다. 사타가 세상을 개탄하면서 빈민굴에서 뒹구는 신세가 된 것은 불과 1년 후의 일이었다.

사타의 두 번째 불운은 그 비밀이 불과 1주일이 못 가 누설되고 말았다는데에도 있다. 물론 사람들은 처음에 반신 반의했다.

"설마 금이 개천에서 나오려고? 웃기는 얘기지."

하지만 소문이란 눈덩이처럼 불어나는 법이라 동부에 그 소문이 퍼진 것은 한 달이 못 되어서였다. 그 소문은 의회에까지 퍼져 하원의장은 다음과 같은 성명서까지 발표하기에 이르렀다.

"요즘 항간에 떠도는 황금에 관한 소문은 멕시코에서 미국이라는 지배자의 교체에 민중을 순응시키기 위하여 일부 불순한 세력이 꾸며낸 허황한 이야기이다."

하지만 1848년 봄부터 여름에 걸쳐 이 소문은 캘리포니아에 사는 스페인계 목동이나 사냥꾼, 벌목꾼들 사이에 요원의 불길처럼 번져 갔다. 그리고 드디어 태평양 저쪽의 하와이와 페루, 칠레에까지 퍼져 나갔다.

이 소문은 삽시간에 반향을 불러일으켜 우선 연안 무역에 종사하던 바다 사나이들이 하던 일을 팽개치고 금을 캐기 위해 달려들었다. 얼마 후 몬테레에 새로 주둔하러 온 기병대원들도 군복을 벗어 던지고 덤벼들었다. 기병대장은 급히 워싱턴에 보고했다.

'소문은 과장된 것으로 보이지 않음. 믿을 만한 증거가 속속 나타나고 있음.'

이어 금을 관장하는 조폐국장이 공식 발표를 했다.

'금광석 중에는 순도 98.7이나 되는 것이 있음.'

12월에 접어들자 마침내 포크 대통령은 국회에서 공식적으로 발표했다.

"수많은 소문 중에는 터무니없는 허황된 것을 제외하면 사실이라고 하지 못할 것도 없다."

이 발언에 유럽까지도 최면술에 걸려 버렸다. 너도나도 황금을 캐러 신대륙행 배에 올라탔던 것이다.

② 서부로, 서부로

서부로 가려면 동부의 항구를 출발하여 멀리 남미의 남쪽 끝을 돌아가는 뱃길이 있었다. 이것은 진저리칠 정도로 긴 여정이고 게다가 엄청난 비용이 들었지만 뉴 잉글랜드에 사는 부유층에게는 인기가 있었다.

그들은 피아노를 비롯한 비싼 가구에서부터 두툼한 성서까지 휴대하고 여행길에 올랐다. 거기에는 500달러나 되는 거금이 비용으로 쓰여서 일반 서민들에게는 그림의 떡이나 마찬가지였다. 그 밖에도 길은 세 갈래가 있었다.

첫째, 여객선으로 파나마까지 가서 육로로 좁다란 중미 땅을 횡단하여 샌프란시스코행 여객선을 이용하는 코스가 있었다. 이것은 지름길이었지만 위험한 여로였다. 당시 파나마는 콜레라균의 소굴이었다. 게다가 수증기가 솟아오르는 듯한 강을 거슬러 육지로 올라가 노새에 타면 모기떼가 사정없이 덤벼들었다. 어디 그뿐인가! 그 곳은 강도와 사기꾼들의 천국이었다.

둘째, 멕시코까지 남하하여 산적들이 우글거리는 멕시코의 사막을 횡단하는 코스로 주로 멕시코 전쟁의 퇴역 군인들이 선호하는 길이 있었다.

셋째, 아칸소, 또는 텍사스의 산길을 거쳐 육로로 남서부에서 들어가는 코스가 있었다. 이것은 긴 여행에 익숙한 남부인들이 즐겨 잡는 길이었다. 그러나 유럽에서 혈안이 되어 달려온 이민자들이나 스스로 길을 개척하는 데 익숙한 무쇠덩이처럼 강건한 모험가, 위험을 아무렇지도 않게 생각하는 젊은이들에게 이 세 갈래 말고도

길은 얼마든지 있었다. 나중에 제일 보편화된 루트는 북미 대륙 중
앙을 말이나 노새를 타고 횡단하는 코스였다. 출발점은 미주리 주
의 세인트 조셉이라는 도시였다.

철도가 미주리까지 연결된 것은 이미 오래 전의 일이었다. 그래
서 동부인들은 갈 수 있는 데까지 철도를 이용하고 거기서 다시
배로 갈아탔다. 세인트 조셉은 배들의 집결지였다. 오하이오 강·
미시시피 강 및 미주리 강의 번잡한 수상 교통이 모두 그 곳에 집
중되어 있었던 것이다. 어떤 때는 선창가에 25척의 기선이 정박하
기도 했고, 1849년에는 인구가 3천을 넘어 자타가 인정하는 가장
번화하고 인구가 많은 항구 도시가 되었다.

골드 러시의 물결이 1년쯤 지났을 무렵, 무려 5만 명을 넘는 이
주자들이 이 도시를 거쳐 서부로 갔다. 모두들 인정했듯이 이 곳이
야말로 문명이 끝나는 장소였다. 앞쪽은 암흑의 중세기라고 할 만
한 세계가 펼쳐져 있었다. 그것도 2천 마일이 넘는 황야가……

따라서 세인트 조셉은 식량의 보급 센터, 장비의 점검소, 그리고
황금을 찾아 서부로 달려온 소위 '포티나이너스'의 발사대이었던
것이다. 여행자들은 우선 노새와 말, 그리고 소를 구입할 필요가
있었다. 소나 말은 풀만 먹이면 되었으므로 넓은 초원 지대를 지날
때는 그리 걱정할 것이 없었다. 하지만 가장 많이 찾는 동물 일순
위는 단연 노새였다. 아무리 험한 산길로 접어들어도 노새는 꼭 길
을 찾아내므로 여행에서는 꼭 필요한 짐승이었다.

'미주리의 노새처럼 강하다'는 속담이 생겨난 것도 바로 이런 일
때문이다. 만일 길들인 노새를 갖고 있다면 그야말로 금상 첨화였

다. 하지만 대부분의 여행객들은 두세 마리의 노새를 사고 나면 빈
털터리가 되어 기분까지 울적해지곤 했다.

그 다음에 필요한 것은 마차였다. 보통의 농장용 마차를 한층 견
고하게 개조한 것으로, 차축을 높게 하고 헝겊 조각을 물이 샐 만
한 곳에 꼭꼭 끼워 넣었다. 수많은 강이나 내를 건너기 위해서는
꼭 필요한 조치였다. 그리고 뒷부분의 짐칸에는 엽총·도끼·편
자·망치·칼·톱 등이 실려 있었다.

황금을 목표로 삼은 사람이면 누구나 할 것 없이 세인트 조셉에
닿기 전에 과거 서부의 정복자가 썼다고 생각되는 '캘리포니아 이
주의 입문서'를 사서 읽었다. 이러한 가이드북은 영어는 물론 프랑
스어·스페인어 등 수십 개 언어로 간행되었다. 온갖 민족이 골드
러시에 참여했으므로 당연한 일이었다.

그 중에서도 베스트 셀러는 세인트 루이스의 기자가 쓴 것이었는
데, 그는 고향 밖으로는 한 걸음도 나가 보지 못한 자였다. 그런데
도 소문과 공상을 적당히 얼버무려 엉터리 책을 만들었는데, 이것
이 그만 '대박'을 터트린 셈이었다.

이러한 입문서들이 필수품으로 제시하고 있는 식품은 요상하게도
어느 것이나 똑같았다. 즉 밀가루 150파운드, 베이컨 25파운드, 설
탕 25파운드, 소금 2.5파운드, 커피 15파운드, 그리고 여유 돈이 있
으면 맷돌에 간 옥수수와 감자 가루, 마지막으로 자두 몇 자루가
있으면 더욱 좋다는 것이었다. 따라서 자두를 제외하면 온통 전분
질의 음식물인 셈이었다. 다만 한 입문서에는 설사약으로 석유 1병
을 지참하라고 했는데, 별로 인기가 없었다. 그리고 휴대용 취사

도구로 크고 작은 냄비, 나무통과 물그릇·양초·비누가 필수품이
었다. 나무상자에는 외투 1벌, 셔츠 8벌, 장화 2켤레, 방수 모자, 고
무로 된 주머니, 그리고 여흥을 위한 하모니카도 들어 있었다.

그러나 뭐니 뭐니 해도 금광에서 보물을 캐기 위한 곡괭이, 금을
가려내기 위한 냄비는 필수품 중에서도 필수품이었다. 이윽고 휴대
품의 점검이 끝나면 대망의 여행길에 오른다.

③ 희비극의 종말

서부로 이어진 긴 마차 행렬은 영화나 텔레비전에서 상영되어 미
국인은 물론 세계인의 눈에 익숙해져 있다. 그러니 여기서 그들의
고난을 새삼스럽게 들출 필요까지는 없겠다. 하여튼 기후와 지형의
악조건, 질병, 인디언의 습격, 강도들의 내습 등을 간신히 뚫고 이
주자들은 마침내 목적지인 캘리포니아에 도착했다.

그러나 그들을 기다리고 있는 것은 결코 천국이 아니었다. 풍부
한 금맥은 이미 캘리포니아에 정착한 농장주들이 차지해 버렸으니
까 말이다. 이 농장주들을 샌프란시스코의 창설자로서 '상류 계급'
을 형성해 나가게 된다. 그들은 비바람에 버려져 있는 아홉 개의
구릉 지대에 급히 마을을 만들어 나갔다. 그리고 다시 금이 쏟아져
나오자 오늘날에도 '노브릴(상류 계급의 언덕)'이라 불리는 고지대에
대저택을 지었다.

행운도 따르고 선견지명도 있는 사람은 그리 흔하지 않은 법이
다. 대다수의 골드 러시맨들은 모처럼 발견한 금광을 감쪽같이 사
기당해 버리기가 일쑤였다. 어떤 자는 값이 오르면 팔아 버릴 작정

으로 임자 없는 땅을 찾아 강변을 부지런히 오르내리곤 했다. 또 어떤 사람은 오리건에서 몰려오는 역마차를 상대로 계란 하나에 2달러를 받는 장사꾼으로 변신했다.

제재소의 직공이 되거나 술집 웨이터, 작은 마을에 무작정 눌러 앉는 사람도 있었다. 그들은 자기들의 마을에 여러 가지 이름을 붙였다. '브란디 협곡', '떠벌이 계곡', '차이니스 금산', '몰매의 마을', '부자의 모래땅', '빈곤의 언덕' 등 하여튼 그들 지명은 명명자의 일시적인 기분·행운·불운·성실성 등의 정도에 따라 실로 각양각색이다.

사타는 광대한 땅의 난입을 막으려 애쓰다가 집까지 전부 태워버렸다. 마샬에게도 불운이 계속되었다. 마지막에는 모든 권리를 사기당하여 빈털터리가 되었다. 마샬이 소송을 제기하고 법정에 출두했을 때 재판관석과 배심원석에 앉아 있는 사람들은 샌프란시스코의 상류 계급뿐이었다. 마샬은 황금을 최초로 발견한 37년 후에 빈민 구호소에서 숨을 거두었다.

시신은 유언대로 제재소가 바라보이는 곳에 묻혔다. 5년 후 주정부는 매우 늦은 감이 있지만 마샬의 동상을 세워 영원히 이름을 남겨 주었다.

62
서부의 괴짜 개척자

서부 개척사는 윈스턴 처칠의 그 유명한 '피와 땀과 눈물'의 역사라는 말을 써도 전혀 과장된 것이 아니다. 그만큼 고난의 역사였기 때문이다. 그런데 대륙 횡단 철도가 개통되자 철도 회사의 영업 사원들은 유럽을 돌아다니면서 서부로의 이주를 선전하기 시작했다. 특히 토질이 나쁜 땅과 씨름하는 농부와 학대받는 소수 민족을 찾아가 유혹했다.

귀가 솔깃해진 그들은 정든 고향을 등지고 서부로, 서부로 이주해 갔다. 하지만 1870년대 초기, 서부의 대평원으로 이주한 사람은 가난하거나 학대받는 사람들뿐만이 아니었다. 왕국을 건설하겠다, 모든 이주민들을 예수 그리스도의 이름으로 심판하겠다, 서부의 제일 가는 총잡이가 되겠다는 등 별의별 괴짜가 다 등장했다.

이 괴짜들 중에서도 가장 두드러진 사람들은 영국의 상류 계급이었다. 조지 그란트라는 귀족이 신문에 광고를 냈다.

'신대륙으로 갈 사람 모집 중. 영국에서의 송금으로 살아갈 수 있는 원기 왕성한 젊은이 환영.'

그리고 유니온 패시픽사에서 사놓은 캔자스 서부의 광활한 땅을 영국인의 손으로 개척지로 만드는 것이 목적이라고 했다.

본국에서의 송금으로 개척을 하겠다는 것은 한마디로 말해 부유한 귀족이나 사업가의 자녀가 아니면 안 된다는 선언과 마찬가지였다. 이 광고는 즉시 영국 사교계의 화젯거리로 떠올랐다. 개척팀은 2년 만에 결성되었다. 그들은 여우를 사냥하는 데 필요한 진홍색 상의와 말, 고기맛이 좋기로 유명한 사우스다운종 양, 스코틀랜드의 식용소인 아바딘앙가스 등을 싣고 용감하게 출발했다.

그란트 경은 세인트 루이스에 도착하자 우선 증기선부터 구입했다. 캔자스 서부는 바람이 강하고, 강이라고 부를 만한 물길도 없었다. 그러나 이 용감하다 할까 무모하다고 할까, 도무지 종잡을 수가 없는 청년 귀족은 태연하기만 했다. 그 일행도 동요가 전혀 없었다.

이 영국인 개척자들은 서부를 미화시킨 현실과는 좀 다른 고정관념을 가지고 있었던 것이다. 그들의 꿈은 물에 뜬 배에서의 돈벌이였다. 그리고 들소 떼 사냥이나 포커로 밤을 지새우는 것이었다. 물론 가장 중요하게 여긴 것은 그들이 장기로 여기는 여우 사냥이었다. 또 하나 빠질 수 없는 것은 인디언과의 사소한 분쟁을 일으키는 것이었다. 마지막으로 현지의 여자들과의 스캔들을 일으킨다는 것도 포함되었음은 말할 나위도 없겠다.

일행은 초원의 한복판에서 증기선을 말로 이끌고 무려 200마일이나 나아가 겨우 자그마한 강을 발견했다. 이 돈키호테적인 모험가들은 그 강을 막아 작은 호수를 만들었다.

그러곤 거기서 새로운 생활이 시작되었다. 그들은 처음에는 그런대로 유쾌한 생활을 했다. 여우나 들소 떼는 없었으나 산토끼나 이리를 사냥하고 호수를 오르내리거나 가축을 기르기도 하며 4년을 보냈다. 하지만 숨이 턱턱 막히는 여름날의 무더위, 코가 떨어져 나갈 것 같은 겨울 혹한에 그만 질려 버렸다. 모든 것이 귀로 듣던 것과는 판이하게 달랐다. 나중에는 일행 중의 한 명이 말했듯이 모든 것이 '정말 재수 없을 만큼 무료한 일'이 되어 버리고 말았다.

그란트 경은 마을을 여왕 폐하에 연관시켜 빅토리아라고 이름 지었다. 그나마 그것이 그에게 위안을 주었으리라. 그리고 아바딘앙가스라는 검은 소를 미국에 가지고 가서 퍼뜨린 것도 그의 공적이라 할 수 있을지 모른다.

63
자연 농지법의 매력

그 무렵, 그란트 경의 일행과 불과 3마일쯤 떨어진 북쪽에 역시 유니온 패시픽사의 선전을 믿고 미대륙으로 이주한 러시아 인의 무리가 있었다. 그들은 정확히 러시아 인이라기보다는 독일인이었다. 왜냐 하면 그들의 선조는 백여 년 전 러시아의 에카테리나 여제의 초청으로 농업 개량을 위해 볼가 강 유역으로 이주해 간 독일인들이었기 때문이다.

1세기 후, 흔히 '루지앙'이라고 불리는 이 사람들은 바다 저편에 있는 유토피아에 값싼 운임으로 갈 수가 있게 되었고, 더구나 그 곳에서는 무상으로 토지를 소유할 수 있다는 말에 두말 않고 달려 온 것이었다. 그런데 왜 그들은 해안선에서 1천5백 마일이나 내륙 으로 들어가서 아무도 없는 황야에 정착했을까?

이것은 농업 이민 전체에 해당되는 중요한 이유가 있었다. 즉, 그 들은 자기들을 먹여 살릴 작물에 적합한 토지를 판별하는 직관력을 본능으로 가지고 있었기 때문이다.

그들은 오랜 세월에 걸쳐 길러온 주요 작물인 밀의 재배에 적합한 토양을 찾아 이동한 것이다. 그들은 '터키 붉은 밀'이라는 러시아에서 재배해 온 밀을 각자 1부셸(약 28kg)씩 가지고 왔다. 그리고 대초원의 딱딱한 토양은 밀 재배에는 적당하지 않다는 충고를 무시하고 그 곳에 정착한 것이다.

그들은 영국의 상류 계급 이주민들처럼 넌더리가 난다고 해서 고향으로 돌아갈 수도 없었다. 실패하면 더 이상 갈 곳도 없었던 것이다. 그러나 밀을 재배해 보니 아주 무럭무럭 잘 자랐다. 루지앙이 그 곳에 정착한 지 20년이 지나자, 캔자스 주는 미국에 있어서 중요한 밀의 공급지가 되었다.

그리고 2차에 걸친 세계대전 때에는 연합군의 곡창이기도 했다. 그 밖에도 많은 사람들이 여러 나라로부터 이주하여 이 불모의 땅을 비옥한 토지로 바꿔 나갔다.

그들은 철도 회사의 선전 문구를 그저 맹목적으로 믿었었다. 하지만 그들은 1862년에 의회를 통과한 '자연 농지법'을 최대한으로 이용하려고 온갖 노력을 다 했던 것이다.

이 법률은 21세 이상의 성인은 남녀를 불문하고, 또 국적을 가리지 않고 160에이커의 공유지 대여를 청구할 수 있게 했다. 그리고 5년 이내에 무슨 작물이건 재배에 성공하기만 하면 그 토지는 무상으로 나누어 준다고 되어 있었다. 그건 유럽에서는 생각도 할 수 없는 것이었다. 따라서 자연 농지법에 의해 이주하여 정착한 사람들이야말로 진정한 의미에서 대초원의 첫 주민이라고 할 수 있을 것이다.

그들은 주민으로서 그 곳에 뿌리를 박기 위해 빼놓을 수 없는 것, 지금까지 대초원에서는 볼 수가 없었던 '가족'을 데리고 온 것이다. 이리하여 미개척지에서의 생활이 시작되었다. 그것은 하나에서 열까지 주위에 있는 것으로 모든 것을 해결하는 자급 자족의 생활이었다.

대초원에는 나무가 자라지 않았으므로 그들은 농담 삼아 '초원의 대리석'이라고 부르는 마른 잔디로 집을 지었다. 연료로는 들소의 마른 똥이 제격이었다. 하지만 의사는 적고 질병은 많았으므로 짝을 잃은 과부나 홀아비도 많았다. 그래서 외로운 사람들끼리 함께 사는 경우도 많았다.

64
대륙 횡단 철도

많은 사람들이 고향을 떠나 다른 곳으로 이주하는 경우에는 대부분 공포에 휩싸인다거나, 또는 어떤 상징물이 나타나 그것에 의해 이주를 독촉받게 된다. 남북 전쟁이 끝난 후 10년간, 많은 사람들을 이주하게 만든 상징은 '철마'였다. 그 당시 기차는 오늘날 우리들이 우주선에 대하여 갖고 있는 만큼의 매력을 갖고 있었다. 그러나 그것은 대단히 어렵고 힘든 사업이었다.

동부에서 시작된 철도는 아직 네브래스카까지밖에 연결되어 있지 않았고, 세라네바다 산맥의 서쪽에 머물러 있었다. 그 사이에는 아직도 1,700마일 정도의 간격이 남아 있었다. 이 간격을 줄이는 것은 모든 사람들의 한결같은 꿈이었다. 사업가들은 철도에 의해 마을이 그물처럼 연결되고, 상품과 고객이 모든 대륙으로 이동하는 그림을 상상하며 열심히 주판을 튕기고 있었다. 한편 감상적인 사람들은 철도가 생기면 과거 탐험대와 사냥꾼, 몰몬교도나 광부들이 체험한 것과 같은 시련과 눈부신 발견은 비교적 용이하게 할 수 있게 되리라고 믿고, 또한 그렇게 염원하고 있었다.

남북 전쟁이 끝나기까지 대륙 횡단 철도라는 대사업은 시작도 하기 전에 이미 시끌시끌했다. 의회는 예산이 많이 든다고 주저하였고, 군 당국은 끈질기게 건설할 것을 요구했다. 그러니 만약 이 철도의 건설이 정부의 손에 맡겨졌다면 완성하기까지 수십 년은 걸렸을 것이다. 하지만 다행스럽게도 철도 건설은 영리 사업이었으므로 경쟁이라는 자극제가 주어졌다.

당시 동부의 유니온 패시픽, 서부의 센트럴 패시픽이라는 두 철도 회사가 서로 궤도의 총마일 수에서 상대방보다 앞서려고 필사적으로 경쟁하고 있었다. 의회는 전에 서쪽의 센트럴 패시픽 회사가 캘리포니아 주의 경계에 도달하여 그 이상 노선을 연장하지 못하도록 규정하고 있었다. 그건 의회에는 동부의 의원이 많았기 때문이다. 하지만 일단 이 계획에 참여할 결심을 하자, 1866년에는 두 회사에서 하루라도 빨리 공사를 착수시키고 동서 양쪽에서의 철로선이 만나는 지점까지 경쟁적으로 부설 공사를 한다는 방침을 결정했다. 이리하여 유례를 찾아보기 힘든 맹렬한 경쟁이 시작된 것이다. 이것은 그 착상에 있어서 웅대하고, 실시에 있어서는 정열적이었으며, 그 결말에 있어서 해학적인, 그야말로 확실히 '아메리카적'인 계획이었다.

하여튼 이를 완성했을 때에는 얼음처럼 냉정한 사람이라도 그 광경에 저절로 환호성을 질렀을 것이다. 동쪽에서 출발한 유니온 패시픽은 측량 기사를 보내 노선을 정하고, 인디언이나 들소 떼, 기

타 장애물을 총으로 위협하며 쫓아 버렸다. 그 뒤에 건설단이 투입
되어 교대로 일했다.

그들은 동부의 토지가 평탄하였으므로 단숨에 100마일의 땅을 평
평하게 고르는 기세로 작업을 진전시켰다. 땅 고르는 작업이 끝나
기가 무섭게 노선을 부설하는 기술자들이 투입되었다. 어느 작업반
이나 무려 1만 명이 웃도는 인부와 그와 거의 같은 수의 가축
—— 동물로 구성되어 있었다. 그 이유는 불과 1마일의 노선을 부
설하는 데 400톤의 레일과 목재·침목·연료·식료품 등을 운반해
야만 했기 때문이다. 더구나 그러한 모든 물자를 넓디넓은 미주리
강의 한 장소에 모으기 위해서는 짐마차 40대가 필요했다. 하지만
유니온 패시픽사가 담당한 토지가 비교적 평탄했고, 끊임없이 동부
의 연안 지방에서 물자를 보급할 수가 있었으므로 센트럴 패시픽
사보다 훨씬 유리했다.

그러나 서쪽의 센트럴 패시픽의 경우에는 사정이 전혀 달랐다.
이 회사는 목재 이외의 필요한 재료와 물품을 1만 2천 마일이나
해상으로 수송해야만 했던 것이다. 기관차조차도 그런 방법으로 운
반되었다. 유니온 패시픽의 노동자들은 아일랜드의 이민자나 남북
전쟁에 패배한 남부의 퇴역 군인, 그리고 흑인들로 구성되어 있었
다. 그런데 센트럴 패시픽 회사의 노동자의 대부분은 중국인들이었
다. 그래서 유니온 패시픽의 노동자들은 위스키로 힘을 내고, 센트
럴 패시픽의 경우는 중국인들이 즐겨 마시는 차로 기력을 북돋운
다는 농담까지 생겨났다.

동부의 유니온 패시픽사가 대초원을 전속력으로 치달리고 있는

사이에 서부의 센트럴 패시픽사는 빽빽한 삼림을 벌목하고, 다리를 놓고, 터널을 파며 산등성이를 조금씩 올라가고 있었다. 쉬지 않고 노력한 끝에 2년 만에 드디어 세라네바다 산맥의 힘겨운 장벽을 뚫을 수 있었다. 동부에서 1천 마일 이상 떨어진 지점에서 아일랜드의 노동자들은 한여름의 더위와 질병과 싸워야만 했다.

그러나 회사의 중역진은 레일을 1마일 부설할 때마다 1만 6천 달러의 조성금을 내겠다고 정부가 선언하자 곧 기운을 회복했다. 공사가 로키 산맥에 다다르자 조성금은 1마일당 4만 8천 달러로 껑충 뛰어올랐다. 게다가 철로변의 토지를 무상으로 나누어 주겠다고 밝히자 죽기 살기로 공사를 독려했다. 서쪽에서는 세라네바다 산맥을 넘고, 동쪽에서는 로키 산맥을 넘은 두 노동자 집단은 무성한 샐비어 초목 속으로 길을 내며 상대방을 향해 무거운 발걸음을 내딛고 있었다.

자기 쪽의 노선을 1마일이라도 더 길게 부설하여 돈을 벌려는 욕심 때문에 두 회사의 땅 고르기 기계는 만나는 지점을 지나쳐 계속 전진하고 있었다. 그들이 서로의 모습을 확인했을 때는 한바탕 소동이 벌어졌다. 아일랜드 인들은 주먹을 마구 휘두르고, 중국인도 이에 질세라 곡괭이를 휘둘러댔다. 당연히 몇 명의 노동자가 머리가 깨지고 갈비뼈에 금이 가는 등 부상을 입었다. 이 때 성미가 급한 한 아일랜드 인이 권총을 뽑아 상대를 향해 쏘아댔다. 이에 중국인도 호신용으로 갖고 다니는 비수를 꺼내어 휘둘렀다. 몇 명의 사상자가 생기고야 이 소동은 겨우 가라앉았다. 하지만 양쪽의 노동자 대표가 장례식장에서 극적으로 악수를 나누었던 것이다.

65
미국은 하나가 되었다

　1869년 5월 10일, 두 개의 궤도는 유타 주에서 만나 그 역사적인 장소를 프로몬트리 포인트라고 이름 붙여졌다. 만 3년이 걸려 1,775 마일의 철도가 부설된 것이다.

　5일 후, 센트럴 패시픽사의 특별 열차가 폭풍우를 뚫고 회사의 주요 인물과 관련 회사의 사장들, 주의 유지들, 그리고 정부 관료와 의원들을 싣고 캘리포니아에서 우렁차게 증기를 내뿜으며 달려왔다.

　유니온 패시픽 열차는 홍수 때문에 3일이나 늦었지만, 역시 회사의 간부와 관계 기관의 초대 손님, 그리고 보병 3중대와 군악대를 태우고 헐떡거리며 도착했다. 이제 화려하게 장식된 의식이 거행될 예정이었다. 그러나 식전에는 생각지도 않던 사람들도 끼어들었다. 잔치판에 날파리가 끼어들지 않으면 도리어 이상한 법이니까.

　부설 공사가 한창이던 때부터 노동자들의 주위에는 많은 무리들이 그들의 호주머니를 노리고 몰려들었다. 그들은 술집 경영자·매춘부·고리대금업자·도박꾼·건달·사기꾼·소매치기·살인 청부업자 등이었다.

이러한 패거리에 공사 관계자들의 숙사용 차량에서 일하고 있는 요리사와 웨이터까지 가세하여 환영단이 구성된 셈이다. 물론 인근 마을에서 몰려온 구경꾼도 이에 합세했다. 기차가 지나는 5개 주에서는 금과 은으로 만들어진 침목을 보내왔다. 그러나 그것들은 박물관의 전시용이었다. 그래서 실제로 개통식의 상징으로 선택된 것은 금도금을 한 침목이었다.

철도 건설에 큰 공헌을 한 캘리포니아 주지사 라이란드 스탠퍼드가 그 침목을 캘리포니아 월계수를 사용한 최후의 침목에 박아 넣게 되어 있었다. 군악대의 음악이 잠시 중단되고, 목사의 기도가 식장에 울려 퍼졌다.

이윽고 전신 기사가 샌프란시스코와 뉴욕 사이의 회선을 연결하자 사상 최초로 동해안과 서해안을 연결하는 전문을 띄울 준비가 완료되었다. 최초의 전문은 단 1줄이었다.

'기도 종료, 준비!'

스탠퍼드 주지사는 양팔에 힘을 주고 해머를 추켜들어 힘껏 침목을 내리쳤다. 그러나 이 일격은 빗나갔다. 하지만 충실한 전신 기사는 이미 뉴스를 타전하고 있었다. 뉴욕에서는 그 순간 1백 발의 예포가 터지고, 필라델피아에서는 '자유의 종'이 힘차게 울려 퍼졌다. 그리고 전국의 모든 신문들이 '미국은 하나가 되었다'는 머리기사를 단 호외를 거리마다 뿌려대고 있었다.

66
대초원의 마돈나

서부는 겁을 모르는 개척민들에 의해 19세기 말에 마침내 정복되었다. 하지만 진정한 정복은 대초원에서 처음으로 아이를 낳고 기른 개척민 아내들의 견실한 노력에 의해 이루어졌다고 볼 수 있다.

그녀들은 아내이자 어머니이며, 일가의 주부이며, 또한 간호사·요리사·회계사·교사였으며, 피로에 지친 남자들을 위로해 준 것도 바로 그녀들이었다.

그녀들은 거칠고 사나운 카우보이나 광부들조차 손을 대서는 안 될 '대초원의 마돈나'로서 아주 소중하게 대우를 받았다. 서부 영화에서 흔히 볼 수 있는 그림, 오르간이나 피아노 같은 수준 높은 마을 분위기를 만들어 내는 물건들도 그녀들에 의해 대초원으로 가져오게 하여 사회적 지위와 위엄의 상징이 되었던 것이다.

1890년이 되자 캔자스 주의 아빌린에도 목조 가옥이 늘어서고, 가정 교육이 엄격하고 경건한 어머니가 아이들을 올바르게 키우고,

교양 있는 일가를 형성하는 광경이 나타나게 되었다. 가족이 노래하는 찬미가의 반주를 하는 것도, 책을 읽어 들려주는 것도 어머니였다. 특히 성서가 매일같이 읽혀졌다.

이리하여 '교양은 여자의 것'이라는 서부의 전통이 그 후 오랫동안, 아니 지금까지도 미국인의 생활 속에 뿌리를 내리고 있다. 또한 어머니는 해어진 옷을 입고, 침대 카바나 이불을 만들고 방석을 짜기도 했다.

지금도 아빌린의 한 모퉁이에 높은 지붕을 가진 작은 집에는 1892년에 이 마을로 옮겨온 그 집의 어머니가 남긴 수예품이 진열되어 있다. 쿠션에는 그녀가 낳은 7명의 자식들 이름이 자수로 또렷이 수놓아져 있다.

7명의 어린이 중 1명은 어려서 죽었으나, 나머지 6명은 이 비좁은 집에서 자라 어른이 되었다. 그 중의 한 명은 50년 후, 영국의 으리으리한 성에서 태어난 귀족 출신의 윈스턴 처칠과 나란히 앉아 정담을 나누게 된다.

바로 제2차 세계대전 때 연합군 총사령관이 되고, 후에 미합중국 대통령이 된 드와이트 아이젠하워가 소년 시절을 지낸 곳이 바로 이 집이다.

아이젠하워가 태어난 1890년, 오클라호마에서는 인디언령이 개척지로써 개방되었다. 그것은 대규모적인 것으로 최후의 개척지였다.

자기 소유의 토지를 얻으려는 농부들이나 투기꾼들이 말을 타고 달려와 마치 출발 신호를 기다리는 경마 선수처럼 늘어섰다. 그들 중에는 초조한 나머지 출발 신호를 기다리지 못하고 출발 테이프를 끊은 사람도 있었다. 이런 사람들은 수우시나(남모르게 앞질러 행동하는 사람)라고 불리었는데, 수우시나 테이트(얌체족)라는 오클라호마의 속칭은 이런 일화에서 유래하는 것이다.

사람들은 비옥한 토지와 물이 있는 곳을 찾아 앞을 다투어 한쪽 끝에서 경계의 말뚝을 박아갔다. 그리고 그것이 끝나자 법적으로 토지의 권리를 확정하기 위하여 여기저기 우후 죽순처럼 생긴 법률 사무소를 찾아 나섰다. 그 이유는 그 때까지의 20년간 토지의 권리 싸움으로 많은 사람들이 피를 흘렸기 때문이다.

그들에게 도움을 준 것은 '법률 사무소'라는 이름뿐인 오두막에서 아래위를 같은 색의 양복을 입고, 산뜻한 모자를 쓰고 모든 준비를 하고 대기하고 있던 사람들이었다.

미국에서 성공하려면 유능한 변호사가 꼭 필요하다는 말은 요즘의 이민자들도 흔히 듣는 이야기이다. 그것은 개척 시대의 일들이 그 선례가 되었다고 볼 수 있겠다. 개척 시대가 끝나자 총 대신 법률이 모든 것을 지배하게 된 것이다.

제5부
미국을 이끈 도전과 모험의 정신

67
불굴의 탐험가

최초로 캐나다에서 미대륙의 오지를 지나 맥시코만까지 남하한 라 사알의 역사적인 위업은 이제 전설이 되었다.

영웅이건 악인이건 보통 사람이건 간에 17~18세기의 사람들에게 공통된 특징으로서, 라 사알 역시 일정한 틀에 넣어 설명하기가 어려운 인물이다. 현대의 어휘 속에서 선악을 가리키는 추상적인 형용사를 모조리 동원한다 해도 그의 정체를 파악해 내기는 힘들다.

예를 들면 라 사알은 뻔뻔스럽고, 사교술에 능란하고, 건방지고, 영리하고, 용기가 있고, '불굴의 자존심'과 '불변의 인생 목표'와 '끊임없는 지식욕'의 소유자였다고 한다면 인상적이긴 하나 결국 얼굴 없는 반수 반인의 그림을 그린 것밖에 되지 않는다.

불굴의 탐험가로서 라 사알의 정열이 그 얼마나 유례없는 장기이었던가를 알려면 그가 행한 엄청난 탐험의 궤적을 간단하게 더듬는 것으로써 그 일단을 살피는 수밖에 없겠다.

라 사알은 탐험에 대비하여 갖가지 인디언의 방언을 배우고, 탐험 도중에 만나는 인디언과는 될 수 있는 대로 우호적으로 지내려고 노력했다.

그의 탐험 목적은 아메리카 대륙의 오지까지 점령하여 프랑스의 영토를 건설하는 데 있었다. 이미 그 무렵에는 버지니아나 뉴 잉글랜드에 완전히 정착하고 있던 영국인을 아파라치아 산맥에서 동쪽으로 몰아내는 것에 있었다.

먼저 온타리오·에리 두 호수의 남쪽에 펼쳐진 황무지에 수차에 걸쳐 정찰 여행이 행해졌다. 1679년 11월의 마지막 정찰 여행은 그리핀 호를 타고 갔었는데, 이것은 에리 호를 횡단한 최초의 배였다.

이 배는 위스콘신 주의 그린베이로 가서 모피를 가득 실었다. 라 사알은 이 모피로 몬트리올에 있는 출자자들의 환심을 사려고 생각했던 것이다.

하지만 그리핀 호는 그대로 소식이 두절되고 말았다. 라 사알은 난파에 관해 전혀 모른 채 미시건 호의 서안을 돌아 세인트모세 강의 하구에 성채를 구축했다.

그런 다음 일리노이 강까지 육로로 전진하여 우호적인 인디언 부족을 지켜주기 위해 또 하나의 성채를 쌓았다. 여기서 비로소 한숨을 돌린 그는 미시시피 강을 단번에 내려가려고 했다.

그러나 이 때 식량이 차츰 떨어지기 시작했고, 그리핀 호가 난파했다는 소식도 전해 들었다. 그래서 라 사알은 자칫하면 탐험의 성과에 대해서 비관적이 되기 쉬운 출자자들에게 실정을 알려 다시 자금을 대게 할 필요가 있었다.

그래서 온타리오의 킹스턴에 있는 폰테낙 성채까지 질주했다. 수로는 카누를 젓고, 육지에서는 그것을 메고 불과 65일 만에 1천 마일을 이동한 이 여행은 글자 그대로 '질주'라는 표현이 적합한 것이었다.

다음해 겨울, 라 사알은 다시 한 번 카누와 도보로 그 때까지 행한 여행의 전구간을 다시 찾았으나 결과는 참담했다. 구축한 지 얼마 되지 않은 성채는 무너져 있었으며, 그의 부하들은 탈주해 버렸던 것이다.

따라서 그는 다시 걷거나 카누를 젓거나 하여 예의 1천 마일 코스를 폰테낙까지 되돌아갔다. 그 어떤 지독한 고난에도 용기가 꺾이지 않는 이 낙천가는 다시 얼마간의 자금과 식량을 손에 넣자, 또 한번 세인트요셉 성채까지 고달픈 여행을 되풀이했다.

그리고 그 곳에서 23명의 프랑스 인과 31명의 인디언을 이끌고 대륙의 중앙을 흐르는 미시시피 강의 전유역을 남하하는 장기간에 걸친 최후의 답사를 위해 출발했던 것이다.

그것은 1681년 12월의 일로써 강은 이미 얼어 있었다. 하지만 라 사알에게 있어서 그 정도는 그리 큰 장애가 되지 않았다. 여하튼 그는 일리노이 강에 처음 도전했을 때 무서운 추위 속에서 아사 직전의 경험까지 해 보았던 것이다.

그는 카누를 운반하는 썰매를 만들어 그것을 부하들이 끌게 하고 시카고 강을 건너서 일리노이 강으로 남하했다. 그것은 사슴 가죽으로 만든 인디언의 녹피화가 하루 만에 너덜너덜해질 정도로 험한 여행길이었다.

마침내 일행은 얼어붙지 않은 강까지 도달했고, 2월 초에는 미시시피 강에 카누를 띄울 수가 있었다. 양쪽 기슭의 눈이 녹아 물살이 거셌고, 이미 아열대 지방인 그 곳에는 이른 봄이 찾아와 있었다. 강가의 떡갈나무는 물 속에 가지를 드리우고, 그 주위에는 빠른 물살이 소용돌이치고 있었다.

일행은 이제 흥겹게 카누를 젓고 2천 마일이 넘는 그 큰 강을 손쉽게 내려가 하구에 당도했다.

그 곳에서 그들은 세 패로 나뉘어 각기 다른 수로를 통과하여 미시시피 강이 여러 갈래로 갈라져 멕시코만으로 흘러드는 하구의 수로 지대를 전진해 갔다. 3일 후인 1682년 4월 9일, 일행은 다시 합류하여 바다가 내려다 보이는 깎아지른 듯한 작은 갑(岬)에 이르렀다.

라 사알은 그 곳에 십자가를 높이 걸고 프랑스 국기를 휘날리게 했다. 그리고 이 땅을 신의 은총을 받아 숭고하고 전능하며, 그 어떤 나라에도 지는 일이 없는 무적의 프랑스, 그리고 루이 14세에 연관을 지어 '루이애지나'라고 명명하였다.

하지만 루이애지나는 1803년에 나폴레옹이 1,600만 달러라는 믿어지지 않는 헐값에 미국에 팔아 버리고 말았던 것이다.

68
식민지를 구제한 담배

미국이 아직 영국의 식민지로 있을 때, 버지니아에 정착한 이주자들은 주요 작물을 무엇으로 하면 좋을지 아직 결정하지 못하고 있었다.

그들은 송진과 타르가 이익이 많이 남는다는 말을 듣고 그것을 제조하기 시작했다. 이주자들의 지도자인 스미스는 목재를 쪼개서 벽에 붙이는 널빤지를 만드는 방법을 개발하여 주택을 싼값에 공급했다. 이것은 얇은 목재를 조금씩 겹져서 집의 바깥을 둘러치는 방법인데, 공사가 손쉽고 또한 목재를 절약할 수 있는 방법이었다.

그러나 할당된 40에이커의 땅에 작물을 심어 보았자 축축한 땅과 여름의 타는 듯한 태양이 만들어낸 것이라고는 엄청난 모기들뿐이었고, 그들의 눈에 식량이라고 할 수 있는 것은 아무것도 보이지 않았다.

마지막으로 그들을 구원하는 것은 인디언이 재배하고 있던 민들레처럼 생긴 작물이었다. 그것은 품질이 매우 떨어지는 담배였다.

이주자들 중의 존 롤프라는 사나이가 인디언 족장의 딸 포카혼타스(디즈니 만화 영화의 그 여주인공이다)와 결혼한 것을 계기로 인디언들과 일시적인 휴전이 성립되었다. 이 때 담배를 선물로 받았던 것이다. 물론 롤프는 그것을 영국 본토로 보냈다. 혹시 돈이 될까 해서였다.

당시 영국에서는 담배는 쾌락임과 동시에 약으로도 유용하다고 생각하고 있었는데, 이에 대해서 국왕인 제임스 1세는 반대 의견을 세상에 공표하고 있었다.

"담배는 악마가 보낸 선물이다. 그것은 혐오스러운 잡초일 뿐이다."

그러나 국왕의 반대에도 불구하고 스페인이 식민지에서 가져온 남미산 담배는 유행의 징조를 보이고 있었다. 그리고 런던 주식 회사는 식민지의 부채가 자산으로 바뀔 가능성을 가진 것은 무엇이든 받아들일 방침이었으므로 회사 직속의 담배 농장을 만들도록 격려했다.

뿐만 아니라 개인적인 담배 재배도 장려하여 영국으로 수출하도록 했다. 식민지에 관한 주요 사항을 검토하는 왕실 참의회는 담배의 재배 계획과 국왕의 '혐오스러운 잡초'에 대한 적대감을 어떻게 양립시킬 것인가 하는 아주 골치 아픈 회의를 열었다.

회의 결과 참의회는 런던 주식 회사와 공모하여 담배의 재배를 장려하면서도, 한편으로는 이주자들이 좀더 명분 있는 일을 위해 노력할 것을 성명으로 발표하기로 했다.

그래서 유리 그릇의 제조가 장려되고 실행에 옮겨졌다. 또한 담배 재배도 서서히 대규모되어 갔다. 그리고 재배자들은 담배를 땅바닥에 널어 건조시키는 것보다 건조실에서 목책에 걸어 말리는 것이 훨씬 담배맛이 좋다는 것을 발견했다.

그래서 품질 개량을 위해 수작업으로 교배를 하게 했다. 이리하여 버지니아산 담배는 순식간에 남미산 담배의 순도에 육박해 갔다. 담배를 싫어하는 제임스 1세는 아마 알고도 모른 체했을 것이다. 왜냐 하면 담배세의 징수가 폭발적으로 증가하여 왕실 금고를 토실토실하게 해 줬으니까 말이다.

이 때부터 영국인의 버지니아 담배를 좋아하는 취향은 결정적인 것이 되었다. 제2차 세계대전 중 미국에서 대서양을 건너 영국으로 가는 배에는 본래 원칙적으로는 생활 필수품을 실어야 했다.

그러나 영국 수상 처칠은 국민의 기호를 터키산 담배로 바꾸게 할 수는 없었다. 처칠은 하는 수 없이 버지니아 담배를 수송선에 싣도록 허락했던 것이다.

69
인권 선언의 사각지대

백인이 신대륙에 이주하게 된 경우, 원주민인 인디언에 대한 대응 방법에는 세 가지 유형이 있었다.

첫째, 영국 출신의 퀘이커 교인으로 펜실베이니아 식민지의 건설자인 윌리엄 벤처럼 그들을 독립된 국가로서 존중하고 상호 공존하는 방법이 있었다. 물론 이 기독교식 접근법으로 잘 어울릴 수 있는 인디언 부족과 그렇게 되지 않는 부족이 존재하기는 하지만.

둘째, 그들을 위협하거나 싸움의 잠재적 상대로 가정하고 될 수 있는 한 휴전 상태를 오래 지속하는 방법이 있다.

셋째, 그들을 야만인으로, 즉 문명을 발달시키는 데 눈에 거슬리는 장해물로 취급하는 방법이 있었다.

두말할 것도 없이 세 번째의 방식이 극소수의 개척자를 제외한 모든 사람들 사이에 통용되던 생각이었다. 200년 전에는 대다수의 사람들이 문명인과 미개인 사이에 엄격한 차이가 있다고 생각하고 있었다.

'인류'라는 말은 그 때까지도 언어로서 존재하지 않았다. 독립 선언의 발안자들도 평등은 백인들만의 문제로 생각하고, 그 이외의 민족에 대해서는 추호도 고려하지 않았던 것이다.

혁명가 중에서도 보다 이성적인 사람들이 열심히 몰두했던 '인권 선언'의 경우도 예외는 아니었다. '인권 선언'은 인디언에게는 적용되지 않았다. 여기서 유일한 예외자는 루소밖에 없었다. 그는 한 번도 인디언을 본 적은 없었으나 그들을 '고귀한 미개인'으로 불렀다. 하지만 개척자에게 있어서 인디언은 결코 고귀하지도 않았고, 더구나 친하게 지낼 상대가 못 되었다.

미국의 교과서에서는 이주자들을 자유의 땅에 대한 기대로 가슴이 부풀었던 선량하고 고결한 사람들이었다고 미화하는 경향이 있다. 그러나 이주자들은 퇴역 군인이나 인디언을 무조건 적으로만 여기던 난폭한 사람들을 제외하더라도 대부분 방탕한 건달·토지 브로커·가축 도둑·여러 가지 죄를 범하고 줄행랑을 친 자들이 태반을 차지하였다.

그들은 각양 각색의 동기로 신대륙으로 이주해 왔고, 습격을 받거나 머리 가죽이 벗겨진 시체를 보면 인디언을 악마처럼 여겼다.

저명한 역사학자 S. E. 모리슨은 이 점에 대하여 그의 독특한 판단으로 이렇게 단언했다.

"주인들이 사이가 좋다고 해서 개들이 싸움을 피할 수 없는 것과 마찬가지로 자연의 자손인 백인과 인디언도 맹약 따위를 지킬 만한 천성을 타고 나지는 못했다."

이것은 무척 거칠긴 하지만 핵심을 찌른 발언이다. 서부로의 대이주가 시작됨에 따라 옛날부터 자신들의 토지에서 생활해 온 인디언은 난생 처음으로 각지에서 심각한 위협을 맞게 되었다.

버지니아로 이주한 영국인에게 원래 이 곳에서 살고 있던 인디언 추장 포우하탄은 다음과 같이 발표했다.

"당신들이 이 곳에 온 것은 물물 교역 때문이 아니라 우리 인디언을 침략해 땅을 빼앗기 위한 것이라고 많은 인디언들이 걱정하고 있습니다. 옥수수가 먹고 싶으면 무기를 벼에 놓고 오시오. 우리는 모두 친구이니까 무기가 필요 없습니다."

그러나 백인들은 무기를 버리지 않았다. 그들에게는 '주인 없는 땅'의 울창한 숲을 개발하기 보다, 이미 개간되어 있는 인디언의 땅을 빼앗는 편이 쉬웠기 때문이다.

백인들은 '우리는 하나님의 명령을 받은 기독교도로서 이 땅을 경작할 의무가 있다'는 해괴하기 그지없는 주장을 내세우면서 인디언의 땅을 약탈해 갔던 것이다.

70
가장 아메리카적인 인물

미국 역사에서 벤자민 프랭클린만큼 '독창적이고 실용적'인 사상을 가진 인물은 전무 후무할 것이다. 그리고 그만큼 미국인의 일상 생활에서 '가장 아메리카적'인 면을 상기시키게 하는 인물도 없을 것이다.

뉴욕의 거리에서 사이렌이 울리면 최초의 시민 소방대를 조직한 사람이 프랭클린이었음을 기억나게 한다. 뉴욕 시립 도서관이 마이크로필름 열람실의 설치를 발표하면 최초의 무료 공립 도서관을 연 것이 프랭클린이었다는 것을 생각하게 된다.

중년의 사내가 안과의로부터 이중 초점 안경을 사용하라는 처방을 들었다면, 그 안경을 최초로 사용한 사람도 프랭클린이었다는 것을 과연 생각이나 했을까?

또한 비를 동반한 북동풍이 메인 주로부터 불어오면, 이것이 북대서양 해안 특유의 폭풍의 징조라는 것을 최초로 간파한 것도 프랭클린이었다는 사실을 아는 사람은 더욱 적을 것이다.

최초의 난방 장치라는 것도 프랭클린식 스토브를 개량한 것에 지나지 않는다. 기술자는 라틴어 같은 것을 학자나 성직자만 알고 있으면 된다고 생각하고, 사회 과학자는 컴퓨터 프로그래밍이라면 우선 눈살부터 찌푸리는, 각 분야가 고도로 전문화되어 있는 오늘날에 있어 이것은 상상이 되지 않는다. 프랭클린처럼 다양한 분야에서 활약한 사람의 존재를 믿기란 결코 쉬운 일이 아니다.

아무튼 프랭클린은 자신이 발족시킨 철학자들의 회합에 참석하기 위해, 세금에 관해 토의하는 펜실베이니아의 식민지 의회로부터 쏜살같이 달려오기가 일쑤였다.

또한 전기 연의 움직임에 대해 연구하고 그 결과를 바탕으로 피뢰침을 최초로 발명하기도 했다. 그는 또한 우편 제도의 개편을 서둘렀는가 하면, 프랑스 인에게 박해당해 구원을 청해 온 인디언과의 교섭에 임하거나, 간결하고 격조 높은 산문체의 법률안을 제출하기도 했다.

프랭클린은 영국 의회에서 인지세법의 철회를 주장하기 위해 런던 항에 내린 다음 날에는 벌써 프랑스를 향해 도버 해협을 건너고 있었다. 프랑스에 도착하자마자 루이 16세를 찾아가 오스트리아의 의사 메스마의 '동물 자기설'에 대한 연구 보고를 했다.

그리고 그날 밤에는 엘베시우스 부인에게 연애 편지를 썼다.

이러한 개척 정신과 모험심이 많은 아메리카 인의 전형과 같은 인물은 오늘날에는 이미 찾아볼 수 없게 되었다. 그것은 어떠한 지식도 흡수하는 미국판 레오나르도 드 다빈치이며, 고답적이고 잘난

척하는 오늘날의 지식인과는 정반대의 인간일 것이다.

한마디로 말해 프랭클린은 매우 광범위한 분야에 흥미를 가지고 있었고, 사물의 상대적인 가치에 선입관으로 우열을 가리는 일은 결코 없었다.

프랭클린은 영국에서도 꽤나 이름이 알려진 아메리카 인이었다. 그래서 스탬포드셔의 한 장삿속 빠른 도예가는 프랭클린의 작은 인형을 만들어 팔아 짭잘하게 재미를 보았다고 한다.

이 도자기 인형에는 세 종류의 이름이 붙었다고 한다. 하나는 벤자민 프랭클린, 다른 하나는 조지 워싱턴(이 미국 독립의 아버지가 어떻게 생겼는지 영국에서는 아무도 몰랐으므로), 그리고 나머지 하나는 영국의 어느 노신사였는데, 이름은 전해지지 않고 있다.

2세기가 지난 오늘날에도 프랭클린이라는 인물은 단순히 강한 인상을 줄 뿐 아니라 한없는 존경을 받고 있다. 그것은 그가 오만하지 않았고, 신생국 미국을 건설하는 데 한몸을 바침으로써 보다 훌륭한 사회 질서를 세우겠다고 일관된 의지를 갖고 있었기 때문이다.

어느 날 프랭클린은 귀가하여 배달 온 소포를 풀어 보았다. 그리고 아내가 런던으로부터 은제 나이프를 주문한 사실을 알고 자기 방으로 들어가 한탄했다고 한다.

"오, 국가를 망치는 것은 여자의 사치와 허영심이로다!"

71
인종의 도가니

미국에서 순수한 영국계 미국인을 만날 확률은 남부를 제외하면 4명 중 1명이 고작이다. 그러나 이 사실에 새삼 놀라서 눈을 크게 뜨는 것은 영국에서 온 여행객들뿐이다.

한 독일인이 생전 처음 대서양을 건너 미국으로 왔다고 하더라도 자신과 똑같은 외모와 음식 취향을 가진 사람을 대도시에서 만나는 것은 무척 쉬운 일이다. 또한 스칸디나비아 인이라면 미네소타의 풍경이나 농사법을 보고 고향에 온 듯한 착각을 일으킬 것이다.

그러므로 이 주에서 선출된 국회의원이 랑겐·오르손·넬슨 등의 북유럽계 이름이라 하더라도 조금도 이상하게 생각지 않을 것이다.

폴란드의 카톨릭교도는 롱 아일랜드 동부에 있는 모래땅의 감자밭이나 볼품없는 목조 교회에서 도로스키라든가 스테파노스키 등의 폴란드계 미국인의 동료와 뒤섞여 어울리는 일이 흔하다.

다시 말해 '아메리카 인'이라고 불리는 사람들의 4분의 3은 유럽을 위시해 아시아·아프리카 등에서 건너온 이주민들의 자손이다. 그들은 자신들의 종교나 풍습, 고향의 음식물, 민족적 편견을 품고 이 나라로 이주해 왔다. 그 때문인지 미국의 북동부 및 중서부에서는 타국에서 이민 온 사람에 대해 무조건 신용하지 않는다. 때로는 서너 블록 떨어진 이웃조차도 불신감을 품는 열광적인 애국주의자들이 한 동네에 섞여 살기도 한다.

그러나 제아무리 민족적 편견이 심한 사람들이라 해도 어차피 지역 주민들과 어울리지 않을 수는 없다. 그리고 그들은 한민족의 요구와 또 다른 민족의 요구를 잘 조절하여 균형을 잡아 나갈 수 있는 사람이 결국 세력을 잡게 된다는 사실을 깨닫고 새로운 처세술을 익혀 나가게 된다.

미국에는 조리된 고기나 치즈, 주된 요리에 곁들이는 식품을 파는 '테리카텟센'이라고 불리는 식료품점이 있다. 이 상점은 고국의 맛을 잊지 못하는 이주민들에게 있어 향수를 느낄 수 있도록 각양각색의 식품을 갖추어 놓고 있으므로 국제색이 풍부하다.

그렇기 때문에 미국의 어린이들, 특히 도시의 어린이들은 그 상점을 통해 각국의 요리를 맛볼 수 있다. 그리고 어느 나라 요리라고 일부러 가르쳐 주지 않아도 잘 알고 있다.

그러나 영국인은 미국인들이 독자적으로 발전시켜 온 문화를 표면적으로는 인정하고 있는 듯하지만 마음 한 구석으로는 아직까지도 미국인들을 '타락한 영국인'이라고 생각하는 경향이 짙다. 실로 편견이란 무서운 것이다.

72
황금 시대를 맞이한 남부

남부의 면화 농장은 호이트니의 발명품 덕분에 끊임없이 부를 늘려 나갔다. 그로 인해 목화밭도 더욱 넓어졌다. 이전에 노예를 50명 부리던 농장주는 몇 백 명의 노예를 더 소유하게 되었다. 그런데 거의 같은 시기에 또 하나 색다른 실험이 이루어졌다. 그 결과 습기가 많고 무더운 루이지애나의 별 볼일 없는 델타 지대가 재산으로의 가치를 갖게 되었다. 이 또한 흑인 노예의 증가를 부추기는 결과를 낳았다.

독립 전쟁이 일어날 때까지 미국의 사탕 생산은 농장주들의 가정용으로 쓰였을 뿐이다. 그들은 사탕수수를 일일이 방망이로 두드려서 약간의 액즙을 채취해 내곤 했다. 그런데 1794년 호이트니가 최초의 면 씨앗 제거 기계를 만들어 낸 지 채 1년도 지나지 않아 또 다른 획기적인 발명품이 나타났다. 장 에치엔 보레라는 프랑스 인이 뉴 올리언스의 시골에 있는 자기 농장에 마을 사람들을 초대했다. 그는 헛간에 원시적인 장치와 큰 통을 몇 개 준비했다.

"여러분, 잠시만 기다리십시오. 곧 설탕이 나옵니다."

그는 사탕수수를 졸이면 결정(結晶)이 생기는 것을 보여 주고 싶었던 것이다. 이윽고 땅거미가 지기 시작하고 통이 식자 최초의 결정이 나타나기 시작했다. 마을의 유력자들을 통 둘레에 모아 놓고 살펴보게 한 뒤 보레는 큰 소리로 외쳤다.

"보시는 바와 같이 사각거리는 사탕가루가 생겼습니다."

사람들은 그에게 박수 갈채를 보냈다. 이리하여 사탕 왕국은 비옥한 땅을 찾아 서쪽으로 확대되어 갔다. 그렇게 되자 이번에는 많은 수확물을 어떻게 북부로 운반할지가 고민거리로 등장했다.

미시시피 강은 흐름이 빠르고 더구나 곳곳에서 소용돌이가 일었다. 많은 농장주들이 강가를 따라 말을 달려서 배를 상류로 끌어올리려고 했으나 실패했다. 하지만 1811년, 뉴 올리언스에서 갑판이 낮은 고성능 기선이 건조되어 드디어 상류로의 운항 문제가 해결되었다. 배를 통해 미시시피 강 상류로의 설탕 수송이 시작되고, 세인트 루이스나 루이빌, 신시내티와 같은 먼 곳에서도 사탕의 정제가 이루어지게 되었다.

뉴 올리언스에서는 남북 전쟁이 끝날 무렵이 돼서야 비로소 마을에서 소비할 사탕의 정제를 시작하게 되었으나, 배가 강을 거슬러 오르기 시작한 20년 후에는 이 지방이 북미 사탕업의 중심지로 굳게 자리를 잡았다. 또한 면화를 수출하는 대표적인 항구로도 발전하게 되었다. 이리하여 남부는 황금 시대를 맞이하게 되었다. 배는 사탕을 싣고 북쪽으로 출항했다가 미시시피 강 유역에 새로 개척

된 농장의 면화를 싣고 돌아오곤 했다.

배가 닿는 최초의 정박지는 나체즈였다. 처음에 이 마을은 인디언령이었으나 그 후 프랑스 인·영국인·스페인 인 등 잇달아 지배자가 교체되었다. 그러다가 미국인의 손으로 넘어간 것은 기선이 운항되기 직전이었다. 그 곳은 면화씨 제거기가 발명되기 전에는 국경 지대로서 매우 떠들썩한 마을이었다. 그 이유는 대량의 짐승 가죽과 담배·밀·위스키 등을 실은 화물선의 선원들로 떠들썩한 항구였기 때문이다. 또한 새로운 개척지로 가려는 이민자들이 반드시 통과해야 하는 곳이었다. 물론 그 마을은 폭력이 난무하고 사기꾼·도박꾼·부동산업자·총잡이·목동 들이 활개를 치는 새로이 형성된 마을이기도 했다.

그 마을 농민들은 담배를 재배해 보았으나 타산이 맞지 않았다. 그러나 목화업이 번창하자 벼락부자가 속속 탄생했다. 그들은 프랑스 인이나 스페인 귀족이 남기고 간 건물을 모방하여 집을 지었는데, 겉모습은 간소하고 우아한 그리스식이었다. 그러나 내부는 빅토리아식을 모방하여 현란하고 장중하게 장식했다. 청동으로 된 이탈리아제 샹들리에, 파리에서 사온 크고 으리으리한 거울, 영국제 탁자, 응접실의 문은 영국에서 들여온 마호가니로 꾸며졌다.

이러한 나체즈의 화려한 건물과 사반나 교외에 있는 그린 가의 농장은 뚜렷한 대조가 되었다. 하지만 그 둘 사이에는 800마일이나 떨어져 있었으나 그 사이에 펼쳐진 평원에는 똑같은 작물이 재배되었다. 그리고 그 평원에서 일하는 사람은 대부분이 흑인 노예들이었다. 그것이 바로 남부의 부를 떠받치는 원천이었던 것이다.

73
흑인 노예의 애환

아프리카 흑인을 미국으로 끌고 가 노예로 이용할 생각을 처음으로 한 나라는 스페인이었다. 스페인의 식민지는 열대 지방에 많았는데, 백인은 그 곳의 고된 노동을 도저히 참아내지 못했기 때문이다.

그러나 스페인은 많은 흑인을 붙잡을 힘도, 붙잡은 흑인을 운반할 배도 충분하지 못했다. 그래서 스페인은 식민지로 흑인을 공유할 권리를 처음에는 프랑스에서 주었으나, 18세기 초 영국이 프랑스를 물리치고 이 권리를 손에 넣었다.

이 권리를 실제로 인수한 것은 '로얄 아프리카'라는 무역 회사였다. 이 회사는 민간 회사라고는 하지만 국왕이 회사 대표로 있었기 때문에 사실상 영국이 국가 사업으로 노예 사냥과 노예 무역을 했다고 볼 수 있다.

그럼 도대체 어느 정도의 흑인이 노예로 팔린 것일까?

정확한 숫자는 아무도 알 수 없다. 어떤 연구가는 5천만, 또 다른 연구가는 2천만 명이라고 한다. '화물 포기'로 향해 도중에 버려진 흑인도 상당수에 이를 것이다. 다만 확실한 것은 영국이 가장 많은 흑인을 끌고 갔다는 점만을 누구나 인정한다.

처음에 영국은 스페인 식민지로 흑인을 날라다 주었지만, 마침내 자신의 식민지에서도 흑인을 노예로 이용하기 시작했다. 영국인들은 자메이카·버뮤다·바베이도스 등의 서인도 제도에서 설탕을 생산하기 위해 대규모의 사탕수수 농장을 세웠다.

유럽에서는 사탕수수가 없어 사탕무에서 설탕을 채취했는데, 값이 비싸 그야말로 귀중품에 속했다. 영국은 흑인 노예를 이용한 서인도산의 값싼 설탕을 유럽에 팔아 떼돈을 벌었다.

뒤이어 미국산 면화도 흑인 노예에 의해 재배되었다. 그 면화는 영국 산업 혁명의 중심이 된 면직물의 원료였다.

영국이 '세계의 공장'이 될 수 있었던 것은 새로운 기술 덕분만은 아니었다. 새로운 기술 이외에 원료인 면화를 흑인 노예의 노동으로 값싸게 생산할 수 있었던 것도 큰 이유였다.

영국의 항구를 출발해 아프리카를 향하는 배에는 직물과 잡화품이 실려 있었다. 이 배는 영국을 출발한 지 6개월쯤 지나면 미국에서 설탕과 면화를 싣고 돌아왔다.

아프리카에서는 직물과 잡화 대신에 흑인들을 싣고 와 미국과 서인도 제도에서 이 흑인들을 '경매'에 붙이고, 그 경매 대금으로 설탕과 면화를 매입하는 것이다.

흑인 영가에는 고향을 멀리 떠난 채 쇠사슬에 묶여 채찍에 시달리면서 면화를 따는 흑인 노예들의 비애가 담겨 있다.

이 흑인들의 애환과 비애를 딛고 영국과 미국 남부의 부는 산처럼 쌓여간 것이다.

1852년, 스토 부인이 출판한 소설 《톰 아저씨의 오두막집》은 1년 동안 무려 30만 부가 팔린 초베스트 셀러가 되었다. 도망친 여자 노예를 두둔한 끝에 살해당하는 늙은 흑인 톰의 이야기는 미국 북부인들의 눈물을 자아냈지만, 남부인들은 그 소설이 꾸며낸 것이라고 극구 주장하며 노예 해방론자들을 맹비난했다.

이것이 남북 전쟁의 큰 동기가 되었음은 다 아는 사실이다.

74
굶주림에 쫓겨온 케네디가

이민자들은 왜 미국으로 온 것일까? 그리고 왜 아직까지도 미국으로의 이민은 계속되고 있는 것일까?

거기에는 인생의 중대한 결단을 좌우하는 여러 가지 이유나 충동과 깊은 관계가 있을 것이다. 하지만 1840년대 이후의 이민자들의 공통된 최대의 이유는 모국에서의 빈궁한 생활 때문이었다.

그리고 미국이 이주지로 선택된 이유는 19세기 초에 이미 미국에서는 혁명에 의해 낡은 사회 질서를 완전히 뒤집어 엎었다는 소문이 유럽인, 특히 가난한 유럽인의 귀에 전해졌기 때문이다.

프랑스의 저명한 문학가 스탈 부인은 1817년에 보스턴의 한 학자에게 보낸 편지에서,

"당신들은 인류의 안내자들입니다."

라고 찬양하고 있다. 그 10년 후에 독일의 문호 괴테는 이러한 글을 남기고 있다.

'아메리카여, 그대는 우리의 대륙보다 훨씬 뛰어난 데가 있다.'

괴테가 머리에 그리고 있는 것은 '아무 쓸모도 없는 케케묵은 전통'의 구속으로부터의 자유였던 것이다.

하지만 스탈 부인이나 괴테의 이름은 한 번도 들어본 일이 없는 일반 민중들이 미국으로 맹목적인 이민을 감행한 것은, 아득한 저편 신대륙에는 귀족도 관리도, 그리고 못된 통치자도 없는 푸른 대지가 펼쳐져 있다고 하는 새로운 믿음 때문이었다. 모국에서의 생활이 더 이상 견딜 수 없는 정도까지 악화되자, 민중들은 미국으로 가면 훨씬 편안한 생활을 할 수 있다는 믿음에 기대를 걸게 되었던 것이다.

1840년 중엽의 아일랜드에서는 민중의 생활이 최악의 밑바닥까지 떨어져 있었으나, 아이러니컬하게도 이 빈곤의 두 가지 요인에는 다름아닌 미국이 그 원인을 제공하고 있었다.

그 하나는 미국의 농업 경쟁력이 증대되었기 때문에 극빈 농가들이 경작을 포기해야만 하는 난처한 처지에 빠진 점이다. 당시 아일랜드의 68만 5천의 농가 중 30만은 3에이커 이하였다.

그리고 또 하나는 대량의 수확물을 단시일에 썩게 만드는 감자의 전염병이 1843년에 미국에서 대서양을 건너 아일랜드에 상륙한 것이다. 감자의 기근은 5년 만에 100만에 이르는 아일랜드 인의 목숨을 빼앗아 갔다. 기록에 의하면 이 때 굶주림 때문에 길에서 아사한 사람만도 2만 명을 넘었다고 한다.

젊고 유능한 빅토리아 여왕의 귀에도 아일랜드의 정세가 긴박하여 지금 당장 반란이 일어날지도 모른다는 정보가 전해졌다. 그래서 여왕의 아일랜드 방문이 전격적으로 이루어졌다.

아일랜드 방문 중에 빅토리아 여왕은 차분히 아름다운 풍경을 즐길 수가 있었고, 민중으로부터도 열광적으로 환영을 받아 일단 반란의 위험으로부터는 안심할 수가 있었다. 하지만 빈민자의 움막으로 뒤덮인 킹즈타운이나 남부의 항구 도시 코우크를 방문했을 때는 빅토리아 여왕도 눈물을 흘리며 말했다.

"이 곳의 민중처럼 초라하고 비참한 사람들은 결코 본 적이 없어요."

여기에 소개하고자 하는 인물도 그 초라한 사람들 중의 한 사람이라고 볼 수 있다.

그는 남동부의 웩스포드에서 농사가 난관에 부딪치자 코우크로 나온 농부였다. 당시 이러한 막다른 상태에 빠지게 된 사람들은 굶주림을 견뎌내고 살아 나갈 정도의 힘만 있다면 코우크를 도피할 장소를 찾아 소란스러운 군중에 합세하든가, 아니면 미국을 향해 무작정 떠나든가 하는 둘 중의 한 가지 방법을 택했다.

이 농부는 주저 없이 미국행을 택했다. 그리고 그 후 수많은 아일랜드에서의 이민 행렬에서 보여지듯이, 기선의 도착지가 보스턴이라는 단순한 이유만으로 목적지를 택했던 것이다.

이 농부의 이름은 퍼트릭 케네디로 미국의 35대 대통령의 증조부였다. 그는 1840년대부터 50년대에 걸쳐 미국으로 건너간 170만 명의 아일랜드 인 중의 한 사람이었던 것이다. 170만이라는 숫자는 아일랜드 총인구의 4분의 1이었음을 여기에 부기해 둔다.

75
최고가 되겠다는 욕망

전세계 사람들의 기억에 1920년대 미국의 이미지는 일종의 경박하면서도 야단법석의 수라장으로 남아 있는데, 이것은 주로 영화가 끼친 영향 때문일 것이다.

철강 생산이 놀랄 만한 양에 달한 것도, 미국 문학이 갑자기 꽃핀 것도 이 시기였으나, 그런 것들은 가치가 희미해져 있었다. 그것은 제1차 세계대전 후 완전히 활기를 잃고 새로운 것을 창조할 힘을 상실하고 있던 유럽은, 미국의 이러한 소비적인 유행을 처음에는 우습게 여겼기 때문이다.

하지만 얼마 안 가 미국을 열심히 흉내내게 되었다. 따라서 미국은 이제 세계의 주역으로 떠올랐으며, 스스로 그것을 납득했고, 무슨 일이든지 최고가 되겠다는 욕망에 불타고 있었다.

1927년, 하룻밤 사이에 세계의 영웅이 된 사람이 미국인이었던 것도 당시의 이러한 미국 전체의 분위기에 꼭 어울렸다.

가랑비가 내리는 5월의 어느 날 아침, 롱 아일랜드의 질퍽거리고 정비도 제대로 되지 않은 활주로에 3대의 비행기가 늘어져 있었다. 3대 모두 25만 3천 달러의 상금이 걸린 대서양 횡단 무착륙 비행에 도전하는 역사적인 모습이었다.

3기 중의 1기는 문양이 가장 특이했고, 또한 가장 작았다. 기체는 27피트 3인치, 무선기도 고도계도 없었고, 계기판은 1927년제의 자동차보다 볼품이 없었다.

하지만 6천 달러를 들인 이 비행기는 지금 여기에 탑승하려고 하는 청년이 한 치의 소홀함도 없이 잠시도 곁을 떠나지 않고 만들게 한 것이었다. 다른 2기와는 달리 그는 혼자서 비행할 작정이었고, 그것도 뉴욕에서 파리를 곧바로 건너려고 하는 것이었다.

젓가락처럼 바싹 여윈 금발의 이 청년은 미네소타 출신으로 25세였다. 비행기에 타는 것이 아직 무모한 모험이었던 시대에 낙하산으로 뛰어내리는 것이 이 청년의 취미였다.

그는 한때 우편 비행의 조종사로 일하기도 했다. 그의 비행기는 균형을 유지하기 위하여 유리를 끼운 조종실 앞부분에 채워 놓을 정도의 가솔린만을 실었으므로, 조종사는 문자 그대로 비행을 위한 비행을 하는 셈이었다.

이윽고 출발 시간이 되자 비행기는 흔들거리며 활주하여 낮게 드리운 구름을 향해 활기차게 날아갔다.

그날 밤 뉴욕의 양키즈 스타디움에서는 4만을 헤아리는 관중이 모두 일어서서 이 조종사의 성공을 기원했다. 태평양 너머 일본의 도쿄에서는 한밤중이었음에도 불구하고 흥분한 사람들이 거리로 몰려나갔다.

런던·베를린·암스텔담의 주식 거래소에서는 '아직 아무 연락 없음'이라는 연락이 들어와 정상적인 상장 거래가 일시 중단되었다. 비행기가 미국을 출발한 지 이틀째 접어들자, 파리에서는 자가용차를 갖고 있는 사람들은 모두 비행장으로 달려갔다.

당시 자가용차 보유자는 7만에서 8만 정도였는데, 모두 착륙 예정지인 루부르제 공항으로 모여들어, 그 곳에서 두 줄로 나란히 헤드라이트를 켜서 안개 낀 밤중이라도 활주로가 보이도록 해 주기 위해서였다.

그 활주로에 롱 아일랜드에서 무선 연락이 끊기고 나서 만 33시간이 지난 후에 기묘한 형태의 비행기가 착륙하여 마침내 멈추었다.

비행기는 그 즉시 10만 여명의 군중들에게 둘러싸였다. 그들은 조종사를 조종석에서 당장이라도 끌어내릴 듯이 흥분해 있었다. 만약 그 때 조종사가 '나는 알렉산더 대왕이다'라고 말했더라도 그 말을 받아들일 태세였다. 하지만 청년은 단 한 마디,

"찰스 린드버그입니다."

라고 말했을 뿐이었다.

린드버그는 미해군의 예포와 언론의 열광적인 환영을 받으며 미국으로 돌아왔다. 그리고 뉴욕의 브로드웨이에서 색종이 세례를 받으며 퍼레이드를 벌였다.

76
아메리칸 젠틀맨

린드버그의 색종이 퍼레이드는 뉴욕 시민이 신중하게 선택한 소수의 국민적 영웅에 대해서만 주어지는 특별한 영예가 되었다. 그 후 수십 년 동안 색종이를 휘날렸던 것은 아이젠하워 원수·맥아더 원수 및 우주 비행사 존 글렌 등 영웅의 귀국 퍼레이드 때에만 한정되어 있었다.

그러나 린드버그의 영광이 있은 지 3년 후, 조지아 주 아틀랜타 출신으로 햇빛에 그을려 더욱 핸섬하게 보이는 한 변호사에게 색종이가 휘날렸다.

지금 생각하면 아무래도 이 사람이 선택된 것이 묘하게 느껴지지만, 대중들은 이 변호사에게서 하나의 이상형을 본 것이다. 이 변호사의 이름은 로버트 타이어 존스 주니어로 흔히 보브 존스라고 알려진 골퍼였다.

지금 우리 나라에서는 박세리 붐이 세차게 불고 있는데, 1920년

대의 미국에서는 보브 존스가 베스트 골퍼였다. 아니, 사람에 따라
서는 그를 과거·현재·미래를 통틀어 하나뿐인 베스트 골퍼라고
못박는다.

존스는 골프장에서도, 골프장 밖에서도 참으로 점잖게 행동했다.
그 때문에 기묘하게도 당시의 침착하지 못한 경망한 시대에 존스
는 아메리카와 유럽 양대륙에 걸친 우상이 되었다.

더구나 퍼팅이나 드라이버, 보기와 버디의 구별조차 제대로 하지
못하는 사람들에게까지 우상화되었으니 어찌 기묘하지 않겠는가.
하지만 전세계가 그에게 매료된 것은 베스트 골퍼로서가 아니었다.

그럼 도대체 무엇이 그를 돋보이게 만든 것일까? 그것은 지금은
사어(死語 : 죽은 단어)가 된 젠틀맨이라는 말 때문이었다.

친절하고 우아하며, 언제나 변함없이 예의 바르고, 더구나 자기
자신에게는 조심스럽고 타인에게는 이해심이 깊은 사람, 바로 이러
한 점들을 겸비한 남자가 젠틀맨이다.

그런데 한 종목의 스포츠에 세계적으로 뛰어난 능력을 가졌다는
점과, 젠틀맨적인 매력을 모두 갖추고 있던 존스는, 태어난 고향
조지아를 포함한 미국 중서부뿐만 아니라, 잉글랜드와 스코틀랜드
에서도 시대의 영웅으로 받아들여졌던 것이다.

그 전설의 시작은 US골프대회에서 비롯되었다. 마침 존스가 볼
을 숲으로 세게 쳐냈다. 혼자 숲 속으로 들어간 그는 볼 앞에 섰을
때, 그만 볼에 손이 닿고 말았다.

숲에서 나온 그는 자신의 반칙을 알리고 스스로 1타의 벌칙을 부
과했는데, 공교롭게도 1타 차이로 타이틀을 잃고 말았다. 이 밖에

도 보비 존스에게는 스포츠맨십에 넘치는 에피소드가 많이 전해지고 있다. 그러나 사람들이 그러한 행위를 찬양하면 그는 진심으로 당황해하면서,

"은행 강도 짓을 하지 않았다고 해서 가난뱅이를 칭찬하는 것과 마찬가지가 아닌가?"

라고 반문했던 것이다. 불행히도 존스는 40대 중반에 전신이 마비되는 중병에 걸렸으나, 친구가 건강 상태를 물으면 이렇게 대답하곤 했다.

"이것은 우리끼리만의 이야기인데, 상태는 결코 좋아지지 않네. 더욱 심해질 뿐이지. 그러나 끙끙거리지는 않네. 생각해 보게. '우리들은 볼이 있는 지점에서 공을 치니까' 말일세. 그러니 건강 이야기는 이것으로 끝내는 것이 좋겠네."

그리고 정말 그는 두 번 다시 자기의 병을 화제로 삼지 않았다.

여기서 지금 논하고 있는 것은 골프계의 영웅이 아니라, 미국인이 기다림 끝에 드디어 발견한 '아메리칸 젠틀맨'이란 점이다. 그는 세계 제일의 골프 선수였던 동시에 한 인간으로서도 영웅이었다.

존스는 예의 바르고, 의협심이 강했으며, 스스로 자신을 완전히 제어할 수 있는 인물이었다. 다시 말해 존스는 독립 선언서의 아버지 제퍼슨이 갈망했지만, 끝내 찾아내지 못했던 인물의 귀감이었으며, 티끌의 오점도 없는 현인이었던 것이다.

77
숭고한 실험의 결과는?

'인간의 악덕을 자극하는 것이 여럿 있지만, 가장 으뜸인 것은 술이다'라고 정의한 시대가 미국에 있었다. 술은 정부의 비합법화 조치에 따라 금단의 나무 열매처럼 값이 비싸졌다.

제1차 세계대전 중의 도덕열이 고조되는 가운데 의회는 주 경계 지역에서 모주꾼의 남편에게 심하게 고통받은 가정 주부가 반세기에 걸쳐 요구해 온 헌법 수정안을 통과시키고, 미국에서의 술의 제조·운반·판매를 적극적으로 금지했다.

1917년 12월에 성립된 미국 헌법 수정 제18조가 바로 그것이다. 수정안은 1919년 각 주의 승인을 얻어 확정 공포되었다. 하지만 그것이 어떠한 결과를 초래했는가는 '숭고한 실험'으로서 알려져 있는 그대로다.

이 법률로 인해 미국인이 이전에 비해 눈에 띄게 숭고해졌다고 할 사람은 아무도 없을 것이다. 오히려 이는 시카고를 중심으로 한 적극적인 지하 조직의 밀주 산업을 양성시켰고, 덕분에 금고털이나 매춘업의 경영자 같은 거리의 악당들까지 백만장자가 되었다.

미국에서의 마피아의 존재는 그 무렵부터 시작된 것은 물론 아니었다. 그러나 금주법은 마피아들이 자유롭게 설치고 돌아다니기 위한, 소위 녹색의 방목장을 제공한 꼴이 되었다.

갱은 스스로 양조장과 운송 수단을 조직하여 경찰을 매수하고, 값싼 술을 은밀하게 자신들의 거래 클럽에 공급했다. 더구나 알 카포네가 이끄는 마피아는 엄청난 부와 폭력을 배경으로 정치계와 재계에 은연중에 영향력을 행사했다. 그리고 자신들의 이익을 방해하는 모든 적대 세력을 매수하고 대항하는 자는 살해했다.

그러면 둘도 없는 악법이라고 일컬어지는 금주법의 본모습은 어땠을까? 밀주업자·술집·레스토랑, 그리고 바 등은 모두 문을 닫고, 그 곳에서 일하던 사람들이 하루아침에 실업자 신세로 전락했을까? 그리고 금주법 시대에 애주가들은 물만 마시고 살았을까?

금주법이 맹위를 떨치는 동안 술의 소비량·범죄, 그리고 알코올 중독자가 현저히 줄었을 것이라고 생각할 수 있다.

그런데 실상은 결코 그렇지 않다. 그건 금주법에 허점이 있었기 때문이다. 애주가들은 법이 시행되건 말건 변함없이 술을 마실 수가 있었던 것이다. 금주법에는 술의 '제조·판매·운반' 세 가지만을 금지했을 뿐이었다. 즉, 술을 마시는 것은 법률에 위배되는 것이 아니었다.

따라서 술에 취해 비틀거리는 주정꾼을 보았다고 해서 경찰이 단속할 권한이 없었다. 법률적으로는 설혹 밀조주라도 얼마든지 마실 수가 있었고, '제조·판매·운반'에 관여하지 않는다면 아무리 취해도 문제가 되지 않았다. 더구나 '제조·판매·운반'이 금지되고 있어도 술은 어디서든 손쉽게 구할 수 있었다. 한 자료에 따르면 금주법 시대에 뉴욕 시내에만도 3만 개가 넘는 술집이 있었다고 한다.

하여튼 세상에서 술을 없애 버리겠다는 발상 자체가 문제였던 셈이다. 결국 있으나마나 했던 금주법은 공포된 지 13년 만인 1933년에 폐지되고 말았다.

78
신이 부여한 '명백한 운명'

미국인은 원주민인 인디언을 정복하고 서쪽으로 영토를 확장하는 동안, 자신들은 신으로부터 자신들의 뛰어난 제도를 신천지에 확대해 나갈 사명을 부여받았다고 믿고 있었다.

그것은 1840년대의 서부 개척 시대로부터 신이 미국에 부여한 '명백한 운명'으로 열렬히 주창되었다. 이것은 인디언과 멕시코 인의 토지 약탈할 때 신의 이름으로 정당화하려는 것이었다.

이 '명백한 운명'은 미국 영토 확장의 기초가 되어 마침내 해외 식민지 획득을 위한 제국주의 사상으로까지 발전되었다. 그리고 영토 침략의 열기는 북미 대륙으로부터 카리브 해, 그리고 태평양으로 점차 확장되었다.

미국의 제6대 대통령 존 퀸시 아담스는 숨김없이 털어놓았다.

"미합중국에 부과된 '명백한 운명'은 미국의 서반구 지배이다. 우리는 이 사상을 세계에 널리 알릴 필요가 있다."

아담스의 선언은 그가 죽은 지 50년이 지나서 마치 유언이 이루어지듯이 실행되었다. 그리고 그 시작은 1898년의 스페인과의 전쟁이었다.

① 메인 호를 잊지 말라

스페인은 1494년에 로마 교황으로부터 서반구로 식민지를 계속 넓혀가도 좋다는 허락을 받았다. 그 이후 스페인은 남미와 중미, 그리고 북미에까지 식민지를 건설해 갔다.

미국 플로리다 주의 앞바다에 있는 쿠바도 스페인의 식민지였다. 쿠바는 콜럼버스의 대항해 때부터 세계사에 등장하고 있다.

1492년 10월 28일, 쿠바를 발견한 콜럼버스는 그 매력에 사로잡혀 '인간의 눈으로 본 가장 아름다운 곳'이라고 경탄해 마지않았다. 쿠바는 서인도 제도의 최대의 섬으로 카리브 해 한가운데에서 미국과 멕시코, 그리고 중남미를 바라보고 있는 해상 교통의 요지였다. 그러므로 군사적으로도 중요한 위치에 있으며, 게다가 미국 플로리다 반도 남쪽 끝에서 불과 145Km 떨어진 아주 가까운 거리에 있었다.

쿠바는 16세기부터 스페인의 식민지였는데, 19세기 말이 되자 독립을 위해 봉기했다.

1868년에 시작된 최초의 무장 반란은 10년이나 계속된 독립 전쟁으로 발전했다. 그러나 이 독립 전쟁은 실패로 끝났다.

1895년이 되자 쿠바 인은 재차 독립 전쟁을 일으켰다. 그해 7월, 쿠바 혁명군은 스페인으로부터 독립을 선언하고 쿠바 공화국으로 정식 출범했다.

스페인은 쿠바 독립 운동을 가차없이 탄압했다. 스페인 경찰과 군인은 봉기 용의자를 닥치는 대로 처형하고, 많은 쿠바 인을 집단 수용소에 잡아 넣어 혁명군과 접촉하지 못하도록 했다.

집단 수용소의 시설이 좋을 리가 만무했다. 위생 시설도 없어 무수한 쿠바 인들이 질병으로 죽어 나갔다. 1898년 2월 15일 해가 질 무렵, 쿠바의 아바나 항구에 정박 중인 미국의 신형 전함 메인 호가 갑자기 폭발하여 침몰하였다.

메인 호의 침몰로 장교 2명과 신병 258명이 사망했다. 메인 호는 설탕 농장주·담배 재배자·광산주 등 쿠바에서 큰 기업을 경영하고 있던 미국인의 생명과 재산을 보호할 목적으로 파견한 전함이었다.

즉각적인 조사에 의해 원인 불명으로 판명되었음에도 불구하고 미국 신문들은 일제히 스페인의 음모라고 국민의 감정을 부추기는 기사를 연일 보도했다. 그러자 전국에서 반스페인 대중 운동이 불길처럼 타올랐다.

"살인자 스페인을 응징하라!"

"스페인 놈들을 남김없이 쓸어 버리자!"

스페인과의 전쟁을 부르짖는 외침은 점차 높아졌다. 전쟁을 주장하는 미국민의 여론은 크게 나누어 두 종류였다.

하나는 독립 전쟁에서 승리해 자유와 평등을 획득한 '선배'의 나라로서 인도적인 입장에서 쿠바·스페인 전쟁에 개입하여 쿠바 공화국을 도와 독립을 쟁취하게 해 주어야 한다는 낭만적인 주장이었다.

다른 하나는 이전부터 끊임없이 이야기되어 온 대로 쿠바를 합중국의 영토로 편입시키는 것이 '명백한 운명'이라는 것이었다.

"쿠바를 우리의 영토로 편입시키는 것은 우리의 사명이며, 그 문제를 새삼스럽게 논의하는 것은 어리석은 짓이다. 쿠바는 당연히 우리 미국의 영토다."

이것은 이미 40년 전에 어느 상원의원이 뉴 올리언스에서 역설한 것이지만 이 때가 그것을 실현할 기회라는 것이다.

'메인 호를 잊지 말라!'

어느 쪽의 의견을 취하든 간에 이 같은 구호가 미국민의 마음을 뒤흔들어 쿠바의 독립과 스페인 군의 철수를 요구하는 최후 통첩을 스페인에 보냈다. 막다른 골목까지 몰린 스페인은 마침내 미국에 선전 포고를 했다. 이리하여 미국·스페인 전쟁은 시작되었다.

전쟁은 미국의 압도적인 우세로 불과 4개월 만에 끝났다. 하지만 1899년, 스페인 군이 쿠바에서 철수하자, 미국은 쿠바의 독립을 인정한다는 약속을 일방적으로 깨뜨리고 쿠바를 사실상 미국의 식민지로 삼아 버렸다.

② 알로하오에

하와이를 방문하는 여행객이 꼭 듣는 노래가 있다. 바로 '알로하오에'로 이 노래를 모르는 사람은 아마 없을 것이다.

이 노래를 작곡한 사람은 미국에 의해 멸망한 하와이 왕국의 마지막 여왕 릴리우오칼라니이라고 전해지고 있다.

릴리우오칼라니 여왕은 1891년에 '하와이 인의 하와이'를 외치며 하와이 왕국의 여왕으로 즉위했다. 그녀의 목적은 미국과의 병합을 원하는 하와이 내 미국인 설탕 농장주의 움직임에 쐐기를 박아 쇠약해진 하와이 왕국을 다시 부흥시키는 것이었다.

영국인 탐험가 제임스 쿡 선장이 백인으로서는 처음으로 하와이 제도를 발견한 때는 1778년이었다. 그 당시 하와이에는 4명의 왕이 지배권을 놓고 서로 싸우고 있었다.

그러다가 마침내 백인의 총을 입수한 카메하메하 1세가 하와이 제도를 통일해 1810년에 하와이 왕국을 건설했다. 이 때 백인들도 다수 하와이로 들어왔다.

그런데 백인들은 하와이에 총뿐만이 아니라, 매독·콜레라 등의 보도 듣도 못한 질병도 가지고 들어왔다. 이 때문에 약 30만 명이나 되던 원주민의 수가 격감했다.

한편 하와이에 정착한 미국인은 넓은 토지를 손에 넣고 사탕수수 농장과 파인애플 농장을 경영했다. 이 때 많은 수의 중국인들이 노동자로 팔려왔고, 뒤이어 조선인들도 동참한 것은 잘 알려진 사실이다.

하와이의 산업을 지배함으로써 가장 큰 세력을 형성한 미국인 사이에는 하와이를 미국에 병합시키려는 움직임이 강했다.

릴리우오칼라니 여왕이 전제 정치로 하와이 왕국을 부활시키려고 한 것은 바로 이 때였다. 하지만 여왕이 즉위한 지 2년이 지난 1893년, 미국은 해병대를 상륙시켜 동조하는 원주민을 조종하여 쿠데타를 일으키게 했다. 이 때 폐위당한 릴리우오칼라니 여왕이 이

별의 노래로 '알로하오에'를 노래하지 않았을까? 아마 그녀는 피눈물을 흘리며 이 노래를 불렀을 것이다. 그러나 하와이를 찾는 사람들은 웃으면서 이 노래를 부르고, 원주민 또한 별다른 감정 없이 노래한다.

스페인과의 전쟁에서 미국은 '작은 전쟁으로 큰 전과'를 얻었다고 한다. 그것은 스페인으로부터 쿠바·푸에르토리코·괌, 그리고 아시아의 필리핀까지 빼앗었기 때문이다.

스페인과의 전쟁 때 필리핀에서 스페인 함대와 싸운 미국은 필리핀으로 가는 보급 기지로서 하와이의 중요성을 새삼스럽게 깨달았다. 그래서 1898년 7월에 하와이를 미국에 합병시켰다.

'명백한 운명'에 의한 미국의 해외 진출로는 하와이에서 괌, 그리고 필리핀으로 이어짐으로써 마침내 아시아 대륙으로 향하기 시작했다.

79
뉴딜 정책의 상징

미대륙의 약 4분의 1에서 5분의 1, 서부만을 계산해도 2분의 1이 사막이나 반사막이다. 그리고 수세기 동안 반사막의 대부분이 콜로라도 강에 의해 웃었다 울었다 했다. 이 강은 어떤 때는 졸졸 흐르는 정도로 토지를 메마르게 하는가 하면, 삽시간에 격류로 변하여 같은 땅을 진수렁으로 만들어 버린다.

사막이라고 모두 불모의 땅은 아니다. 옛날 사람들은 흔히 '사막에 침을 뱉으면 꽃이 핀다'고 했다.

애리조나와 네바다의 주경계에는 인류의 위대한 작품 중의 하나인 후버 댐이 있다. 한 개의 댐은 콜로라도 강의 1,400마일의 흐름을 막아 25만 에이커의 메마른 땅을 촉촉하게 적셔 주고 있다. 댐에 가두어진 물은 연장 120마일의 저수지가 되고, 이 인조호는 낚시터로도 유명하다.

댐의 건설에는 21개월의 시간을 필요로 했다. 배수구의 제일 밑바닥까지 내려가는 것은 5~60층의 고층 빌딩을 내려가는 것과 마찬가지이다.

후버 댐이 건설된 것은 1930년대 초엽의 대공황이 한창이던 때였다. 그 때는 플라스틱이나 합성관의 시대 이전이었으므로 알루미늄이나 철강・구리・주석과 같은 튼튼하고 아름답기는 하지만, 지금 보면 시대에 뒤떨어진 재료에 의지하지 않을 수 없었다.

협곡의 기반이 되는 바위에 터널을 파고, 강줄기를 바꾸고, 높이 700피트의 배수구에 440만 평방피트의 콘크리트를 쏟아 부었다. 그리고 냉각을 촉진하기 위하여 콘크리트 속에 두툼한 파이프를 묻어 냉각수를 순환시켰다. 만약 그대로 내버려 두었다면 콘크리트가 굳어지는데에 아마 1세기는 족히 걸렸을 것이다.

하여튼 후버 댐으로 인하여 거의 영국에 필적할 만한 광대한 지역의 가정・농장・광산・공장 등에 전력을 공급했다. 이러한 루스벨트의 뉴딜 정책에 뉴욕 주 출신의 한 상원의원은 격노하여,

"넓기만 하고 발전의 전망도 없는 토지에는 그 전력을 팔려고 해봐야 방울뱀과 토끼, 그리고 코이옷밖에 살고 있지 않다."

라고 외쳤다. 이해 관계가 걸린 많은 대기업들도 마찬가지로 아우성 치고 싶었을 것이다.

하지만 루스벨트가 한 일은 '이 땅의 시설 모두가 그 곳에 살고 있는 사람들의 것이다'라고 말한 링컨의 주장을 시대의 요구에 맞추어 실행한 것에 불과하다.

그리고 뉴 햄프셔 주에 사는 한 나이 먹은 노부인이,

"국가라고 하는 것이 우리들의 손에 돌아온 것 같군요."

라고 울먹이며 말한 적이 있는데, 이것은 그야말로 당시 사람들의 생각을 대변하는 말이라고 할 수 있겠다.

댐은 루스벨트에 의한 뉴딜 정책의 상징이었다고 할 수 있다. 수력 발전의 전력에 의해 남서부가 과일과 야채로 흘러 넘치고(이것은 실현되었다) 산업 인구가 증가하고(이것은 실현되지 못했다), 산업이 싹터 모든 사람들에게 큰 복리를 가져다 준다는 생각을 구현하는 웅대한 장본인이 이 댐이었다고 말해도 좋을 것이다.

보다 풍족한 전력, 보다 풍부한 동력이야말로 루스벨트가 말하는 '보다 풍요한 생활'의 구체적 뒷받침이었던 셈이다.

80
히틀러의 오판

1930년대가 되자 미국이 대량 생산 체제로 완전히 돌입했다는 사실은 전세계가 뼈저리게 느끼고 있었다.

그러나 도대체 무엇을 대량 생산할 것인가? 그리고 그 품질에 대해서는 어떻게 평가해야 할 것인가 하는 문제에 이르자 여러 가지 견해가 쏟아져 나왔다.

이 때 나치스 독일의 공군 총사령이자 원수의 계급장을 늘 자랑하는 괴링은 히틀러에게 다음과 같은 보고를 했다.

"미국의 공업력과 기술은 전혀 두려워할 필요가 없습니다."

"확실한가?"

"미국인이 우리처럼 정교한 비행기를 만들기란 절대로 불가능합니다. 그들이 자신 있게 만들 수 있는 것은 냉장고나 면도날 같은 생활용품뿐입니다."

히틀러는 괴링의 말을 철석같이 믿었다. 사실 미국에 우호적인 유럽인들조차 컨베이어 시스템에서 만들어지는 제품에 대해 아주 심한 편견을 가지고 있었다. 그들은 유럽의 전통인 고도의 기술, 장인 정신에 대한 자부심을 버릴 수가 없었던 것이다. 그러나 히틀러는 자신의 오판이 그 얼마나 무서운 결과를 가져왔는가를 얼마 안 가 뼈저리게 실감하게 된다.

미국이 제2차 세계대전에 참전하게 되자 뉴햄프셔의 한 공장은 폭격 조준기의 부품을 제조하는 계약을 펜타곤(국방부)과 맺었다. 작업장은 즉시 반숙련의 젊은 노동자들로 넘쳐났다.

그 공장의 대부분을 차지했던 유럽 출신의 나이 든 노동자들은 젊은이들이 매사를 정확하게 계산한다거나, 고도의 숙련이 필수 조건이라는 것에 전혀 관심을 갖고 있지 않음을 보고 탄식을 금치 못하다가 나중에는 분노까지 터뜨렸다.

그런데 새로운 모델이 결정되자 새로 온 젊은 노동자들이 계속해서 부품을 조립하고, 그것도 정확한 규격에 맞춰 대량으로 만들어 내는 것을 보고 그만 말문이 막혀 버렸다.

또 하나 예를 들어보자. 디트로이트 교외의 전원 지대는 완만한 경사지의 목장으로 말들이 한가로이 풀을 뜯고 있던 곳이다. 그런데 일본의 진주만 기습이 일어난 지 6개월쯤 지났을 때 이 목가적인 풍경은 어떤 사람이 '인류사상 최대의 방'이라고 부른 길이 2분의 1마일, 폭 4분의 1마일의 공장으로 변해 버렸다.

한쪽에서 원료가 반입되면 1시간 후에는 다른 한쪽 입구에서 완성된 폭격기를 토해 낸다. 그리고 컨베이어 시스템에 오르면 즉시 테스트를 받기 위해 비행장으로 실려 나가는 것이었다.

윌로우란의 이 공장에서 1년에 무려 8,760대의 비행기가 생산되었다.

놀라운 숫자였지만 루스벨트 대통령에게는 아직 불충분했다. 루스벨트는 공식적으로 1년에 6만대의 비행기를 만들겠다고 연합국에 약속했던 것이다. 그야말로 엄청난 목표였다. 그것을 들은 완고한 전통주의자들은,

"어처구니없는 허풍이며, 여인들의 히스테리적인 수다와 다를 바가 없다."

라고 비웃었다. 하지만 1942년 말경, 루스벨트는 목표에 1만 2천대를 채우지 못했으나 이듬해에는 8만 6천대의 비행기를 생산해 연합국과의 약속을 지켰다.

이런 대량 생산 덕분으로 트럭과 전차가 소련으로, 그리고 비행기와 대포와 지프차가 스코틀랜드와 뉴질랜드 사이에 있는 모든 연합국측에 도착하게 되었다.

진주만 공격이 있은 지 1년 후, 괴링이 말했던 소위 '면도날이나 만드는 나라'의 전시 생산력은 독일과 일본, 그리고 이 두 나라가 정복한 나라에서 행해진 강제 노동에 의한 생산량을 상회하고 있었다.

미국인은 자신에게 던져진 조약돌에 바위덩이로 응했던 것이다. 그것은 당시 세계를 떨게 했던 기계화 사단으로 중무장한 나치스 독일의 숨통을 막는 데 결정적인 타격을 가한 것이다.

81
5월 1일은 메이 데이

19세기 후반 미국 경제가 발전하면서 노동 조합 운동 또한 발전했다. 그리고 이것이 최초로 표출된 것은 1869년에 펜실베이니아 주 필라델피아에서 결성된 '노동 기사단'이었다.

비밀 노동 단체로 출발한 이 조직은 창설자 유라이어 스테펜스의 지도하에 점점 전국적으로 세력을 넓혀 1880년대에는 공공연히 활동하는 유력한 노동 조합이 되었다.

노동 기사단과 당시 미국 노동 운동의 큰 특징은 기독교, 특히 청교도의 종교적인 신념에 강한 뿌리를 두고 있다는 점이다. 따라서 노동 기사단의 경우도 '정의의 신'의 신앙에 기초한 도덕관으로부터 인종과 민족의 차이를 초월해 모든 노동자의 단결을 주장하게 되었다. 그래서 흑인 노동자들도 조직에 가담했다. 노동 기사단은 노동 시간에 대해서도, "과도한 노동 시간은 신이 결정한 질서가 아니라 인간이 만든 조건이다."라고 못박고 8시간 노동 운동에 주력했다. 그러나 노동 기사단의 노동 운동은 1886년에 절정을 이루다가 그 이후로는 급속히 쇠약해졌고, 대신 미국 노동 총동맹이 노동 운동의 주도권을 장악하게 되었다. 미국 노동 총동맹은 이미 1884년의 제4회 대회에서,

"1886년 5월 1일부터 1일 8시간의 노동을 법률로 정하도록 노력한다."

라고 결의한 바 있었다. 노동 기사단측도 이 때 5월 1일을 기해 8시간의 노동을 요구하는 총파업에 돌입할 것을 결정했다. 이 시점에서 8시간 노동과 5월 1일이 만나 사연을 만들고 있다.

유럽에서는 예부터 5월 1일부터 '5월의 기둥'과 '5월의 나무'를 정해 축하하는 봄축제가 열리고 있었으며, 그 관습은 근대에 이르기까지 남아 있었다. 오늘날에는 몇몇 지방에서만 그 명맥이 이어지고 있지만, 당시 유럽에서는 이민 온 노동자들은 노동 운동에서도 그 전통을 살려 나갔다.

1886년 5월 1일, 시카고를 중심으로 미국 각 도시에서 8시간 노동을 요구하는 파업 시위가 일어났다. 노동자들의 이 행동은 8시간 노동을 인정하는 기업도 하나둘 생기는 등 큰 성과를 올렸지만, 운동이 고조되는 가운데 시카고에서 유혈 사태가 발생했다.

5월 3일에 발생한 경찰의 노동자 살해 사건에 대해 이튿날인 4일, 항의 집회가 헤이마케트 광장에서 개최되었다. 시위 해산 직전에 몇몇 사람들이 폭탄을 던져 집회 참가자와 경찰 사이에 난투극이 발생하여 쌍방에서 많은 사상자가 생겼다.

마침내 노동자 8명이 주모자로 체포되어 재판에 회부되었다. 그

중 5명이 사형, 3명이 징역형을 선고받았다. 그러나 후에 이 사건은 날조된 것으로 판명되어 사람들을 경악시켰다. 진범은 다른 인물이었던 것이다. 그러나 8시간 노동 운동은 큰 타격을 받았다. 이제 미국 노동자들은 세계의 노동자들에게 호소함으로써 운동의 전진을 꾀하였다.

1889년 7월 14일, 프랑스 혁명 100주년을 기념하여 사회주의자들의 국제 조직인 제2 인터내셔널 창립 대회가 프랑스 파리에서 개최되었다. 미국 대표도 참가해 당시의 미국 노동 운동 상황을 보고했다.

미국 노동 운동의 상황을 보고받은 파리 대회는 그들의 노동 운동을 기념해 5월 1일을 '만국 노동자들의 단결의 날'로 정했으며, 8시간 노동제를 목표로 하여 이듬해인 1890년 5월 1일에 일제히 시위를 벌이기로 결정했다. 이것이 국제적인 메이 데이의 발단이다.

예부터 내려오는 5월 축제의 관습과 노동 조건의 개선을 요구하는 운동은 이렇게 결부되어 메이 데이가 되었다. 그 후 메이 데이는 시대의 물결에 발맞추어 각국에서 모진 탄압을 받으면서도 노동자 해방을 위한 운동의 상징으로 차츰 정착되었다.

2000년이 되면 메이 데이 110주년을 맞이하게 된다. 하지만 그동안에 8시간 노동제가 철저하게 지켜지는 나라가 과연 전세계에서 몇 나라나 될까?

카네기 인생론

삶에 대한 모든 물음은 우리 스스로 체득할 수밖에 없을 것이다.

삶에 대한 어떤 설명도 우리 자신의 삶에 지침이 되기에는 어렵기 때문이다.

이 책은 막연한 설명이 아니라 구체적인 제시를 한다.

우리가 어디에서나 부딪히는 삶의 현장에서 함께 이야기하고자 하기 때문이다.

카네기 출세론

이 세상을 살면서 주어진 삶에 충실하다는 것은 모든 이들의 소망이다.

그리고 가능한 모든 일을 이루어 낸다는 것은 유능한 사람들의 의무이다.

이 책은 유능한 사람들이 나아가야 할 바를 참으로 절실하게 제시해 주고 있다.

또 유능해지고자 하는 모든 이들의 삶을 위하여 봉사하고자 하고 있다.

카네기 지도론

참다운 지도는 함께 나아가는 것이다. 무엇을 제시하거나 지시하기 전에 피지도자가 무엇을 하고자 하는가, 무엇을 할 수 있는가를 알아서 그것을 이끌어주고, 또 그것이 이루어지도록 함께 노력하는 것이다.

이 책은 무엇이 참다운 지도인가를, 즉 어떻게 함께 나아갈 것인가를 그려내 보여주고 있다.

카네기 대화술

올바른 언어의 선택은 의사소통을 보다 원활하게 한다. 훌륭한 대화는 인간행위의 가장 승화된 형태라고 할 것이다.

이 책은 청중을 향하여 효과적으로 이야기하는 방법이 제시되어 있으며, 화술 훈련에 임하면서 경험한 실례를 중심으로 쓰여졌다.

현재를 출발점으로서 당신은 효과적인 화술 방법을 통해 자신의 무한한 능력을 깨닫게 될 것이다.

카네기 처세론

최고의 처세라는 것은 우선 최선의 목표를 정하고 그 성취에 이르는 길을 갈고 닦는 것이다. 거기에다 자기를 세우고, 삶을 키워내고, 세상을 이끌어 갈 수 있는 힘을 닦는 것이다.

이 책은 거기에 있는 불후불굴의 조언을 새겨주고 있다.

카네기 자서전

노동자들은 온정에 보답하려는 깨끗한 마음을 갖고 있다. 적어도 진실로써 다른 사람을 대하고 어떤 문제가 발생했을 때 성의를 다해서 전력한다면 그들이 사용자에게 어떻게 대할 것인가 하는 염려 같은 것은 전혀 할 필요가 없다. 그러므로 덕은 외롭지 않다. 덕을 베풀면 반드시 그에 대한 결과가 있기 때문이다. 그리고 사업에 성공할 수 있는 가장 큰 원인은 완전한 계산을 통하여 금전과 자재 등의 책임을 충분히 인식시키는데 있다

신념의 마력

인간은 마음 먹기에 따라서 세상의 모습을 바꾸어 놓을 수 있다.

인간이 지닌 많은 힘 가운데 가장 큰 힘이 마음의 힘인 것이다.

신념은 일상생활을 통하여 우리의 이상을 그려낼 수 있는 강한 추진력이다.

이 추진력을 바탕으로 우리는 우리의 생활을 삶을 뜻대로 이루어 갈 수 있는 것이다.

정상에서 만납시다

미국의 유명한 저술가이며 자기개발 성공학의 권위자인 지그지글라가 진정한 성공에 다다를 수 있는 가장 빠른 방법을 제시하고 있다.

29년에 걸친 판매 경험과 인간개발 경험을 살려 각계 각층에서 활약하고 있는 최고 전문가들의 성공철학을 파악, 여섯 단계로 그 비결을 밝혔다.

머피의 마음만 먹으면 당신도 부자가 된다

당신이 만약 풍족하지 않다면 행복하고 만족한 생활을 결코 영위할 수 없을 것이다. 여기에 풍족한 삶을 누리기 위한 과학적인 방법이 있다. 당신이 성공과 행복과 번영이라는 달콤한 과일을 얻고 싶다면, 이 책에서 이야기하는 것을 정확하게 되풀이해 배우라. 그러면 당신의 앞날을 보다 아름답고, 보다 행복하고, 보다 풍족하고, 보다 고귀하고, 보다 웅장하고 큰 규모로 펼쳐질 것이다.

머피의 잠자면서 성공한다

머피의 이론을 바탕으로 하면 자기가 바라는 바 지위나 돈을 어떻게 얻을 것인가, 또는 우호적인 인간관계를 어떻게 실현할 것인가를 터득할 수 있다. 따라서 이 책에 명시된 대로 따르기만 하면 당신은 인생 전반에 걸쳐 기적적인 효과를 얻을 수 있다.

머피의 인생을 마음대로 바꾼다

이 책 속에는 당신의 인생을 변하게 하는 마법과도 같은 방법이 제시되어 있다. 다시 말해 기적이라고 할 만한 이야기들이 가득 차 있다. 당신의 마음속에 내재되어 있는 마법과도 같은 잠재의식을 어떻게 사용해야만 당신이 인생에서 성공할 수 있는지 흥미진진한 실례들을 통해 상세하게 알려주고 있다.

오사카 상인의 지독한 돈벌기 76가지 방법

오사카 상인의 13대 후손이며 미쓰비시 은행의 상무를 역임한 저자가 오늘날 일본 경제를 일군 오사카 상인들의 정신을 분석 수록했다. 무일푼으로 출발하여 그들만의 돈벌이 노하우와 끈질긴 생존능력, 아이디어를 바탕으로 세계적으로 유명한 유태상인과 어깨를 겨룰만큼 성장한 오사카 상인들의 경영 비법을 바탕으로 부와 성공을 이룰 수 있는 방법이 자세히 제시되어 있다.

머피의 승리의 길은 열린다

당신은 이 책에서, '인생은 마음먹기에 따라 달라진다'는 평범한 진리가 당신의 인생에 있어서 얼마나 중요한가를 실감하게 될 것이다. 이 책에 제시된 인생의 법칙을 읽고 그것을 당신의 인생에 응용하면, 당신은 당신의 인생을 건강하고 즐겁게, 그리고 유익하고 성공적으로 가꿀 수 있는 힘을 얻게 될 것이다.

중국 상인의 성공하는 가질 74가지

미국, 일본의 뒤를 이어 세계 3대 경제대국으로 뛰어오른 중국의 숨은 잠재력, 서서히 일본의 경제를 위협하는 존재로까지 급부상한 그들에게 끈질긴 생명력과 강력한 경제력을 지닌 화교 사회는 중국 대륙의 비밀 병기였다.

그들이 성공하기까지 철저히 지켜지는 상인 정신의 기본 자세를 배워 현재의 어려움을 극복하는 지혜를 배운다.

머피의 인생에 기적을 일으킨다

마음의 힘에 관해서는 많은 책 속에 여러 가지로 쓰여 있으나, 이 책에서는 당신의 모든 생활을 변환하기 위하여 이 힘을 어떻게 이용할 것인가, 건설적이며 성공할 수 있는 사고방식, 그리고 자신의 생활을 보다 풍족히 할 수 있는 방법 등을 기록했다.

유태상인의 지독한 돈벌기 74가지 방법

유태인들은 화교와 함께 세계 제일의 상인으로 손꼽히고 있다.

그것은 2천 년 동안 국가도 없이 흩어져 살면서 수없이 쏟아지는 박해와 압박을 견디며 일군 끈질긴 민족성의 승리였다. 그들은 열악한 환경 속에서도 자신들만의 독특한 상술을 발휘하여 오늘날 세계 경제를 좌지우지하는 지위에까지 오르게 된 것이다.

머피의 100가지 성공법칙

인생에서 성공한 사람들을 보면 하나같이 이 잠재의식의 법칙을 실천했던 사람들이다. 만일 당신이 지금 충분히 행복하지 않고, 충분히 부유하지 않으면, 충분히 성공하지 못했다면 그것은 당신이 잠재의식을 충분히 이용하지 못하기 때문이다. 이 책에는 당신이 가고자 하는 성공의 길, 부자가 되는 길, 인생을 한껏 즐길 수 있는 기술이 감추어져 있다.

임어당의 웃음

우리의 심리적 소질 가운데는 진보와 개혁을 저해하는 어떤 요소가 존재하고 있다. 즉 모든 이상을 웃어넘기고 죄악 그 자체조차 인생의 필요한 부분으로 미소로서 바라보는 유머임을 발견한다.

중국인의 특성의 장점과 단점이 흥미진진한 소재와 감동적인 문체로 전해지는 임어당 문학의 진수!

오늘 같은 내일은 없다

동화 속 샘처럼 맑은 영혼을 가진 헤세가 열에 들뜬 내 눈동자에 가까이다가가와 옛 노래의 추억을 속삭여 줍니다.

가장 달콤하고 이상적인 충고, 세월이 흐른 지금도 그의 이야기는 멋진 동화책처럼 우리들 앞에 펼쳐져 생생하게 될살아납니다.

인디언 우화

동물과 인간의 구분도 없고 생물과 무생물도 구별 할 줄 모르는 그래서 어쩌면 첨단을 달리는 현대과학의 분위기와 맛을 그대로 간직한 채 우주 속에서 살았던 북아메리카 인디언들의 이야기들은 오늘날 잊혀버린 인간의식의 고향을 찾을 수 있는 오솔길이 될 것이다.

협약에
의하여
인지를
생략함

미국 상인의 성공하는 기질

1999년 3월 10일 1판 1쇄 인쇄
1999년 3월 20일 1판 1쇄 발행

지은이／김 정우
펴낸이／김영길
펴낸곳／도서출판 선영사
본사／부산시 중구 중앙동 4가 37-11
전화／(051)247-8806
서울사무소／서울시 마포구 서교동 485-14 영진빌딩 1층
전화／(02)338-8231,

(02)338-8232
팩시밀리／(02)338-8233
등록／1983년 6월29일 제 카1-51호

ⓒ Korea Sun-Young Publishing Co., 1999

ISBN 89-7558-319-8   03320

선영사

Sun Young Publishing Co.

선영사

Sun Young Publishing Co.